Kierkegaard

Umberto Regina

Kierkegaard

DIREÇÃO EDITORIAL:
Marlos Aurélio

TRADUÇÃO:
Alessandra Siedschlag

CONSELHO EDITORIAL:
Avelino Grassi
Fábio E. R. Silva
Márcio Fabri dos Anjos
Mauro Vilela

COPIDESQUE E REVISÃO:
Leo A. de Andrade

DIAGRAMAÇÃO:
Tatiana Alleoni Crivellari

CAPA:
Tatiane Santos de Oliveira

Título original: *Kierkegaard*
© Editrice La Scuola, 2014.
Via Antonio Gramsci, 26
Brescia (Italia)
ISBN: 978-88-350-3951-8

Todos os direitos em língua portuguesa, para o Brasil, reservados à Editora Ideias & Letras, 2017.
1ª impressão

Rua Barão de Itapetininga, 274
República - São Paulo /SP
Cep: 01042-000 – (11) 3862-4831
Televendas: 0800 777 6004
vendas@ideiaseletras.com.br
www.ideiaseletras.com.br

**Dados Internacionais de Catalogação na Publicação (CIP)
(Câmara Brasileira do Livro, SP, Brasil)**

Kierkegaard / Umberto Regina;
[tradução Alessandra Siedschlag]
São Paulo: Ideias & Letras, 2016.
Série Pensamento Dinâmico

ISBN 978-85-5580-023-8

1. Cristianismo - Filosofia 2. Filosofia dinamarquesa
3. Filosofia moderna 4. Kierkegaard, Søren, 1813-1855
I. Título.

16-08487   CDD-198.9

Índice para catálogo sistemático:
1. Kierkegaard: Filosofia dinamarquesa   198.9

Sumário

I. Biografia |8
II. Análise das obras |15

1. *O conceito de ironia* – constantemente referido a Sócrates |17
2. *Enten – Eller*. Primeira parte |20
3. *Enten – Eller*. Segunda parte |48
4. *A expectativa da fé* |60
5. *A repetição* |64
6. *Temor e tremor* |72
7. *O conceito de angústia* |79
8. *Migalhas filosóficas* |86
9. *Estágios no caminho da vida* |99
10. *Pós-escrito conclusivo não científico às Migalhas filosóficas* |119
11. *As obras do amor. Algumas considerações cristãs em forma de discursos* |131
12. *O desespero humano* |140
13. *O lírio no campo e a ave no céu* Três discursos de devoção |153
14. *Exercício do cristianismo* |162
15. *A pecadora* |172
16. *O instante* |176

III. Conceitos-chave |185

IV. História da recensão crítica |219

1. Barth e a "teologia dialética" |225
2. Do edificante de Kierkegaard |229
à temporalidade existencial de Heidegger
3. Sartre: Hegel e Kierkegaard, equitativos? |233
4. Bonhoeffer: do paradoxo à substituição vicária |242
5. Guardini: o "espírito" precisa da "pessoa" |246
6. Fabro: da parte de Kierkegaard |252
7. Adorno: a interioridade de Kierkegaard |259
é reveladora mas impraticável
8. Pareyson: Kierkegaard, mestre de ética |261
9. Derrida *versus* Kierkegaard: |270
o sacrifício de Isaque
10. Levinas: Kierkegaard e as "duas vozes" |278
de Deus durante a prova de Abraão
11. Lukács versus Kierkegaard: agnosticismo |284
histórico e relação infeliz com a dialética
12. Ricoeur e Bruno Forte: filosofia e teologia |287
após Kierkegaard

Referências |293

Índice onomástico |311

I.
Biografia

*Eu mesmo reconheço a minha imperfeição como
cristão – mas eu sei o que é o cristianismo.*

Kierkegaard, *O ponto de vista explicativo de
minha atividade de escritor*

Søren Kierkegaard nasce em Copenhague, no dia 5 de maio de 1835, último de sete filhos. O pai, Michael Pedersen (1756-1838), quando jovem, foi transferido dos campos da Jutlândia, onde levava uma vida de pastor, para lá. Já na capital, com o apoio de parentes, logo se firmou no comércio de tecidos e produtos coloniais, e enriqueceu com bem-sucedidas participações financeiras. Assim, ele pôde assegurar à família uma moradia no centro da cidade e uma vida confortável, porém de estilo bastante austero. Cuidou da formação escolástica e religiosa dos filhos, particularmente de Søren e do irmão mais velho, Peter Christian (que depois seguiria carreira universitária e eclesiástica), os únicos que sobreviveram à morte em tenra idade dos outros dois irmãos e das três irmãs. A mãe dos sete, Ane Sørensdatter Lund, de caráter jovial, que inicialmente trabalhava como doméstica na casa da família, casou-se em segundas núpcias já grávida, e jamais foi mencionada nos escritos de Kierkegaard. Ela morreu em 1837. O pai, que logo parou suas atividades, queria que na família se praticasse o rigor pietista; já idoso, teve uma grande influência sobre Søren, pela qual este, em suas publicações, lhe expressou gratidão. O pai o apresentou ao convívio de Jakob Peter Mynster, pregador de sucesso muito atento à vida cultural da cidade, da qual depois se tornaria arcebispo. Com Mynster ainda vivo (morreria em 1854), Kierkegaard teve respeitosos encontros, visando também a uma possível carreira eclesiástica.

Depois dos estudos do colégio e segundo o desejo do pai, Kierkegaard se inscreveu na Faculdade de Teologia de Copenhague. Dela sairia apenas em 1841, com o título de "Magister", defendendo a dissertação *O conceito de ironia – constantemente referido a Sócrates*, publicada simultaneamente por ele. Nesse meio-tempo, participou da vida estudantil também com intervenções escritas, habitualmente sob pseudônimos, sobre questões então em discussão (por exemplo, sobre a emancipação das mulheres, sobre a qual se expressava como conservador).

Em 1838 (ano da morte de seu pai), já havia publicado com seu nome verdadeiro *Dos papéis de alguém ainda vivo*, um pequeno volume crítico sobre o último livro de Hans Christian Andersen, *Kun en Spillemand* [*Apenas um violinista*], romance autobiográfico de seu contemporâneo, já famoso e traduzido para várias línguas. Em sua opinião, Andersen não teria conseguido exprimir nenhuma "concepção sobre a vida". Ao fim do romance, o protagonista morre, e com ele, observa Kierkegaard, morre o próprio Andersen. Este acusou o golpe, mas os raros encontros entre os dois foram cortes-es.

Em 8 de setembro de 1840, Søren ficou noivo de Regine Olsen, de 17 anos, com a qual, por iniciativa sua, romperia em 11 de outubro do ano seguinte. Esta história, que emerge em obras fundamentais como *Enten – Eller* (1843), *A repetição* (1843) e, vez ou outra, com documentação biográfica, em *As etapas no caminho da vida* (1845), foi decisiva para ele também como escritor. Desde os primeiros dias de noivado, acredita que seu projeto de vida é incompatível com o matrimônio, sobre o qual, porém, escreveu muitas páginas de tocante apreciação. Ele se sentia culpado pela leviandade com que havia feito Regine se apaixonar. Entre eles, restou uma tácita compreensão... sobre a incomunicabilidade dos dois.

Poucos dias após a ruptura, ele partiu para Berlim e ali ficou por cinco meses; assistiu às aulas de Schelling apenas parcialmente: em uma carta ao amigo E. F. Boesen, confidenciou considerar Schelling velho demais para ensinar, e a si mesmo velho demais para aprender. Isolou-se no quarto para escrever. Voltou para uma Copenhague já aquietada, depois de ter acumulado muito material filosófico. Assim, apenas em 1843 puderam ser publicados: *Enten – Eller* [*Ou – Ou*], uma poderosa obra em duas partes; *A repetição*, *Temor e tremor* (estas três sob pseudônimo); e *Discursos edificantes*, em três volumes distintos (esta sob seu próprio nome).

Já em 1835, havia decidido se dedicar à pesquisa de uma nova concepção da verdade, "uma verdade para mim", ou seja, em favor de meu verdadeiro bem, para a qual valha a pena viver e morrer, ou seja, uma verdade nada arbitrária de fato. *Enten – Eller*, oito anos depois, conclui-se com as palavras: "Apenas a verdade que edifica é a verdade para ti". O edificante é o "pensamento de estar sempre errado perante Deus", ou seja, perante o Transcendente. Apenas assim é que se evita fazer da verdade um "objeto", uma posse com a qual se identificar e em que se esquecer de "existir". O homem deverá, portanto, "acentuar" a sua existência na manutenção e no aprofundamento da "infinita diferença qualitativa" que o separa e que, ao mesmo tempo, o mantém em "relacionamento com Deus" [*Gudsforhold*].

A concepção existencial da verdade tornou difícil o seu relacionamento com "o público", com a Igreja oficial e com todas as "estabilidades" que tratam de verdades "objetivas", tranquilizadoras e controláveis. Ao mesmo tempo, ele percebeu como os homens estavam prontos a se deixarem "distrair", a se esquecerem do que é mais humano para qualquer "indivíduo" ["*singolo*"][1]: a "existência" [*Existentens*], deixando assim de dar importância decisiva, até eterna, a todos os momentos da *própria* vida "perante Deus" [*for Gud*]. Todo outro verdadeiro relacionamento mundano, se não quiser ser alienante, deve passar por este face a face com o Transcendente.

Kierkegaard amava as pessoas quando não reduzidas a "público", "massa", "número", e amava mais

---
1 NT: Toda vez que o autor fala de *singolo*, ele se refere a "indivíduo", mas não necessariamente. As ocorrências de *singolo* no original, em italiano, serão apontadas ao longo do texto. As demais ocorrências são traduções de "indivíduo" ou suas variações, em italiano.

ainda a Igreja quando "militante", não prisioneira e em função da "ordem constituída". Por isso, viveu dramaticamente dois episódios, aparentemente irrelevantes, quando estes dois amores lhe pareceram traídos pelas pessoas e pela Igreja oficial dinamarquesa. Em janeiro de 1846, no semanal satírico *O corsário*, redigido por M. A. Goldschmidt e por P. L. Møller, foram publicados desenhos que ridicularizavam seu modo de vestir e seu físico, e de fato o acusavam de se colocar no centro da atenção pública. E eis que, durante seus passeios rotineiros, fundamentais para aliviar o cansaço da escrita e para meditar antes de escrever, as pessoas começaram a gozar dele. Assim, ele se viu privado do alimento das observações psicológicas dos encontros com os humildes, e do alívio que lhe proporcionavam o afeto e o respeito que até então o haviam acompanhado. Para ele, foi "um martírio do riso".

Algo análogo acontece quando o sucessor de Mynster, H. L. Martensen, teólogo hegeliano e docente na universidade, celebrou o seu predecessor como "testemunha da verdade". Para Kierkegaard, tal testemunho pode ser apenas do "mártir", e nem Mynster nem Martensen poderiam ser chamados de mártires. Então, ele decidiu interromper seu retiro de quase três anos e publicou o periódico *O instante*, escrito inteiramente por ele, em que os dois bispos, e com eles todos os pastores dinamarqueses, eram acusados de ter introduzido na Dinamarca um novo paganismo: aquele de afirmar que todos são cristãos, e que, portanto, o "tornar-se cristão" é uma tarefa a ser arquivada. A revista provocou furor e foi um sucesso de vendas. Saíram dez números; o último já estava pronto quando seu autor, exausto, caiu na rua, morrendo algumas semanas depois no hospital, em 11 de novembro de 1855.

II.
Análise das obras[2]

---

2 Nas notas, a sigla *SKS* se refere a *Søren Kierkegaards Skrifter* (*cf.* Referências), seguida do número do volume e do número da página, e ainda da sigla de toda obra individual exposta nesta análise, além daquela da tradução italiana. As siglas das traduções usadas são indicadas também nas Referências.

> Existe um *ou-ou* [aut-aut]: *ou Deus, ou... o resto
> é indiferente: qualquer outra coisa que o homem
> escolha, se não escolhe Deus, ele se perdeu por seu
> ou-ou. Portanto: ou Deus. Veja, nenhuma ênfase é
> colocada no outro, senão em oposição a Deus; então,
> a ênfase está infinitamente em Deus.*
>
> Kierkegaard, O lírio no campo e a ave no céu.

1. *O conceito de ironia – constantemente referido a Sócrates*

Um dia inteiro, 29 de setembro, na Faculdade de Filosofia da Universidade de Copenhague foi ocupado pela discussão de *O conceito de ironia – constantemente referido a Sócrates*, dissertação apresentada por Søren Kierkegaard, de 28 anos, para conseguir a graduação em Teologia e o título de *Magister artium*. Kierkegaard se expressa através de Sócrates, não daquele de Xenofonte, Platão e Aristófanes, nem mesmo daquele de Hegel, que faz do Sócrates histórico o fundador da moral, mas sim daquele que, com a sua ironia, aniquila o papel do conceito de "substância", tão importante para a filosofia grega ou moderna. Sobre a função negadora que a subjetividade exercita enquanto ironia, Kierkegaard se aproxima aparentemente de Hegel, mas dele se afasta ao interpretar a subjetividade de Sócrates de forma a subtraí-la de qualquer perspectiva de resolução em saber positivo:

> A ignorância de Sócrates é o nada com que aniquila todo o saber [...]. Negada não era a realidade em geral, mas a realidade dada em um determinado tempo, aquela da substancialidade [Substantialitet] como na Grécia [...] O Estado grego, com sua condenação à morte, é certo, mas não tira nem mesmo um grande significado da execução capital, porque a morte não tem, para Sócrates, nenhuma realidade [...]. Sócrates não sabe absolutamente nada, e neste sentido há ironia em um estado que, condenando-o à morte, crê que o puniu.[3]

Sócrates não tem medo da morte porque com a *sua* ignorância foge exatamente daquele aniquilamento da *própria* existência, implícito entretanto na manutenção da "substancialidade" grega, para a qual a existência do indivíduo [*singolo*], do ponto de vista da pergunta clássica grega sobre o princípio de todas as coisas, é uma questão totalmente marginal. Kierkegaard é o descobridor de uma nova instância: o homem não deve recair como acidente em uma forma qualquer de substancialidade, e se esquecer de si enquanto indivíduo [*singolo*] existente. Deve ser irônico em relação à realidade se esta, enquanto instância totalizante, o "distrai" de si, e acaba por ser uma condenação sua à morte existencial. A ironia de Sócrates aniquila a

---

3 KIERKEGAARD, S. *Om Begrebet Ironi med stadigt Hensyn til Socrates* (1841). *SKS* 1, 308; tradução italiana por D. Borso, *Il concetto di ironia in riferimento costante a Socrate*. Milão: BUR, 2002, p. 273-274.

sua consistência enquanto o torna acidental para o Estado, mas exatamente assim o "acentua" existencialmente enquanto pode existir como "seriamente convencido de ser ignorante". É exatamente esta "seriedade" – sobre a qual Kierkegaard não deixará de retornar em quase todos os seus escritos – a nova realidade ontológica que ele traz da ironia socrática. Sócrates (não a "posição socrática", ou seja, o Sócrates de Platão, do qual ele tratará em *Migalhas filosóficas*) é para Kierkegaard o descobridor de um novo continente, o único digno de ser habitado e cuidado por todos os homens. A nona das quinze teses em latim, premissas à dissertação defendida depois em dinamarquês, afirma peremptoriamente:

> *Sócrates extirpou da substancialidade todos os seus contemporâneos, os quais ficaram nus como após um naufrágio, subverteu a realidade, viu de relance a idealidade, de longe, tocou-a, mas não a possuiu* [Socrates omnes aequales ex substantialitate tanquam ex naufrágio nudos expulit, realitatem subvertit, idealitatem eminus prospexit, attigit non occupavit].[4]

A esta "idealidade", por Sócrates apenas "vista de relance", mas decisiva, Kierkegaard dará o nome de "existência"!

---
4 *Ibid.*, SKS 1, 65, tradução italiana: *cit.* p. 6.

2. *Enten – Eller*. Primeira parte

A obra, de cerca de oitocentas páginas estampadas com caracteres pequenos e em dois volumes, saiu no dia 20 de fevereiro de 1843, suscitando muito estupor, e logo se tornou objeto de muitas críticas, algumas extensas. Aparecia apenas o nome do editor: o pseudônimo Victor Eremita. O primeiro volume continha oito unidades literárias autônomas; o segundo, três cartas, duas das quais são amplos tratados éticos tendo como autor pseudônimo o juiz Wilhelm, por Victor denominado **B**, enquanto a terceira Carta é um sermão falso de um pastor anônimo da Jutlândia, enviada ao juiz, e que este encaminha a **A**, como é denominado por Victor o autor anônimo dos escritos da primeira Parte, e também o assim chamado editor do último deles, o *Diário do sedutor*. As três cartas são a réplica ética à concepção estética de **A**.

Na "Advertência" do início, Victor conta ter encontrado "as cartas de **A**" e "as cartas de **B**" em um compartimento escondido numa escrivaninha comprada por ele de um vendedor de móveis usados, que nada sabia sobre a proveniência do estranho móvel. Victor afirma ter precisado usar um machado para poder recuperar o dinheiro que havia sido colocado em uma gaveta, mas eis que se abriu, em vez disso, um outro compartimento repleto de "cartas". Victor, depois de cinco anos daquela bem-afortunada descoberta, sentiu-se no dever de editá-las, publicando-as sob o título *Enten – Eller*, que em italiano, em relação ao sentido, pode ser traduzido como *Aut – Aut* [Ou – Ou]. As duas partes da obra, de fato, colocam frente a frente duas visões inconciliáveis da vida. Isto não significa que a obra não seja unitária, mesmo que tenha sido logo acusada disto, por exemplo, por parte de J. L. Heiberg, o crítico literário então dominante que, conforme sua adesão a Hegel, esperava uma "mediação" final do conflito entre estética e ética. A intenção de *Enten – Eller* não é conciliar contradições, mas tratar delas. Victor Eremita se apressa em publicar, por sua própria conta, as volumosas "cartas" de **A** e de **B** exatamente porque as visões do esteta **A** e do homem ético **B** são inconciliáveis. É necessário ouvir atentamente um e outro se a intenção é tornar-se atento a si próprio como ouvinte, se se quiser dar importância decisiva ao próprio existir enquanto interioridade, e isto só é possível se tanto **A** quanto **B** forem "observados" do ponto de vista religioso, ou seja, daquele "edificante", que em *Enten – Eller* acontece apenas no "*Ultimatum*":

> *Talvez, caro leitor, algumas vezes tenha te passado pela mente duvidar um pouco da exatidão da familiar tese filosófica que diz que o externo é o interno, e o interno é o externo. [...] De minha parte, eu sempre fui um pouco herege a respeito deste ponto da filosofia [...]. Pouco a pouco, então, a audição se tornou para mim meu sentido favorito, porque como a voz é a manifestação da interioridade, incomensurável para o externo, assim o ouvido é o instrumento que apreende esta interioridade, e a audição, o sentido com o qual ela*

é adquirida. Consequentemente, toda vez que eu encontrava uma contradição entre o que eu via e o que eu ouvia, minha dúvida se confirmava, e meu gosto pela observação aumentava.[5]

O percurso que Kierkegaard-Victor Eremita toma com *Enten – Eller* consistirá em uma longa audição de outras vozes, com a ajuda do frequente recurso de diferentes pseudônimos; será a audição de um solitário, de um "eremita", mas de posse de uma estratégia vencedora enquanto, com o *"Ultimatum"* que conclui *Enten – Eller*, é colocado em relação com um Outro irredutível à identidade. A primeira das oito unidades literárias da primeira Parte é intitulada *"Diapsalmata"*: literalmente, *intermezzi* entre um salmo e outro; a última das três cartas, que forma o conteúdo do *"Ultimatum"*, é significativamente intitulada *O edificante que jaz no pensamento de que contra Deus estamos sempre errados.*

---

5 KIERKEGAARD, S. *Enten – Eller. Et Livs-Fragment. Udgivet af Victor Eremita*, Copenhague: Reitzel, 1843, *in* CAPPELORN, N. J.; GARFF, J.; KONDRUP, J. *et al.* (Ed.). *Søren Kierkegaards Skrifter*. Copenhague: Gads Forlag, 1997-2013, 55 volumes, dos quais 28 de textos e 27 de aparatos críticos. Nas citações, a sigla de referência é *SKS*, seguida do número do volume e do número da página. A tradução italiana integral desta obra, por A. Cortese (Milão: Adelphi, 1979-1989), conserva o título dinamarquês: *Enten – Eller* (*cf.* Referências). Nas notas, cada um dos cinco tomos desta tradução será indicado com a sigla *EE* seguida do número em algarismos romanos do tomo, e do número em algarismos arábicos da página; aqui, *SKS* 2, 11; *EE* I, 55.

2.1 *Diapsalmata*

Os 87 breves textos dessa coletânea, às vezes de poucas linhas, contêm pensamentos sobre o sentido da vida, entre pessimismo e ceticismo:

> *A dignidade humana ainda é reconhecida mesmo na natureza; de fato, quando queremos manter os pássaros longe das árvores, levantamos algo que se assemelhe a um homem, e mesmo a remota semelhança que um espantalho tem com um homem é suficiente para inspirar respeito.*[6]

As observações sobre o homem, por mais amarga que sejam, são sempre fruto do interesse pela existência humana, jamais da indiferença: "A melhor prova da miséria da existência é aquela que vem da consideração de sua magnificência".[7]

A passagem mais longa, mesmo mantendo *Enten – Eller* como título, não é de fato uma antecipação da obra homônima completa, mas funciona como uma paródia da filosofia hegeliana, que pretende começar do nada e concluir-se com a produção do todo. De fato, o anônimo **A** coloca como princípio e fim da própria filosofia não o início, nem mesmo o fim, mas o "arrepender-se", compreendido como o lamento sobre qualquer início e fim, já que qualquer passo dialético cumprido no filosofar deveria lamentar-se sobre ter deixado para trás a escolha oposta, enquanto existência a ela negada, "porque

---

6 *SKS* 2, 37; *EE* I, 86.
7 *Ibidem*.

a verdadeira eternidade não está por trás de um *Enten – Eller*, mas à sua frente".[8] Com esta eternidade, o homem deve se aclimatar já no tempo, tomando seriamente em consideração o fato de que, de outra forma, deveria se lamentar por existir. **A** está disposto a viver apenas de recordações, de intervalos, para poder assim levar a sério a morte e não "distrair-se" da existência:

> Se me oferecessem todas as glórias do mundo ou todos os tormentos do mundo, um não me tocaria mais que o outro; eu não me voltaria para o outro lado nem para consegui-los, nem para evitá-los. Eu morro a morte [Jeg dør Døden]. E o que poderia me distrair?[9]

Morrer a morte não é vencê-la. Isto é impossível para o homem. O esteta, **A**, dispõe de um estratagema existencial:

> Eu vivo como um defunto. Tudo o que é vivido é por mim imerso em um batismo de esquecimento para a eternidade da lembrança. Tudo o que é finito e causal é esquecido e anulado. Então, como um velho de cabelos brancos, eu me sento pensativo, e explico as imagens em uma voz suave, quase sussurrando, e ao meu lado se senta uma criança, ouvindo, apesar de ela se lembrar de tudo antes que eu conte.[10]

---
8 *SKS* 2, 48; *EE* I, 99.
9 *SKS* 2, 46; *EE* I, 97.
10 *SKS* 2, 51; *EE* I, 103.

Viver de lembranças não é se resignar, antes ou depois, a esquecê-las para sempre. Mesmo para o esteta, fica a tarefa de escutar aquilo que já sabe como se fosse novo.

2.2 Os estágios eróticos imediatos, ou O musical-erótico

A relação da "existência" com o cristianismo fica explícita nesta segunda unidade literária de *Enten – Eller*. De fato, os temas tratados (portanto, o amor erótico e o papel da música, como analisados na obra *Don Giovanni* de Mozart e na figura do protagonista) podem parecer estranhos à problemática cristã. A cena final, com Don Giovanni se precipitando no inferno, não é levada em consideração; a atenção do leitor é, entretanto, endereçada à "ária do champagne", que a precede. Aqui, Don Giovanni é um triunfador musical-erótico, e isto é pensável apenas no contexto cristão:

> *Eros era o deus do amor, mas ele mesmo não se enamorou [...]. Nem seu amor é baseado no sensual, mas no psíquico. [...] É um autêntico pensamento grego o de que o deus do amor [...], ele mesmo, não tivesse algum conhecimento do desejo. [...] Na Encarnação, o Individual* [Singolo] *tem em si toda a plenitude da vida, e tal plenitude para os outros indivíduos acontece apenas através de sua contemplação no indivíduo encarnado. Para os gregos, a relação é portanto inversa. [...] A sensualidade como princípio, assim*

como o erótico sensual como princípio, é portanto postulada com o cristianismo.[11]

O amor grego, tendo como princípio a imanência, não pode apreender o erótico, que é a relação com o outro. De forma oposta, o cristianismo tem como princípio "o espírito", que, enquanto relação a dois, vence qualquer imanência, e que exatamente por isto exclui do amor qualquer psiquismo: "O conceito do homem é o espírito, e não devemos nos deixar confundir pelo fato de que ele possa andar também sobre duas pernas".[12] Todas as categorias que tangem ao homem recebem do espírito enquanto princípio uma configuração diversa em relação àquela grega (e moderna enquanto mantida conforme a imanência da conceitualidade grega):

> *O cristianismo é espírito, e o espírito é o princípio positivo que ele introduziu no mundo. Mas se a sensualidade é vista sob a determinação do espírito, vê-se então que seu significado é o fato de dever ser excluída [...]. A sensualidade portanto já existia, mas não determinada espiritualmente*[13].

As categorias da estética também são modificadas por este deslocamento de eixo conceitual determinado pelo ingresso do espírito, que é irredutível tanto à imanência quanto ao dualismo, dominantes nos gregos. Em particular, a música é a arte que, pela característica de seu conteúdo sensual (o estar ligada,

---
11 *SKS* 2, 70-71; *EE* I, 126-127.
12 *SKS* 2, 71; *EE* I, 128.
13 *SKS* 2, 68-69; *EE* I, 124-125.

momento a momento, à execução), se encontra ao mesmo tempo negada e postulada pelo cristianismo:

> Esta como uma arte cristã no sentido mais estrito, ou melhor, como a arte que o cristianismo postula ao excluí-la de si, e por isso postula. Ou, em outras palavras, a música é o demoníaco, e na genialidade erótica sensual, tem seu objeto absoluto.[14]

Serem determinados pelo espírito, e não mais pela psique, significa poder existir livres do vínculo transcendental da imanência. Neste novo horizonte aberto pelo cristianismo, é consentido à liberdade tomar caminhos impensáveis para a grecidade. A dimensão sensual, não mais vinculada à imanência, pode produzir genialidades autênticas, pode produzir *Don Giovanni*, a obra de arte absoluta de Mozart. Esta não é de fato uma expressão de egoísmo, mas uma abstração pura de tudo o que, como por exemplo a linguagem, poderia induzir a fazer disto o princípio de todas as coisas. Don Giovanni, com sua linguagem, seduz todas as mulheres independentemente de idade e qualidade, contanto que "usem saia".[15] A força de sua obra de sedução está no ilimitado desenvolvimento do "desejo". Neste sentido, Don Giovanni não é um sedutor irresistível por ser inimigo de qualquer moral, mas por ser capaz de fazer com que toda mulher acredite ser desejada:

---
14   SKS 2, 71; EE V, 128.
15   NT: "Non si picca – se sia ricca,/ Se sia brutta, se sia bella;/ Purché porti la gonnella,/ Voi sapete quel che fa". "Não se importa se é jovem, se é feia, se é bela; contanto que use saia, você sabe bem o que faz". (*Don Giovanni*, de W. A. Mozart).

> No caso de Don Giovanni, deve-se usar a expressão "sedutor" com grande cautela [...] não porque Don Giovanni seja bom demais, mas porque ele não se reduz de fato a determinações éticas. Prefiro, portanto, defini-lo um impostor [Bedrager], a partir do momento em que há sempre algo de muito ambíguo nesta outra expressão.[16]

A impostura frustra qualquer determinação do conteúdo.

Paradoxalmente, o Don Giovanni que na Espanha seduziu 1.003 é mais cristão que o Hércules do mito, que em uma só noite tomou para si cinquenta filhas de uma só família, tornando-se o genro de um só pai. Hércules as possui com o vínculo da fidelidade, ama-as todas de maneira conforme à moral grega, "psíquica", e neste sentido sucumbe à imanência. Don Giovanni, ao contrário, é fundamentalmente um sedutor. Seu amor não é psíquico, mas sensual, e o amor sensual, segundo o seu conceito, é absolutamente privo de fé. Na música se exprime e se oculta a existência de algo que, entre os gregos, apenas Sócrates soube, e de que o cristão tem a disponibilidade desde que saiba tirar proveito da singular transparência que o novo contexto de transcendência, a presença do "espírito", lhe oferece. A obra *Don Giovanni* é, *no plano existencial*, moralmente positiva:

> *Dizer, portanto, que a obra é imoral é uma tolice, e pode apenas vir de gente que não sabe compreender uma totalidade, mas fica*

---
16 SKS 2, 102; *EE* I, 168.

prisioneira dos detalhes. A orientação última da obra é altamente moral, e a impressão que deixa é altamente benéfica.[17]

Esta positividade vem de **A**, com base no fato de que o erótico Don Giovanni tem constantemente vitória sobre o amor "psíquico" dos gregos: "Don Giovanni não hesita e deve sempre ser imaginado como absolutamente vencedor. Isto poderia parecer uma vantagem para ele, mas na verdade é um motivo de indigência"[18]. Ele aniquila qualquer diferença, valor e até mesmo qualquer satisfação. Seu desejo é infinito, e assim se livra *a priori* de qualquer necessidade de totalizar suas conquistas. Em outros termos: Don Giovanni é vencedor sobre o Sistema. A sua sensualidade, enquanto "determinada" pelo cristianismo, ou seja, pelo relacionamento do homem com o Transcendente, vence originalmente a tentação do homem de se deixar distrair pelas satisfações da imanência. A sua arma vencedora é a música enquanto abstração até do tempo, que ela reduz ao átimo, e que em cada átimo ela aniquila e ressuscita, porque para a música "vale a regra deque ela acaba assim que para de tocar, e renasce apenas quando toca novamente".[19] A vitória que a abstração da música garante a Don Giovanni revela a sua "indigência"; de fato, a música precisa, momento a momento, de um executor e, sobretudo, de um ouvinte:

---

17 *SKS* 2, 118; *EE* I, 189.
18 *SKS* 2, 99; *EE* I, 163.
19 *SKS* 2, 106; *EE* I, 172.

> *Ouça Don Giovanni, [...] ou seja, se não consegue ter uma ideia de Don Giovanni ao ouvi-lo, não conseguirá jamais tê-la! [...] Ele se apressa, à frente de si mesmo, sempre mais rapidamente, nunca parando, [...] ouça a sede desenfreada da paixão, ouça o sussurro do amor, ouça o murmúrio da tentação, ouça o vértice da sedução, ouça o silêncio do instante, [...] ouça, ouça, ouça o Don Giovanni de Mozart.*[20]

Don Giovanni não pode ser o ouvinte de si mesmo porque está sempre envolvido em correr à frente de si mesmo:

> *Há angústia nele, mas esta angústia é a sua energia. [...] A vida de Don Giovanni não é desespero, não, mas é toda a potência da sensualidade que nasce na angústia, e o próprio Don Giovanni é esta angústia, mas esta angústia é exatamente o desejo demoníaco de viver,*[21]

ou seja, de continuar a viver sem propriamente existir:

> *Como quando se lança uma pedra de forma que esta corte a superfície da água, e ela por um certo tempo possa saltar sobre a água levemente, enquanto, assim que para de saltar, afunda no mesmo instante, assim ele dança sobre o abismo, cheio de júbilo em seu breve átimo.*[22]

A angústia é a urgência existencial no estado nascente, precário, como no pecado original, e neste

---

20 SKS 2, 106-107; EE I, 174.
21 SKS 2, 131; EE I, 205-206.
22 SKS 2, 131; EE I, 206.

sentido é ainda o desespero próprio da recusa a confrontar-se com o outro de si. É a angústia da liberdade que precede o pecado original, como o pseudônimo Vigilius Haufniensis ilustrará um ano depois em *O conceito de angústia*. A angústia não é nada de objetivo, é o próprio Don Giovanni que existe como música, é aquela permanente e radical abstração que é ao mesmo tempo abertura, *ouverture*, como de modo admirável Mozart soube concentrar exatamente na *ouverture* de *Don Giovanni*:

> *É potente como uma ideia de Deus, turbulenta como a vida de um mundo, comovente em sua gravidade, vibrante em seu desejo, destruidora em sua assustadora cólera, inspiradora em sua ardente alegria de viver, é cavernosa em seu julgamento [...]. E ela não chegou a isto sugando o sangue da obra; ao contrário, em relação a esta é como uma profecia. [...]. No final, a gravidade volta a si, enquanto no progresso da* ouverture *parecia estar fora de si; agora não se trata de correr contra o desejo, a gravidade retorna e com isso cortou qualquer possibilidade de uma nova corrida.*[23]

A música *existe*, a existência *existe*, apesar de tudo, mesmo em virtude do *Don Giovanni* de Mozart, de sua sensualidade erótica, tudo menos pagã.

O anônimo **A** diz ter lido três ensaios em frente aos *Symparanekrómenoi*, uma associação entre "aqueles que estão moribundos juntos". Sua arte consiste em "escrever cartas póstumas", composições que nasçam

---

23 *SKS* 2, *EE* I, 202-204.

e se mantenham com o selo do incompleto, porque apenas o incompleto pode deixar a "personalidade" do autor ser vista ainda viva. Querem ser considerados já mortos para gozar do "presente no tempo passado",[24] visam à autonomia do fragmento com o fim de preservar a existência humana da tentação de sistematizar, totalizar, ideologizar. E é exatamente esta autonomia que exige ser esclarecida nos fragmentos individuais, expressivos, de uma concepção da existência de toda forma positiva.

2.3 *"O reflexo do trágico antigo no trágico moderno"*

A propõe o experimento de ambientar em tempos modernos a figura de Antígona, feita imortal por Sófocles, apesar da diametral oposição que subsiste entre a concepção grega de "substancialidade" (Estado, família, destino) e aquela moderna, centrada na subjetividade. Ele está convencido de que "o trágico" em nenhum dos dois casos pode ser o absolutamente trágico, porque isto ocorreu apenas em Cristo:

> *O aparecimento de Cristo, em um certo sentido, é a tragédia mais profunda (em outro sentido, de fato, é infinitamente mais), porque Cristo veio na plenitude dos tempos e [...] sustentou todos os pecados do mundo.*[25]

---
24 *SKS* 2, 151; *EE* II, 35.
25 *SKS* 2, 142; *EE* II, 23.

O acontecimento cristão tira o absoluto de qualquer outra história, e ao mesmo tempo tira o absoluto de qualquer culpa e dor. Por este motivo, a vida de Jesus furta-se a qualquer consideração "estética", que entretanto não pode faltar à tragédia grega e à moderna:

> *A unidade da inocência absoluta e da culpa absoluta não é, de forma alguma, uma determinação estética [...]. Na vida de Cristo há esta identidade, porque seu sofrimento é absoluto, enquanto é uma ação absolutamente livre, e sua ação é o sofrer absoluto, enquanto é obediência absoluta.*[26]

Entre "o trágico antigo" e "o trágico moderno" deve então haver uma dimensão comum pelo simples fato de que nem um nem outro podem pretender o absoluto. Por que, então, não "buscar" ambientar em tempos modernos a mítica figura de Antígona?

A imagina uma Antígona incomparavelmente mais "reflexiva" que a heroína de Sófocles. Só ela sabe o tremendo segredo que pesa sobre a raça de Lábdaco. Não há nenhum adivinho, nenhum velho servo, ninguém sabe exatamente que seu pai é também seu irmão, e que sua mãe continua a dividir o leito com o próprio filho. Apenas ela sabe a coisa com certeza absoluta, e depende apenas dela que o segredo se mantenha. Para tornar ainda mais moderna a subjetividade da Antígona moderna, **A** faz com que ela entre em cena quando Édipo já morreu. Para ela

---

26 SKS 2, 149; EE II, 32.

fica então impossível saber se o pai-irmão, com o qual não teve jamais a coragem de se abrir, sabia da indizível verdade sobre ele. Se a tivesse dividido com ele, poderia ter usufruído da "compaixão" recíproca, que é "a infinita doçura" da tragédia antiga. Em seu orgulho, não cedeu a esta tentação, e assim se tornou completamente mulher:

> A nossa Antígona, eu definiria como [...] virgo mater, leva seu segredo em seu seio, oculto e dissimulado [...]. É orgulhosa de sua pena, tem ciúmes dela porque a sua pena é o seu amor.[27]

Nesta situação, acontece de Antígona "enamorar-se mortalmente". Como poderá não tornar o esposo prometido partícipe de si mesma, ou seja, do segredo com que se identificou? Como não doar ao amado a plenitude feminina conseguida por ela, uma vez transformada em uma só coisa com seu segredo? Então, nesta modernizada trama trágica, com o segredo por um lado é acentuado o isolamento da subjetividade tipicamente moderna, mas de outro lado, Antígona enamorada é a premissa para o rompimento de todo isolamento; de fato, o enamorar-se tem seu próprio fundamento fora de si. Antígona quer doar-se ao homem que ama e que a ama, mas como pode um segredo vivente doar-se a um outro sem trair o próprio segredo, sem morrer? O seu doar-se por amor a aniquila enquanto dom: Antígona está enamorada "mortalmente"! Para ela, é impossível doar-se viva.

---

27   SKS 2, 156; EE II, 42.

Não lhe resta senão sofrer desta impossibilidade, até morrer de dor por não poder corresponder ao amor. Enquanto sofre também vive, e enquanto vive também ama. Não busca a morte para libertar-se da dor; gostaria sim de continuar a sofrer para poder amar no único modo que lhe é consentido:

> *A dor de Antígona agora cresceu ao lado de seu amor [...]. É apenas no instante de sua morte que poderá confessar o que é íntimo ao seu amor, é apenas no instante em que não pertence mais ao amado que poderá confessar pertencer-lhe. Epaminondas, quando foi ferido na batalha de Mantineia, deixou que o dardo ficasse na ferida até que ouvisse que a batalha tinha sido vencida [...]. Assim a nossa Antígona carrega seu segredo em seu coração [...], porque enquanto ele estiver em seu coração, pode viver.*[28]

Antígona sabe que o amado não poderá deixar de arrancar-lhe o segredo porque a ama: ama a ela, que é nada mais do que este segredo. Está certa de dever morrer pela sua mão, mas também está certa – esta é uma novidade em relação à Antígona grega – de que, com a sua morte, sua pena não poderá mais fazer mal a mais ninguém:

> *A dor de Antígona agora cresceu ao lado de seu amor, ao lado de seu compreensivo sofrimento com aquele a quem ama. Apenas na morte ela poderá encontrar a paz; por isto, sua vida é consagrada* [helliget] *à pena, e ela, por assim dizer, estabeleceu*

---

28 SKS 2, 162; EE II, 49-50.

> um limite, uma barreira à desventura que talvez
> se propagasse a uma geração sucessiva.[29]

Estamos frente a um rito sacrifical em expiação de uma culpa atávica, de "uma culpa original, de um pecado original [*Arvesynd*]",[30] que a "nossa Antígona" desejaria cancelar para sempre com sua morte. Apenas ela sabe da culpa, apenas ela deve pagar.

A "nossa Antígona" tem sensibilidade cristã, mas não é cristã. Decidiu levantar para sempre uma "barreira à desventura"; foi ela quem decidiu com sua sensibilidade, que é também moderna, dado que pretende que a relatividade de seu doar-se e de seu sacrificar-se tenha peso suficiente para enfrentar o mal original. O amor pode levar o relativo ao absoluto, desde que quem ama pressuponha mais amor no amado, infinito amor.

Em Kierkegaard, o "reflexo" do trágico antigo sobre o trágico moderno se concretiza em uma figura, a Antígona moderna, que em nome de um amor de dedicação incondicional sabe vencer seja o imanentismo da "pena" grega, seja aquele do subjetivismo moderno.

2.4. "Silhouettes"

Três mulheres: Marie de Beaumarchais (tirada de *Clavigo*, de Goethe), Elvira (aquela da trama que faz dela uma seduzida por Don Giovanni quando

---
29 *SK2*, 162; *EE II*, 49.
30 *SK2*, 162; *EE II*, 32.

ainda estava no convento), Margarida (do *Fausto*, de Goethe). As três foram enganadas no amor, as três estão reclusas em si mesmas como *pena*. A existência delas está bloqueada. São fragmentos de existência. Mas **A** não as chama de desesperadas. Ele as convida, porém, através da associação dos *Symparanekrómenoi*, a romper o isolamento, a se comunicarem entre si. Da experiência que tiveram do amor, tiraram uma "consagração", e esta "projetará beleza sobre sua união, e as adoçará na união, porque apenas aquele que foi mordido por cobras sabe quanto deve sofrer quem foi mordido por cobras".[31]

No plano existencial, até os fragmentos consagram a existência e a tornam preciosa, até decisiva no plano antropológico, independente de qualquer outra determinação existentiva.

2.5 "O mais infeliz"

É o terceiro e último dos ensaios que **A** endereça aos *Sumparanekrómenoi*. O ponto de partida vem da inscrição que "deveria estar em alguma parte da Inglaterra" sobre uma tumba onde, uma vez aberta, não seria encontrado vestígio de nenhum defunto, como se existisse alguém que foi ou que é, ou que jamais existirá, mas para quem aquela inscrição é apropriada e digna de ser proposta àqueles que, moribundos e juntos, estão a "escrever cartas póstumas". Muitos são

---

31 *SKS* 2, 209; *EE* II, 111.

os infelizes que existiram, existem e existirão, mas o objetivo consiste em encontrar as características *daquele* infeliz que mereça aquela inscrição enquanto é, por direito, *o mais* infeliz entre os homens de todos os tempos. Nem mesmo Antígona é assim considerada, nem mesmo a moderna, que, como vimos, conseguiu na morte dar sentido à própria existência trágica conciliando o inconciliável; nem mesmo Jó, mesmo imaginando-o definitivamente privado de tudo. Se pensássemos em uma jovem cujo amante lhe foi infiel, uma jovem que não pode esperar pelo arrependimento deste, "porque ele é um enigma", uma jovem que no máximo poderia afligir-se de dia e esperar de noite, ou vice-versa; bem, mesmo neste caso a ela "não podemos conceder a tumba, mas o lugar ao lado dela!"[32] "O mais infeliz" de direito é tão infeliz que devemos lhe desejar a morte. Mas não podemos fazê-lo, porque isto seria como torná-lo feliz. E agora? Aparentemente não há resposta:

> *Desapareceu, e aqui estamos ao lado da tumba vazia. Assim lhe desejaremos paz, repouso, cura e toda a boa sorte possível, e uma morte rápida, e um esquecimento eterno, e nenhuma lembrança para que sua memória não torne outra pessoa infeliz.*[33]

Mas este é um modo para dar sentido também à existência do mais infeliz, exatamente porque esta não é objetivável. Mesmo uma tumba vazia fica em função de uma estratégia de vida.

---
32   SKS 2, 222, *EE* II, 127.
33   SKS 2, 223; *EE* II, 129.

2.6 *O primeiro amor*. Comédia em um ato de Scribe traduzida ao dinamarquês por J. L. Heiberg

Trata-se de uma comédia entre tantas que o escritor francês Eugène Scribe publicou, com sucesso internacional. A trama, baseada na troca de pessoas, é exposta detalhadamente por **A**. Mas no juízo final esta trama é considerada algo a ser superado. O anônimo diz ter visto várias réplicas da comédia, e de assim ter conseguido – exatamente por não considerar a trama já tão conhecida – concentrar-se na magnitude dos intérpretes, sem todavia deixar-se distrair nem mesmo por estes. O interessante se torna algo diferente, além (ou melhor, aquém) de trama e de bravura; trata-se de fazê-lo emergir:

> *Conheço um jovem filósofo que uma vez me expôs uma seção da lógica da essência [alusão a Hegel]. Tudo era tão fácil, tão simples, tão natural, que quando acabou eu quase dei de ombros dizendo: "Isso é tudo?"*

O jovem filósofo era um "artista da filosofia", assim como ótimos artistas eram os intérpretes dinamarqueses da comédia de Scribe. Mas até o espectador devia se tornar um grande artista, treinando, enquanto admirava os intérpretes, o fechar e abrir os olhos rapidamente:

> *Observe Frydendahl, afaste os olhos dele, feche-os, faça uma imagem dele em sua*

> *mente. Estes nobres e puros traços, este porte imponente, como podem provocar o riso? Reabra os olhos e ei-lo: Frydendahl [...]. Repita estes movimentos, rapidamente, até que eles se tornem quase simultâneos no momento, e terá uma imagem do que é oferecido. Sem ironia um artista não pode jamais fazer esquetes, e um artista da cena só pode suscitá-la através da contradição.*[34]

É um experimento que o filósofo deve fazer para apreender, através da ironia, as contradições da objetividade, com fins de descobrir a importância decisiva do próprio existir.

2.7 "A rotação de culturas". Ensaio para uma doutrina de prudência social

Aqui, **A** expressa sua concepção da existência para deixar seu testamento espiritual à posteridade, portanto como se ele estivesse próximo de morrer. Em sua opinião, a vida é e sempre foi colocada em movimento pela necessidade de derrotar o tédio; mas os homens acabam sempre por entediar-se de novo no que, ou com quem, esperavam combatê-lo. Todos os homens são monótonos. É portanto inevitável viver entediado, viver mal? A ajuda pode vir do procedimento dos camponeses chamado "rotação de culturas", com uma variante decisiva: enquanto o camponês faz a rotação de culturas no sentido de

---

34 SKS 2, 270; EE II, 190.

deixar o terreno repousar, aqueles que pretendem combater o tédio e dar importância à própria existência deveriam "constantemente variar a si mesmos, e eis aqui o autêntico segredo".[35]

O camponês faz a rotação das culturas fazendo a rotação do terreno, portanto fica na "sua dimensão extensiva". Esta é uma "infinidade ruim", como quando "se entedia do próprio país, e se parte para o exterior". E assim o tédio se reproduz. Mas não quando se fica no limite do próprio si mesmo, para mudá-lo: "Eis aqui subitamente aquele princípio de limitação que no mundo é o único que salva! Quanto mais uma pessoa se limita, tanto cheia de recursos ela se torna"[36]. É uma riqueza que pode ser favorecida alternando-se em si mesmo "*recordar e esquecer*", tomando o cuidado de não idolatrar as alegrias passadas para poder esquecer melhor os sofrimentos passados. Trata-se da arte de existir, não da perda de memória:

> *Quando a pessoa se aperfeiçoa na arte de se esquecer e na arte de se lembrar, será capaz de brincar de peteca com a existência inteira. Na força do esquecimento está verdadeiramente a possibilidade de se medir a elasticidade de uma pessoa. Daquele que não pode esquecer não será possível fazer muito!*[37]

---

35 *SKS* 2, 287; *EE* III, 37.
36 *SKS* 2, 281; *EE* III, 29.
37 *SKS* 2, 283; *EE* III, 31-32.

A existência, quando cultivada por completo, dará sempre novas colheitas se continuarmos a lhe oferecer, com um tipo de "efeito peteca", sempre novos espaços de impulso e envolvimento. Definitivamente, a arte do existir prospera apenas se a existência não é bloqueada, preenchendo-a totalmente, como ocorre em qualquer forma de "panteísmo", porque em tal caso a existência perde a elasticidade e se torna um receptáculo existencialmente vazio, como é o tédio que não conhece mais nada em que se interessar:

> *No panteísmo jaz em geral a determinação de pleno; com o tédio é o inverso; este é construído sobre o vazio, mas exatamente por isto é uma determinação panteísta. O tédio repousa sobre o nada que serpenteia pela existência, a sua vertigem é como aquela que vem de se olhar para baixo em um abismo infinito: é infinita.*[38]

O tédio, quanto plenitude do nada, é "panteísmo demoníaco".[39] Poder-se-ia, portanto, dizer que ele rouba do homem a própria existência: a sua alma.

O tédio é realmente demoníaco enquanto capaz de insidiar relações existentivas que os homens consideram particularmente relevantes no plano ético, como a amizade, o casamento e os cargos públicos. **A** é totalmente negativo sobre estas formas de "bom senso social", que, com efeito, freiam a existência como "engrenagens" do interesse:

---

38 *SKS* 2, 280; *EE* III, 28.
39 *SKS* 2, 279; *EE* III, 27.

> *É preciso aperfeiçoar-se não tanto extensivamente, mas intensivamente e, mesmo que bem maduros nos anos, demonstrar a validade do velho ditado que diz que é preciso pouco para divertir as crianças.*[40]

Disto resulta o elogio dos comportamentos ditados pela "arbitrariedade" porque conformes à acidentalidade da vida, e neste sentido responsavelmente adultos ao não fugir da realidade: "Goza-se de algo totalmente acidental; considera-se a existência inteira a partir deste ponto de vista, deixa-se a realidade naufragar nela".[41] Este concentrar-se no indivíduo [*singolo*] é bem diferente de querer que ele se feche em si mesmo, mas é sim um convite urgente para não se distrair da importância decisiva de sua existência, abrindo caminho para relações autênticas com tudo e todos. A engrenagem da existência pode afastar o niilismo do tédio.

2.8 *O diário do sedutor*

Johannes, o Sedutor, é narrador onisciente e onipotente. Sabe ser irresistível como o Don Giovanni de Da Ponte mas de forma diversa dele, é "espiritual": pretende apossar-se da liberdade de Cordélia. No início ainda não sabe nem como a garota se chama, nem se é comprometida, mas sabe como chegar a possuí-la infalivelmente. Desafia o "maldito acaso",

---

40 *SKS* 2, 287; *EE* III, 37.
41 *SKS* 2, 288; *EE* III, 38.

certo de vencê-lo, desde que lhe indique, exatamente por acaso, a garota a ser seduzida, mas como um objetivo impossível:

> *Mostra-me ela, mostra-me uma possibilidade que parece uma impossibilidade, mostra-me ela nas sombras dos infernos [...]; eu irei buscá-la e a trarei para cima [...]; quebra o silêncio! Mas me levar à fome desta forma é miserável de tua parte; tu que te imaginas mais forte que eu.*[42]

E parece mesmo que o acaso aceita o desafio, fazendo-o notar a garota cuja liberdade é mais difícil conquistar: apenas obtendo dela um "abandono de si" em total liberdade, "agora apenas há gozo; mas para chegar lá é preciso sempre influência espiritual".[43]

Para Johannes, Cordélia é "interessante" já a partir do simples nome. Agora trata-se, para ele, de se tornar o máximo interessante para ela: interessante, não *inter-essente*, como, segundo o pseudônimo Climacus do *Pós-escrito conclusivo não científico às Migalhas filosóficas*, deve ser o "relacionamento" do homem com Deus. A categoria do interessante continua minada pelo tédio, exatamente porque implica sim o aumento da própria potência, mas através da substituição contínua do objeto considerado interessante. Johannes se apaixona por Cordélia com base no interessante, ele a educa a se servir do interessante, mas com vistas a exauri-lo enquanto simplesmente interessante:

---
42 *SKS* 2, 317; *EE* III, 74.
43 *SKS* 2, 331; *EE* III, 92.

> *O interessante é portanto o campo no qual acontece a luta, a potência do interessante é exaurida. [...] Ela o ultrapassará, a sua feminilidade alcançará quase uma altura sobrenatural. Ela me pertencerá com uma paixão nos limites do universo.*[44]

Johannes empreende seu projeto educativo de Cordélia fazendo com que ela se entedie do noivado, o que para uma garota deveria ser interessante ao máximo. Conseguirá fazer com que ela fique noiva de Edvard, um amante convencional, desajeitado e estranho, do qual Cordélia logo se livrará. Ela, órfã de pai e de mãe, vive com uma tia, cuja confiança Johannes consegue obter entretendo-a com questões de economia doméstica. A tia concede facilmente a Cordélia a permissão de noivado oficial com Johannes, que logo persuade a jovem a rompê-lo de mútuo acordo. De fato, tudo o que é "interessante" em um noivado normal, em particular os aspectos públicos, pelas mãos do Sedutor se torna monótono aos olhos dela:

> *Que benefícios haveria para que esta garota caísse nas mãos de um desajeitado marido fiel? [...] É necessário um pouco mais do que honestidade para amar uma garota do tipo [...]. Eu sou um dos poucos que sabem fazer isto, e ela, uma das poucas plenamente adequada. Então não combinamos um com o outro?*[45]

---

44 *SKS* 2, 335-336; *EE* III, 98.
45 *SKS* 2, 373; *EE* III, 146-147.

Mas assim o relacionamento deles é apenas de expropriação recíproca:

> *Minha Cordélia! "Minha"... "Teu", estas palavras encerram, a título de parênteses, o pobre conteúdo de minhas cartas. Notaste que a distância entre os braços dos parênteses se faz cada vez mais breve? Oh, minha Cordélia, é tão belo que quanto mais os parênteses se esvaziam, tanto mais eles se tornam significativos.*[46]

O Sedutor está convencido de ter esvaziado os "parênteses" do abraço. Cordélia, exatamente enquanto mulher, uma vez que está esvaziada do "interessante", é como se nem mesmo existisse:

> *Este ser [o ser para outro] da mulher (a palavra existência* [Existens] *diz muito, a mulher não subsistindo fora de si) é justamente especificado como graciosidade, expressão que evoca a vida vegetativa.*[47]

As últimas páginas do *Diário* contam como o Sedutor acaba por ser seduzido pela mesma condescendência de Cordélia, frente aos seus contínuos relances daquele "interessante" que se exauriu completamente, uma vez consumada a união física:

> *Agora a história acabou, e não desejo mais vê-la. [...]. Eu a amei, mas de agora em diante não poderei mais comprometer minha alma. Se eu fosse um deus, eu faria com ela o que Netuno fez com uma ninfa: eu a transformaria em homem.*[48]

---
46   SKS 2, 407; *EE* III, 191.
47   SKS 2, 418; *EE*, 206.
48   SKS 2, 432; *EE* III, 224-225.

O "interessante" não pode não se exaurir exatamente porque pretende conseguir prescindir da "existência". Johannes poderia continuar a existir apenas aprendendo com a própria Cordélia que existir quer dizer existir por amor, como se pode tirar das três cartas por ela enviadas a Johannes após o rompimento, e por ele reenviadas a ela jamais abertas, mas agora à disposição do esteta **A**. Kierkegaard-Victor Eremita as coloca antes do *Diário* propriamente dito. Deixa que o leitor adivinhe o sentido desta sua decisão de inverter os tempos para estas cartas; diz apenas ter ficado inexplicavelmente muito comovido pela segunda delas. Não é propriamente uma carta, mas um apólogo bíblico que Cordélia aplica à sua própria história: obra passageira de sedução para Johannes, mas para ela, experiência de amor eterno:

> *Havia um homem rico que tinha uma grande quantidade de ovelhas e vacas, havia uma garotinha que não tinha nada além de uma única cordeirinha.*[49] *[...] Tu eras o homem rico, rico de todas as magnificências da terra, eu era a pobre que não possuía nada além do meu amor [...]. Sacrificaste aquele pouco que eu tinha, de teu não podias sacrificar nada. Havia um homem rico que tinha uma grande quantidade de ovelhas e vacas, havia uma garotinha que não tinha nada além de seu amor.*[50]

---

49 É evidente a alusão à reprimenda do profeta Natã a Davi (*cf.* 2 Sm 12, 1-4).
50 *SKS* 2, 302; *EE* III, 55.

Johannes consumou todo o "interessante" que pôde subtrair de Cordélia, tendo a sua colaboração, mas exatamente assim, involuntariamente, encorajou nela a descoberta de que amar quer dizer amar apesar de tudo, e de que o interesse da existência se acha em estar junto aos *inter-essentes* e, fundamentalmente, na relação entre o homem e Deus. "O existente", o homem, geralmente "se distrai" de ter de lidar essencialmente com a própria existência. Isto acontece não apenas pelo motivo do "interessante", como no caso do Sedutor, mas também por motivos bem mais nobres e dificilmente contestáveis quanto à importância existencial. Até mesmo a "ética" pode ser motivo de distração em relação ao essencial. Disto é que tratam as duas extensas cartas, verdadeiros tratados, que o magistrado Wilhelm envia a Johannes e que ocupam quase inteiramente a segunda Parte de *Enten – Eller*. A obra se conclui com uma terceira carta, na verdade uma "pregação", com a qual é apresentado "o edificante" como alternativa tanto ao interessante da estética quanto à ética enquanto tal. Portanto, o *ou-ou* postulado pela obra não é entre estética e ética, mas entre ambas e o edificante religioso.

3. *Enten – Eller*. Segunda parte
3.1 "A validade estética do matrimônio"

O juiz Wilhelm, em sua acalorada réplica ao Sedutor, pretende sustentar, com argumentos convincentes, que a ética tem uma religiosidade que a torna idônea para constituir o *ou-ou* em relação à vida estética. O matrimônio, por exemplo, não é talvez um compromisso também com Deus? Faça-se, portanto, do Sedutor um marido, e pense-se para Cornélia uma existência não mais segregada, mas aberta ao mundo, uma vida "histórica", enriquecida não apenas de filhos e de toda a concretude simbólica do "lar", mas que conserve na fidelidade também todo o calor do "primeiro amor", finalmente não mais exposto à "acidentalidade" das paixões:

> *Ela é a única que amei, a primeira. E uma, uma coisa em particular, imploro a Deus com todo meu coração, que me dê a força de jamais querer amar nenhuma outra. Este é um culto de família do qual ela também participa, e de fato para mim todo sentimento, todo estado de ânimo conquista um significado maior com ela fazendo parte. Todos os sentimentos, até os mais elevados sentimentos religiosos, podem assumir uma certa comodidade quando os experimentamos sempre a sós. Em sua presença, eu sou ao mesmo tempo o pastor e a comunidade de fiéis.*[51]

É portanto possível e necessário que o "centro" do "primeiro amor", com toda a sua imediatez, coincida com o "centro" do amor de esposos, portanto com sua exclusividade e eternidade, e assim estética e ética se tornam "concêntricas". Então não se deverá "refletir" previamente sobre "o primeiro amor", colocá-lo em crise quanto à imediatez, e

---

51 *SKS* 3, 19; *EE* IV, 24-25.

decidir-se então pelo matrimônio? "Graças a estar elevado a uma imediatez concêntrica superior, ele não tem necessidade de sabotar as belas esperanças do primeiro amor";[52] em vez disso, ele o enriquece e enobrece. Mas isto é possível apenas enquanto colocado em relação com o religioso,

> no qual a reflexão intelectual se extingue, e como para Deus nada é impossível, assim também nada é impossível para o indivíduo religioso [...] que é tão excêntrico em relação ao amor imediato quanto é, com este, concêntrico [...]. Quantos matrimônios são contraídos sem esse profundíssimo eros que certamente é a coisa mais bela da existência puramente humana! [...] O amor romântico pode se juntar ao matrimônio e no matrimônio subsistir, portanto o matrimônio é dele a verdadeira transfiguração.[53]

O juiz faz constante referência ao Deus cristão como Amor. Cita difusamente o hino ao amor que Paulo eleva na *Primeira carta aos coríntios*. O matrimônio enriquece e enobrece o eros

> quando um vigoroso braço masculino cinge a amada firme mas carinhosamente, com poder mas de forma que ela realmente se sinta livre neste abraço, livre de se aventurar sob o olho de Deus para dentro do oceano da existência.[54]

---
52 *SKS* 3, 38; *EE* IV, 50.
53 *SKS* 3, 38-39; *EE* IV, 51.
54 *SKS* 3, 41; *EE* IV, 55.

A ligação entre a mulher e a existência é tão radical que nem mesmo no caso em que ela tenha cometido "muitos pecados" (*cf.* Lc 7, 36-50) poderia impedi-la, ou tê-la jamais impedido, de "amar muito". Na verdade, exatamente o pecado é que consente à mulher "transfigurar" ética e religiosamente a experiência do primeiro amor; o pecado

> *deveria ser a sua persistência ainda mais forte em seu amor. [...] Enfim, que o amor terreno seja pecado é sem dúvida muito difícil que uma mulher acredite, porque assim toda a sua existência seria anulada em sua mais profunda raiz.*[55]

É exatamente no amor que a existência alcança o máximo de envolvimento com as escolhas e os compromissos da vida. E é por isso que, diversamente daquilo que pretende o esteta, não se pode separar o amor do "dever", a partir do momento em que é exatamente isto que mantém aberto o intransigente envolvimento existencial do amor. Supondo, por exemplo, um esteta que considere o dever como um componente que contamina o eros intrínseco ao primeiro amor, é então que ele deve observar que "o excesso" que ele atribui ao seu primeiro amor coincide com o próprio dever:

> *O dever é tão proteiforme quanto o próprio amor, e declara boas e santas todas as coisas que vêm do amor, e reduz a cinzas, por mais formosas e enganosas que sejam, quando não vêm do amor. [...]*

---

[55] SKS 3, 64; *EE* IV, 82.

> *Este excesso é o cumprimento mesmo desse amor, porque o excesso que eu possa fazer consiste sempre em fazer o que o dever ordena. O dever ordena e não pode fazer mais: tudo o que eu posso fazer é o que o dever manda; e no instante em que o faço, posso, em um certo sentido, dizer que eu faço mais. O algo a mais que ele faz é propriamente o fato que o faz, porque o fato de que eu possa fazer o que o dever impõe é constantemente o a mais que eu posso fazer. O dever impõe, a mais não pode; o a mais é fazer o que impõe e, no instante em que o faço, posso em um certo sentido dizer que faço a mais; eu translado o dever do exterior ao interior, e graças a isto ultrapassei o dever.*[56]

E se quem ama perguntasse a quem espera julgar se este efetivamente fez o que o amor lhe consente fazer, tendo interiorizado o dever de fazê-lo, então deveria ter a resposta: "Tu próprio!"[57]. Wilhelm, marido feliz e com a consciência limpa, pode, ao fim desta sua primeira carta ao "amigo" Sedutor, ter um balanço bastante positivo de sua vida conjugal:

> *Mas eu não temi o dever, ele não se mostrou a mim como um inimigo que quisesse perturbar aquele pouco de felicidade e alegria que eu esperava ter durante minha vida, mas se apresentou como um amigo, o primeiro e único confidente do nosso amor. Mas esta força de ter constantemente livre a perspectiva, certamente, é esta a bênção do*

---

[56] *SKS* 3, 146; *EE* IV, 203. Disponível em: <http://abdet.com.br/site/wpcontent/uploads/2015/02/O-Matrim%C3%B4nio.pdf.> Acesso em: 10/2016.
[57] *SKS* 3, 148; *EE* IV, 206.

> *dever, enquanto o amor romântico toma caminhos errados ou termina por causa de seu caráter a-histórico* [uhistoriske Charakteer].[58]

Wilhelm mostrou que a existência é capaz de superar, antes de tudo, a incompatibilidade entre o eros do primeiro amor e a moralidade-religiosidade do amor conjugal, e sobre esta base, enfim, superou o dualismo entre amor e dever; mas se manteve preso a movimentos hegelianos, traídos porque ele se gabava de ter dado consistência "histórica" ao seu amor de marido, e expostos ao risco de colocar a existência à mercê de uma dialética totalizante. Se Johannes, ao seduzir Cordélia, a torna ciente da ligação entre o amor e todos os momentos de sua existência, Wilhelm acaba por consignar a adorada mulher às exigências do "sistema".

3.2 O equilíbrio entre o estético e o ético na elaboração da personalidade

Em sua segunda carta, o juiz Wilhelm oferece mais argumentos, sempre em polêmica com **A**, o esteta, agora chamado à causa como cético em relação ao próprio sentido do existir, e por isto letárgico e fatalista, querendo apenas girar em torno da própria vida, esperando que esta se acabe por si, como fez Josué, mas com bem outras premissas e expectativas, girando repetidamente em torno de Jericó, convencido de que seus muros cairiam por si:

---

58   SKS 3, 150; EE IV, 209.

> *Queres saciar a fome de dúvidas que está em ti acerca da existência. [...] Apenas isto te deleita, girar sete vezes em torno da existência, e soprar no corno do carneiro, do Jubileu, e depois deixar que tudo caia de suas bases, que a tua alma possa ser aplacada sim, entristecida, que tu consigas suscitar o eco, porque o eco soa sozinho no vácuo.*[59]

Wilhelm pretende tornar positivo tal modo repetitivo e vazio de existir, propondo ao esteta o objetivo da "escolha" de si mesmo em vista da "elaboração da personalidade", portanto da acentuação de si mesmo:

> *A escolha é decisiva para o conteúdo da personalidade, graças à escolha esta mergulha naquilo que escolheu, e quando não escolhe se consome, tísica. [...] O que se há de escolher está no mais profundo relacionamento com aquele que escolhe.*[60]

Entretanto, o esteta escolheria sim a si mesmo, mas sem levar em consideração que existe o bem "e" o mal. Wilhelm o persegue, fazendo com que ele observe que escolher sem ética equivale a bloquear a própria escolha exatamente onde esta se tornaria efetiva; seria, então, como escolher não escolher:

> *O problema é sob quais determinações se quer considerar a própria existência e também viver! [...] Aqui voltas a ver como é importante que se escolha, e que tudo não esteja tanto na reflexão quanto no batismo da vontade, que a insere na ética.*[61]

---

59 *SKS* 3, 158; *EE* V, 24.
60 *SKS* 3, 160; *EE* V, 27-28.
61 *SKS* 3, 165-166; *EE* V, 35.

Mas segundo Wilhelm não basta o efetivo querer para sair do abstrato refletir; é necessário que o esteta se arrependa de sua existência passada enquanto vida conduzida simplesmente "girando em torno" de si mesmo:

> O arrependimento se mostra completamente, em todo o seu significado, porque enquanto em um certo modo me isola, assim, de outra forma, me vincula indissolúvel e completamente à estirpe; porque a minha vida não começa, certo, no tempo com o nada, e se eu não posso me arrepender do passado, então a liberdade é um sonho.[62]

O arrependimento livra porque, diversamente da "mediação" hegeliana, não torna seu aquilo que medeia, mas o exclui:

> O arrependimento não constitui nenhuma mediação, não olha cheio de desejo aquilo que é mediado, a sua ira consome este algo; mas isto se trata como de uma exclusão, a antítese da mediação.[63]

Mas se é verdade que o arrependimento não incorpora aquilo de que se arrepende, por outro lado o sujeito que se arrepende se beneficia dele para preencher consigo mesmo toda a existência:

> Pode-se escolher a si mesmo eticamente apenas arrependendo-se de si mesmo, e apenas arrependendo-se de si mesmo é que se torna concreto,

---

62 SKS 3, 228; EE V, p. 126.
63 SKS 3, 171; EE V, 43.

> *e apenas enquanto indivíduo concreto se é um indivíduo livre.*[64]

E uma liberdade conseguida apenas com as forças de quem se arrepende se mantém inevitavelmente autorreferencial, ligada à *própria* concretude mesmo se compreendida como "elaboração" da personalidade. O "equilíbrio" entre ética e estética termina, assim, por negar exatamente a realidade existencial de cada *ou--ou*. A imanência continua a levar a melhor.

Em sua segunda carta, o juiz introduz uma única alternativa efetiva ao seu ser: sua mulher, que, com sua concretude cotidiana de esposa e mãe, consegue tirar Wilhelm de sua insistência em querer refutar a estética com a ética, "avaliando" aquela do ponto de vista desta, ou então colocando-as em "equilíbrio". O juiz toma para si a anedota daquele "orientalista" que se havia esquecido do jantar porque estava completamente absorto na tentativa de racionalizar uma vocalização encontrada em um texto, da qual jamais havia se dado conta. O problema foi resolvido pela mulher com um "sopro": ela chegou perto do texto, soprou-o... e a vocalização desapareceu,

> *porque o ponto estranho era um grãozinho de rapé. Contente, o douto se apressou à mesa, contente de a vocalização ter desaparecido, e mais contente ainda por sua mulher.*[65]

---

64 *SKS* 3, 236; *EE* V, 137.
65 *SKS* 3, 292; *EE* V, 218.

3.3 *"Ultimatum"*

Na segunda carta de Wilhelm, é recorrente a expressão "a existência inteira" [*hele Tilværelsen*]. Tanto **A** quanto **B** sustentam, como na linguagem comum, que a existência seria perdida se não *preenchida* de coisas "interessantes", para **A**, ou conduzida de forma a evitar o "desespero", para **B**.

Não é assim para o pregador da terceira Carta, para quem importa que o homem não perca o privilégio singular em relação às criaturas irracionais:

> *O passarinho cai por terra, e isto de uma certa forma tem razão contra Deus; o lírio seca, e isto de uma certa forma tem razão contra Deus, apenas o homem erra, e a ele unicamente é reservado aquilo que é negado a tudo, o estar errado contra Deus.*[66]

Seria degradante ao homem saber ter razão contra Deus, como poderiam tê-la as criaturas irracionais! Daí a proposta não degradante, mas "edificante" do pastor, aquela de pensar estar *sempre* errado contra Deus:

> *Toda vez que a preocupação da dúvida o torne dolorosamente aflito, então ele se jogará além do finito para dentro do infinito; porque o fato de estar sempre errado é aquela asa sobre a qual ele se elevará acima da finitude, e aquele desejo apaixonado com o qual busca Deus é aquele amor no qual ele encontra Deus.*[67]

---

66 *SKS* 3, 324; *EE* V, 261.
67 *SKS* 3, 331; *EE* V, 271.

A pregação é intitulada "O edificante que jaz no pensamento de que contra Deus estamos sempre errados", e conclui-se com a exortação para se edificar exatamente através do pensamento de que se está sempre errado contra Deus, sendo este o único modo com que se pode dar importância decisiva, a todo momento, da própria existência, independentemente do conteúdo de suas atuações:

> Não para o voo de tua alma, não entristece a tua melhor parte, não enerva o teu espírito com meios desejos e meios pensamentos! [...] Apenas os indescritíveis enternecimentos do coração, apenas isto te convencerá de que tudo o que reconheceste te pertence, de que ninguém poderá tirá-lo de ti; porque apenas a verdade que edifica é verdade para ti.[68]

O anônimo pastor direciona este "para ti" de forma indiferente, a todos os homens. Concerne de fato a existência humana enquanto tal, ou seja, enquanto "relacionamento" com o Transcendente, um relacionamento irredutível seja à identificação do homem com Deus, seja à própria aniquilação em Deus. Este edificante é a verdade da existência *para* todo o indivíduo [*singolo*] porque corresponde ao *verdadeiro* bem para a existência de cada um. Se alguém realmente fosse deixado aos seus pontos de vista (ou aos de outrem) acerca de tal objetivo, inevitavelmente seria condicionado pelo relativismo e pela falácia inerente à finitude de cada um. Não é pouca coisa

---

68 SKS 3, 332; EE V, 274.

estar sempre errado contra Deus. Trata-se de "enternecer o coração" em relação a toda alteridade; apenas assim será possível "não parar jamais o voo" em relação a todo "parar na metade", apaziguado pelo "faz-se aquilo que se pode fazer".

Neste sentido, o edificante em Kierkegaard é oposto àquele "edificante" com o qual Hegel polemiza em *Fenomenologia do espírito*, contrapondo-o à "fadiga do conceito". Desejar estar sempre errado contra Deus quer dizer comprometer-se incondicionalmente com aquilo que transcende seja tudo aquilo que é "interessante" na esfera estética de **A**, seja todo "preenchimento" ético da "personalidade" proposto por **B**; sobretudo o querer tornar "concêntricas" as três "esferas" da existência (estética, ética, religiosa) seria exatamente o contrário do desejo de querer estar sempre errado contra Deus: seria "sistema", não *ou-ou*.

A terceira das cartas que formam a segunda parte de *Enten – Eller*, mesmo se apresentada como pregação de um pastor amigo de Wilhelm, distingue-se decididamente de todas as outras "cartas" compreendidas na obra. Com o conceito de edificante, de fato, Kierkegaard apresenta a *sua* antropologia filosófica. Já em 1843 ele publicou, sob seu próprio nome, com dedicatória ao pai, nove *Discursos edificantes* em três volumes distintos, cada um com um título próprio, e outros *Discursos edificantes* em 1844, e depois muitos outros discursos, sempre assinados por ele, sempre conduzidos com base no conceito de edificação, e com frequência trazendo expressamente a palavra "edificante" no título, como *Discursos edificantes em diversos espíritos*, de 1847, e *Um discurso edificante*, de 1850. De uma temática edificante análoga são duas outras amplas coletâneas de discursos: *As obras do amor – algumas considerações cristãs em forma de discurso*, de 1847, e *Discursos cristãos*, de 1848, e alguns discursos "para a comunhão de sexta-feira". O próprio Kierkegaard pronunciou na igreja alguns desta rica série de discursos de inspiração religiosa, mas também conformes à sua concepção filosófica do "edificante", que deve ser colocado na base do relacionamento entre o homem e Deus.

4. A expectativa da fé

No primeiro dos três volumes em que foram coletados e publicados os nove discursos edificantes de 1843, são propostos os *Dois discursos edificantes* intitulados "A expectativa da fé" e "Toda boa dádiva e todo dom perfeito vêm do alto", como percursos autônomos de edificação.

Kierkegaard imagina que o primeiro destes seja, por ele mesmo, discursado na igreja no dia do ano-novo, por si uma data não litúrgica, mas humanamente muito significativa enquanto ocasião para desejar todo o bem às pessoas a quem se deseja efetivamente um futuro bom. Quem faz um desejo assim não deve formulá-lo genericamente, mas individualizar a coisa que efetivamente constitui o bem que se adequa à pessoa amada: o *verdadeiro* bem *desta*. Mas como isto pode ser possível, já que nem mesmo o destinatário do desejo pode saber verdadeiramente em que consiste, ou melhor, em que coisa consiste seu verdadeiro bem?! O problema pode ser resolvido apenas desejando-lhe um bem que seja *vitória*: vitória sobre qualquer dúvida acerca da efetiva bondade do próprio bem para aquela determinada pessoa, uma bondade não só para hoje ou por pouco tempo, mas para sempre. No ano novo, será preciso portanto desejar-lhe nada além da *fé*. Apenas a fé, que pode "sondar" o futuro explorando-o pela "eternidade", pode abrir a expectativa estrategicamente vitoriosa sobre qualquer outra expectativa destinada a render-se ao poder do tempo.

Certamente, é verdade que ninguém pode dar a fé a outrem, todavia podemos fazer muito por ele, *ajudando-o* a segui-la. É exatamente esta ajuda que este discurso pretende ser, discurso este em que Kierkegaard, em primeira pessoa, desejando a fé à pessoa amada, quase que cara a cara, convida-a a vencer a tentação de colocar o próprio bem em expetativas que vão "apenas até um certo grau", porque o futuro pode, a qualquer momento, constatar a sua falácia. Um desejo de bem pode ser apenas aquele com que se deseja, antes de tudo, a vitória sobre o futuro.

Apenas o desejo da fé é também o desejo de tal vitória. Não apenas isto: ele pode ser estendido a todos os homens, porque está conforme à própria existência do homem enquanto é maior, em altura e profundidade, que qualquer "até um certo grau". O desejo da fé corresponde perfeitamente ao "original" do homem, ao sentido de seu próprio existir, à existência do homem enquanto tal:

> O que é maior, mais nobre, mais santo no homem, todo homem o tem, é o original nele [det Oprindelige i ham], todo homem o tem se quiser tê-lo; a excelência da fé é justamente que esta pode ser possuída apenas nesta condição. Por isso a fé constitui o único bem não deceptivo: porque pode ser possuída apenas ao ser constantemente conquistada, e ser conquistada apenas ao ser constantemente produzida.[69]

Certamente esta fé pode ser desejada mas não dada. Poderá, todavia, ser desejada ao se ajudar o destinatário do desejo a "conquistá-la" ao "produzi-la constantemente". A ajuda será filosófica e consistirá essencialmente em alertar aquele a quem desejo o bem da fé a se fechar na imanência:

> Acompanharei o seu pensamento e o exortarei a compreender que este é o bem maior, e o impedirei de deixá-lo cair em um precipício qualquer, onde este pode se tornar obscuro a ele, onde ele poderá ou não o entender; passarei com ele através de cada dúvida até que, se ele ainda não o tiver, encontre apenas uma expressão para explicar a sua infelicidade: que ele não quer.[70]

---

69 KIERKEGAARD, S. *To opbyggelige Taler 1843*, I, Troens Forventning, Copenhague: Bianco Luno, 1843, *SKS 5*, 9-36; tradução italiana por U. Regina, *Due Discorsi edificanti 1843*, I. *La prospettiva della fede*. Brescia: Morcelliana, 2013 (= PF), aqui, respectivamente, *SKS* 5, 24; *PF* 58.
70 *SKS* 5, 25; *PF* 59.

A ajuda filosófica poderá ser efetiva apenas se quem ajuda já tem instrumentos críticos idôneos para desmascarar a imanência das perspectivas do "até um certo grau", e a conexa ameaça insuperável do futuro. Tal ajuda não pode ser oferecida pela filosofia enquanto tal, a menos que se trate de uma filosofia que, por sua vez, tenha sido ajudada pelo cristianismo para que saiba, já na própria impostação do pensar, que o relacionamento com o Transcendente é "o original" da existência humana. Definitivamente, apenas um filósofo cristão – e Kierkegaard pensa implicitamente em si mesmo – pode oferecer a quem ama a plataforma sobre a qual se pode desejar a fé como expectativa de vitória para o existir humano. Kierkegaard acena a isto com a referência – colocada no centro de página, logo depois da prece introdutória ao discurso – à "Epístola que o apóstolo São Paulo escreve aos Gálatas. Do capítulo 3,23 até o fim". Não traz o texto, mas é oportuno retomar aqui as palavras que exprimem sua novidade cristã e a universalidade sobre o plano antropológico-existencial: "Nisto não há judeu nem grego; não há servo nem livre; não há macho nem fêmea; porque todos vós sois um em Cristo Jesus" (Gal 3,28). Com base nesta igualdade, da qual duvidaram até mesmo os grandes expoentes do pensamento grego, é possível ajudar filosoficamente quem ainda não crê a não se deixar seduzir por expectativas que negam tal igualdade "perante Deus".

Kierkegaard, ao fim de "A expectativa da fé", lembra-se de que muitas pregações do culto luterano se concluem com uma invocação precedida pelo advérbio de tempo "enfim" [omsider], que abre no tempo algo que está além do mesmo:

> *Se esta palavra nos tiver acompanhado como um amigo fiel nos múltiplos casos da vida, e se ela tiver se adaptado a nós sem todavia se tornar infiel a si, se ela tiver sido nossa consolação, a nossa esperança, a nossa alegria, o nosso júbilo, se ela tiver ressoado para nós de forma alta e entusiasmante, e suavemente como uma canção de ninar, se nos tiver falado admoestando-nos e advertindo-nos, encorajando-nos e envolvendo-nos, então possa nossa alma, em sua última hora, ser carregada deste mundo sustentada por esta palavra, para o lugar onde poderemos entender todo o seu significado, assim como o Deus que, após ter-nos conduzido através do mundo com a sua mão, é o mesmo que a retira e abre os braços para acolher nossa alma sedenta. Amém!*[71]

5. *A repetição*

Em *A repetição*, Constantin Constantius age tanto como pseudônimo quanto como coprotagonista, enquanto "confidente" das dores de amor de um jovem poeta destinatário de suas cartas, mas sobretudo como cobaia de si mesmo no que concerne à possibilidade existencial de fazer a experiência da "repetição", ou seja, da possibilidade, para o existente, de continuar a ser ele mesmo, apesar de a existência

---

71 SKS 5, 36; PF 79.

parecer exigir que ele se torne, a cada momento, diferente do que era um instante atrás e será um instante depois. Constantin Constantius, como diz seu nome, quer "constantemente" se manter ele mesmo, mas também existir. A sua questão portanto é filosófica e fundamental, sobretudo se considerarmos que ela foi ignorada pela filosofia, tanto a antiga quanto a moderna: nem a "reminiscência" dos gregos (Platão), nem a "mediação" dos modernos (Hegel) de fato souberam juntar a verdade eterna com a importância decisiva, e neste sentido igualmente eterna, de que o existente no tempo não pode refutar todo instante da própria vida. O problema consiste em *repetir* no tempo o eterno enquanto eterno.

Certamente se reconhece que os céticos gregos contribuíram muito para a tal repetição:

> *Visto que os eleáticos negavam o movimento, Diógenes interveio [...], simplesmente caminhou para frente e para trás duas, três vezes, com o que estimou tê-los refutado suficientemente.*[72]

Mas as refutações tácitas pouco satisfazem na filosofia! O platonismo pensou a repetição como reminiscência, que é porém um movimento ao contrário:

> *Dizendo que todo conhecer é recordar, os gregos diziam que "a existência atual inteira já existiu".*

---
72 KIERKEGAARD, S. *Gjentagelsen. Et Forsøg in den experimenderende Psychologi af Constantin Constantius*. Copenhague: Reitzel, 1843. *SKS* 4, 7-96; tradução italiana por D. Borso, *La ripetizione. Un esperiemnto psicologico di Constantin Constantius*. Milão: Guerini e Associati, 1991 (= *R*), aqui, respectivamente *SKS* 4, 9 e *R* 11.

> *Dizendo que a vida é uma repetição, diz-se: "a existência passada vem a existir agora".*[73]

A "repetição", da qual Constantin vai em busca, é para um presente que não quer ser imemorial de forma alguma em relação ao passado, sabendo que o passado já aconteceu. Portanto será necessário levar em conta o *tornar-se*:

> *Neste contexto, o questionamento grego sobre o conceito de* kinesis, *o qual corresponde à categoria moderna de "passagem", deve ser levando muito em conta.*[74]

Mas em seus escritos, Kierkegaard é pródigo em críticas exatamente das "passagens" ao estilo de Hegel, consideradas artificiais. Consequentemente, nem mesmo a *kinesis* aristotélica pode cumprir a função por ele atribuída à "repetição" [*Gjentagelse*]. Mas

> *a dialética da repetição é simples: o que de fato é repetido já aconteceu, ou então não poderia ser repetido; mas exatamente o fato de que ele já aconteceu é que determina a novidade da repetição*[75].

A dialética da repetição é "simples", mas tudo menos fácil, dado que a repetição não tem nada a ver nem com a recordação, nem com a esperança:

> *Para esperar, é necessária a juventude, para recordar, é necessária a juventude, mas para querer a repetição é necessária a coragem.*

---

73 *SKS* 4, 25; *R* 35.
74 *Ibidem.*
75 *Ibidem.*

> [...] *Apenas uma vez circum-navegada a existência é que ficará claro se há coragem de compreender que a vida é uma repetição e o desejo de gozá-la.* [...] *Se o próprio Deus não tivesse querido a repetição, o mundo jamais teria nascido.*[76]

Por exemplo, o jovem poeta enamorado, de quem Constantin se torna confidente, perde-se logo na lembrança do amor pela jovem por quem está apaixonado e por quem é correspondido, ao mesmo tempo que ele se tornou o poeta que não sabe mais o que fazer com isto: "O simples fato de ele ter começado foi um passo tão grande a ponto de desistir da vida. Se a jovem morrer amanhã, nada substancialmente mudará".[77] O poeta é incapaz daquela repetição que a própria existência lhe exige cumprir se quiser se tornar ele mesmo. Constantin se coloca, por assim dizer, no lugar do jovem: ficará novamente em Berlim com o propósito de *repetir* uma viagem feita antes em todos os seus detalhes. O experimento não acontece, mas o resultado não é um fracasso total: "Descobri que a repetição de fato não existia, e eu cheguei a esta descoberta por causa das repetições"[78]. Constantin conclui a primeira parte de sua história entoando um vivaz hino à "trompa de postilhão", um instrumento de notas sempre imprevisíveis, como a existência:

---
76 *SKS* 4, 10-11; *R* 13.
77 *SKS* 4, 14; *R* 18.
78 *SKS* 4, 45; *R* 65.

> *Viva a trompa de postilhão! É o meu instrumento [...] porque dele nunca se tem certeza de tirar a mesma nota. [...] Continue, drama da vida, que ninguém pode chamar de comédia, ninguém pode chamar de tragédia, porque ninguém viu dele o fim! Avante, espetáculo da existência, no qual a vida é devolvida tão pouco quanto o dinheiro!*[79]

O jovem poeta não tem o ânimo tão leve: "A existência é astuta. O que o prende não é de fato o fascínio da garota, mas o remorso de tê-la feito sofrer tanto, desestabilizando sua vida".[80] Seu confidente, Constantin, havia lhe aconselhado que se afastasse da garota, com uma conduta de crápula. Mas o jovem não aceita. Compreende que o problema deve ser confrontado levando-se em conta que "a existência" não pode ser persuadida: deve ser confrontada de forma nova, tanto em relação aos gregos quanto aos modernos. Uns não puderam (os gregos) e outros não quiseram (os modernos) levar em conta que a "dialética da repetição" leva extremamente a sério que "aquilo que aconteceu determina a novidade da repetição"[81], e que a novidade, para ser tal, precisa ser compreendida em um horizonte de "transcendência", da qual a "reminiscência" grega e a "mediação" são negações: "A repetição é transcendente demais até para mim",[82] reconhece Constantin.

---
79 SKS 4, 48-49, R 70-72.
80 SKS 4, 55; R 81.
81 SKS 4, 25; R 35.
82 SKS 4, 57; R 83.

Mas eis que ele começa a receber do jovem, de origem desconhecida, densas cartas caracterizadas por "movimentos religiosos"[83] baseados na figura de Jó, um bom modelo de uma repetição que aconteceu por força da transcendência de Deus. Jó foi submetido por Deus a uma "prova": por Deus, foi privado de tudo, exceto da vida. Já a existência transcende a prova. Talvez, então, exatamente a prova possa ser a categoria idônea para pensar a repetição da existência: "A prova, sendo uma categoria *temporária*, é determinada *eo ipso* em relação ao tempo, e deve ser portanto superada no tempo".[84]

Jó rejeita fortemente as culpas que os amigos lhe impingem como justificativa do comportamento de Deus:

> *Imputar uma desgraça sofrida aos nossos pecados pode ser belo e verdadeiro e humilde, mas sob isto também pode estar uma concepção de Deus como tirano, que expressamos de forma insensata, colocando-o imediatamente sob determinações éticas.*[85]

Por que considerar tirano um Deus que pune o pecador? Para Kierkegaard a ética, se "imediata", é construção humana, e como tal inevitavelmente arbitrária em seus imperativos. Jó não quer ter razão a qualquer custo, mas estar e ficar em relação com

---
83 SKS 4, 57; R 84.
84 SKS 4, 78; R 110. Kierkegaard-Johannes de Silentio terá esta afirmação bem presente quando, em *Temor e tremor*, propuser sua interpretação da "prova" a que Deus submete Abraão.
85 SKS 4, 75; R 106-107.

Deus apesar de tudo, inclusive a moral. A sua teimosia em relação às razões de seus males, indicadas pelos amigos, é fruto daquela "suspensão teleológica da ética" com base na qual Kierkegaard-Johannes de Silentio, em *Temor e tremor*, caracterizará o "cavaleiro da fé". Sem moral, então? Constantin Constantius é um temporizador. A moral pode esperar. O que conta imediatamente é não fazer de Deus um homem:

> *Jó então estava errado? Sim! E para sempre, porque não há uma corte superior àquela que o julgou. Jó tem razão? Sim, e para sempre, pois estava errado contra Deus. Assim, há uma repetição.*[86]

No horizonte da imanência, tudo é inevitavelmente identidade. Mas a repetição é todo o contrário da identidade. Um Deus de transcendência abre ao homem caminhos existenciais de outra forma nem mesmo hipotizáveis, para que seu verdadeiro si mesmo seja alcançado.

Em uma carta posterior, o Jovem comunica ao Confidente ter descoberto que a garota se casou:

> *Sou de novo eu mesmo – eis a minha repetição. [...] Ela agiu generosamente, se não de outra forma, esquecendo-me completamente. Mas o que é tão belo quanto a generosidade feminina?*[87]

Quanto de autobiográfico emerge na conclusão desta história! Trata-se também de uma caracterização existencial da transcendência, que não deve

---

86 *SKS* 4, 79; *R* 111-112.
87 *SKS* 4, 87; *R* 120.

faltar nos relacionamentos, particularmente naqueles entre homem e mulher!

No que concerne a Jó, fica entretanto aberto um problema que não é pequeno. Ele tem outros filhos, não aqueles de antes,

> *porque uma vida humana não se deixa duplicar assim. Neste caso é possível apenas a repetição do espírito, por mais que, na temporalidade, não resulte perfeita como na eternidade, que é a verdadeira repetição.*[88]

A espiritualidade também, portanto, tem a ver com a repetição. Sozinho, o homem não poderia ser espírito, portanto nem propriamente ele mesmo.

A repetição foi considerado pelos contemporâneos um livro equivocado; o esforço que Kierkegaard pede que o leitor tenha com este livro é, todavia, motivado e frutífero. Algumas das mais importantes novidades conceituais de Kierkegaard são aqui propostas com fórmulas surpreendentes: uma nova concepção do "tornar-se" (desenvolvida depois em *Migalhas filosóficas*), uma nova concepção da "prova" (exposta depois em *Temor e tremor*), a descoberta do "interesse" (depois explicitada no *Pós-escrito*) como categoria decisiva ao mesmo tempo no plano ontológico, ético, religioso:

> *Repetição é o interesse [interesse] da metafísica, e ao mesmo tempo o interesse em que a metafísica encontra obstáculos; repetição é a palavra de ordem*

---

88 SKS 4, 88; R 121.

em qualquer concepção ética, repetição é a conditio sine qua non *para qualquer problema dogmático.*[89]

6. Temor e tremor

Em que sentido um livro intitulado *Temor e tremor* pode ser interpretado como tendo por tema a "bela história" de Abraão? Um Deus que ordena que um crente mate seu filho não é algo simplesmente desumano? Entretanto, Kierkegaard-Johannes de Silentio se dirige a ele chamando-o de "Venerável Pai Abraão!", certo, mas apenas depois de ter especulado sobre quatro variantes do texto bíblico em que Abraão não seria, de forma alguma, paterno e venerável. Imaginemos portanto que Abraão, após receber o tremendo pedido de Deus e ter chegado ao monte Moriá: 1) no último momento recite a Isaque não a parte do pai, mas do "monstro", com o intuito de não deixar que Isaque perca a fé na bondade de Deus: "Tolinho, crês que eu seja teu pai? Sou um idólatra. Crês que isto seja uma ordem de Deus? Não, é um capricho meu";[90] 2) que Abraão, tendo amarrado Isaque, puxe a faca, veja o carneiro que o próprio Deus provera e o sacrifique no lugar do filho; 3) que Abraão, quando está para sacrificar o filho, suplique que Deus o perdoe por isto, sem

---
89 *SKS* 4, 25-26; *R* 35.
90 *Frygt og Baeven. Dialektisk Lyrik af Johannes de Silentio*. Copenhague: Reitzel, 1843, *in SKS* 4, 99-210. Tradução italiana por C. Fabro, *Timore e temore. Lirica dialettica di Johannes de Silentio, in* FABRO, C. (Ed.). *Opere*. Florença: Sansoni, 1972, p. 39-100 (= TT), aqui *SKS* 4, 107; *TT* 44.

poder conceber que pecara por ter querido sacrificar "a melhor coisa que tinha" e, por outro lado, sem poder compreender que teria merecido o perdão, se seu amor por Isaque não tivesse sido tão grande a ponto de induzi-lo a dar em troca sua própria vida; 4) que Abraão, calmo, coloque a faca sobre Isaque, e este veja a mão esquerda do pai "se contorcer de desespero". Segundo estas quatro hipóteses, Isaque voltaria para casa com a fé perdida, e Abrãao, com a certeza de que ninguém vira a cena sobre o Moriá.

Se Abraão tivesse podido levar de volta Isaque no modo previsto por uma destas hipóteses, então o monte Moriá "seria citado não como o Ararat, onde repousou a Arca, mas como um horror",[91] porque exatamente ali Abraão teria duvidado de Deus. Mas não foi assim! Abraão não hesitou, jamais duvidou: "Apenas quem empunha a faca recebe Isaque".[92] Portanto, mantém-se a história de Abraão como "bela" ou, mais ainda, tão admirável a ponto de suscitar imitadores.

Imaginemos agora que um crente, comovido pelo sermão dominical do pastor, volta para casa decidido a sacrificar para Deus o próprio filho, e que o pastor, percebendo isto, vá à sua casa chamando-o de louco; o admirador de Abraão lhe responderia que não faria nada além do que o pastor exaltou na igreja: fazer como Abraão, que sacrificou a melhor coisa que tinha.

---

91 *SKS* 4, 118; *TT* 49.
92 *SKS* 4, 123; *TT* 50.

Mas para Abraão não se tratava, de fato, de sacrificar Isaque como a melhor coisa que tinha, ou seja, de "se resignar" em perdê-la, mas de ter fé em Deus: "Com a fé, Abraão não renunciou a Isaque, mas com a fé, Abraão recebeu Isaque".[93] A resignação é própria do "cavaleiro do infinito", certamente admirável, mas ligado à imanência, "porque eu devo sempre empregar as minhas forças para renunciar a tudo".[94] Ao contrário, o "cavaleiro da fé", Abraão, não se detém na resignação, mas cumpre um "movimento" posterior; ele se resignou a tudo e, "no entanto, toda essa representação do mundo que ele figura é nova criação do absurdo. Resignou-se infinitamente a tudo para tudo recuperar pelo absurdo".[95]

O absurdo é

> o princípio de que a Deus tudo é possível. O absurdo, aqui, não pertence às diferenças encontradas na esfera própria do intelecto. Não é idêntico ao inverossímil, ao inesperado, ao imprevisto.[96]

O intelecto pode pensar o infinito, mas não o "absurdo", porque é absurdo para o pensamento, constitutivamente intranscendível, predispor-se ao encontro com aquilo que o transcende, mas que, ao mesmo tempo, o salva da indiferença por si mesmo. Enquanto o infinito do intelecto distrai o existente do seu próprio existir, o absurdo da fé tudo lhe redime,

---

93 SKS 4, 143; TT 62.
94 Ibidem.
95 SKS 4, 135; TT 57.
96 SKS 4, 141; TT, 61.

consentindo que ele faça de sua mesma existência uma "criação nova". "Pelo absurdo", o "cavaleiro da fé" sabe se mover no mundo com a segurança de quem controla perfeitamente as próprias forças:

> Os cavaleiros do infinito são bailarinos a quem não falta elevação. [...] Mas cada vez que caem, não podem logo retomar posição [...], basta vê-los no momento em que tocam ou se firmam no solo – para reconhecê-los. Mas poder cair de forma a darem a impressão de estarem no mesmo momento firmes e em movimento, transformar o salto na vida em um caminhar, expressar absolutamente o sublime no passo terreno, só quem pode fazer isto é aquele cavaleiro: eis o único milagre.[97]

Cavaleiro do infinito foi Agamenon quando decidiu sacrificar quando decidiu sacrificar Ifigênia em nome da superioridade do bem do Estado sobre aquele do pai, uma regra ditada pela "ética", horizonte "infinito" que faz a abstração do indivíduo [singolo]. O mesmo não pode ser dito sobre Abraão:

> A história de Abraão contém uma suspensão teleológica da ética. [...] Abraão por isso não é em nenhum momento um herói trágico, mas algo bem diferente: ou um assassino, ou um crente[98].

A sua grandeza não é a do herói, toda ligada aos resultados conseguidos por ele, baseados em dotes particulares ou atribuíveis a conjunturas casuais e que "a distância", entretanto, fazem dela um objeto

---
97 SKS 4, 135-136; TT 57-58.
98 SKS 4, 150; TT 66.

privilegiado de inveja. A grandeza de Abraão é a de ter tido fé na promessa de Deus, apesar de tudo. Kierkegaard ilumina este ponto comparando a grandeza de Abraão àquela de Maria:

> A sua grandeza não vem do fato de ser bendita entre as mulheres. Porque [...] então qualquer garota poderia perguntar: "por que não me tornei, eu também, a Cheia de Graça?" [...] Esquecem-se, entretanto, o sofrimento, a angústia, o paradoxo.[99]

Abraão e Maria têm em comum a prova *da fé*. Neste sentido, eles foram os *privilegiados na prova*!

A grandeza de Abraão está em ter claro, desde o início, que Deus queria dele não um sacrifício humano, que de forma idólatra lhe aplacasse a ira ou comprasse um favor, mas um testemunho de "franqueza" em estar cara a cara com o Transcendente:

> O prodígio que aquele cavaleiro cumpriu [foi] o de se tornar o confidente de Deus, o amigo do Senhor, de forma que ele – para me expressar de forma humana – trata por "tu" o Deus nos céus [han siger Du til Gud i Himlene], *enquanto o herói trágico o invoca apenas na terceira pessoa*.[100]

Sua linguagem é a linguagem de relacionamento entre o homem e Deus, que estaria incorretamente compreendida se transcrita na linguagem da ética, ligada aos conceitos abstratos da imanência, mas

---
99 SKS 4, 157; TT 70-71.
100 SKS 4, 168; TT 77.

que, em virtude do absurdo, sabe dizer a verdade mesmo renunciando a dizer o inefável concernente ao relacionamento com o Transcendente. Durante a viagem de três dias e meio junto a Isaque, antes de chegar ao local indicado, Abraão pronuncia apelas as palavras em resposta à pergunta do filho sobre a ovelha: "Meu filho, Deus proverá uma ovelha para o holocausto!" Desta forma, não mentiu, e não desmoralizou a verdade: "Sem esta frase, faltaria qualquer coisa à narrativa; se fosse diferente, talvez tudo se dissolvesse em confusão".[101] Apenas nestas palavras há tanto a resignação quanto a fé.

A prova a que Deus submete Abraão é uma prova para o próprio Deus: Abraão confia em Deus, e Deus confia em Abraão ao lhe pedir que faça o que, para a ética, é um assassinato. Por força do absurdo da fé, Abraão já superou a prova logo após tê-la recebido como um relacionamento entre ele e Deus. Já sabe que Deus manterá a promessa; não sabe como, mas sabe que Deus é Deus, e Deus sabe que Abraão saberá encará-la e superá-la de forma a se tornar "Pai da fé" de todos os homens. Confiando em Abraão, Deus confia na capacidade de todos os homens de ter fé no verdadeiro Deus. O fundamento de tudo está no relacionamento entre o homem e Deus, no fato de estarem cara a cara, absolutamente: "Então ou existe o paradoxo que o Indivíduo [*Singolo*] como Indivíduo [*Singolo*] está em uma relação absoluto com o Absoluto, ou

---
101 SKS 4, 203; *TT* 97.

então Abraão está perdido";[102] e da mesma forma está perdido o homem enquanto tal.

"A paixão suprema do homem é a fé".[103] Não há uma outra maior porque se trata da relação igualitária entre o homem e Deus, não no sentido de que o homem seja igual a Deus, ou vice-versa, mas sim exatamente porque estes são e se mantêm completamente diferentes, e assim podem se manter em uma relação que não seria tal se não fosse absoluta, da mesma forma como o amor é absoluto. O máximo que se pode fazer para quem alcançou a fé é se manter na absolutez desta relação, e isto significa viver dele no sentido mais apaixonante e duradouro, porque, se não fosse assim, não se trataria mais de relação verdadeira:

> *Aquele que chegou à fé [...] não se detém na fé, e certamente se indignaria se alguém o acusasse disto, exatamente como o amante se indignaria se alguém o acusasse de se deter no amor – ele de fato responderia: eu de fato não me detenho, porque é nisto que consiste a minha vida.*[104]

Johannes de Silentio assim chegou à revolucionária proposta da "suspensão teleológica da ética", que definitivamente equivale a declarar a ética incompetente, até mesmo um obstáculo, para se conseguir o verdadeiro *telos* do existente: não se fechar em si mas colocar-se em relação, em nenhum caso

---
102 *SKS* 4, 207; *TT* 99.
103 *SKS* 4, 209; *TT* 99.
104 *SKS* 4, 210; *TT* 100.

unitivo, com o outro de si. Portanto, será necessário remover a ética para que a fé seja tornada possível?

7. O conceito de angústia

Nesta obra, Kierkegaard-Vigilius Haufniensis segue uma "ética nova", ou seja, não mais condicionada pela imanência: "Se a ética não tem nenhuma outra transcendência, é essencialmente lógica; e se a lógica deve ter tanta transcendência quanto, por razões de conveniência, é necessária à ética, não é mais lógica".[105] Deverá portanto tratar-se de uma ética que não faz abstração do homem como existência; na base desta "ciência nova" deverá ser posto, ou melhor, "pressuposto" o próprio Transcendente, e isto deverá ser firmemente mantido, com a mesma firmeza que a "dogmática" sabe usar:

> A nova ciência começa com a dogmática [...]. Aqui, a ética reencontra seu lugar como a ciência que recebe da dogmática a consciência da realidade e a coloca como uma tarefa para a realidade. Esta ética não ignora o pecado, e sua idealidade não está em preceitos ideais, mas na profunda consciência da realidade, da realidade do pecado: note-se,

---

105 KIERKEGAARD, S. *Begrebet Angst. En simple psychologisk--paapegende Overveilse I Ritning af det dogmastike Problem om Arvesynden af Vigilius Haufniensis*. Copenhague: Reitzel, 1844, in *SKS* 4, 400-461; tradução italiana por C. Fabro, cit., *Il concetto dell'angoscia. Semplice riflessione per una dimostrazione psicologica in direzione del problema dogmatico del peccato originale di Vigilius Haufniensis*, in FABRO, C. (Ed.). *Opere*, cit., p. 107-197 (= *CA*), aqui *SKS* 4, 321; *CA* 113.

porém, livre de toda frivolidade metafísica ou concupiscência psicológica.[106]

A "nova ciência", que mantém a ética aberta à transcendência, pode ser chamada de "ética nova", ou de "segunda ética". A primeira ética "ignora o pecado", a partir do momento em que se mantém na imanência da pura conceitualidade; a segunda ética, entretanto, enquanto aberta à transcendência, "tem em seu âmbito a realidade do pecado", não exclui sua desconcertante "possibilidade":

> *A primeira ética pressupõe a metafísica; a segunda, pressupõe a dogmática, mas também a completa de forma tal que aqui, como em todas as partes, o pressuposto fica evidente.*[107]

O pressuposto que a segunda ética põe em questão é o pecado, ou melhor, "o pecado original". A "dogmática" deve apenas o pressupor. Exatamente, e apenas assim, ela mesma pode proteger-se da tentação de se esquecer de que no pecado original está em jogo o relacionamento do existente com a liberdade, com algo que se subtrai a qualquer idealização conceitual: "A liberdade, de fato, não é possível jamais, mas apenas é, é real".[108]

Se o livro de Constantin Constantius, *A repetição*, é "bizarro" porque propõe a repetição através de uma repetição falida, não menos surpreendente é o livro de Vigilius Haufniensis, *O conceito de angústia*,

---
106 *SKS* 4, 328; *CA* 117.
107 *SKS* 4, 331; *CA* 119.
108 *SKS* 4, 329; *CA* 118.

que apreende, nas várias individuações de um sentimento como a angústia, uma complexa estratégia a favor da "repetição". A angústia isola apenas aparentemente; na verdade, coloca tarefas diferentes em prol da diferenciação entre os seres humanos para educar cada um, nos modos mais variados, a não ter angústia frente à liberdade.

Vigilius Haufniensis é um "psicólogo". É capaz de observar "estados", não de compreender a trama e a finalidade com a qual a transcendência (sem a qual não haveria nem pecado nem angústia) age nos indivíduos [*singoli*] a fim de que cada um se torne ele mesmo; volta a sua atenção à angústia, que sempre precede e segue a liberdade quando o homem tenta ignorá-la. A angústia pode, portanto, ser submetida à observação científica mesmo se apresenta a característica, embaraçosa mas preciosa para a própria ciência, de não poder ser posta em relação com um objeto observável:

> *Neste estado há paz e quietude; mas há, ao mesmo tempo, algo mais que não é nem inquietude nem luta, porque não há nada contra o que lutar. Então, o que é? O nada. Mas qual efeito tem o nada? Ele gera a angústia.*[109]

O homem que se angustia não é mais uma coisa entre as coisas, mas algo completamente diferente:

> *A realidade do espírito se mostra continuamente como uma figura que coloca em tentação a sua*

---

109 *SKS* 4, 347; *CA* 129.

> *possibilidade, mas assim que ele tenta alcançá-la, ela se dissipa; esta é um nada que só pode angustiar. Não há nada mais a fazer, porque ela apenas se mostra [...]. A angústia é a realidade da liberdade como possibilidade para a possibilidade* [Mulighed for Muligheden].[110]

Não é um jogo de palavras. A possibilidade da possibilidade, exatamente por ser isto, está aberta também à possibilidade de o homem se desinteressar de si, de não querer saber de ser "espírito", ou seja, do relacionamento com o outro de si. O existente sabe dispor de infinitas possibilidades para se convencer de ser coisa entre as coisas, e nada além, ou também para imaginar ser algo de importante, mas apenas até um certo ponto. A angústia é a ambiguidade entre vigília e sonho:

> *A angústia é uma determinação do espírito sonhante [...]. Na vigília, a diferença entre o eu e o outro de mim é colocada; no sono, está suspensa; no sonho, é um nada ao qual se acena* [et antydet Intet].[111]

A angústia "suspende" o primado da diferença em prol da identidade; limita-se a "acenar" às diferenças entre as várias possibilidades, mas não as leva a sério, não as faz suas na "repetição". A angústia é portanto ambígua: o existente se angustia frente ao nada, mas apenas até um certo grau. A angústia acena além de si, ao que vem antes e depois da liberdade. Deve-se, portanto, dizer que o estado sonhante da

---
110 SKS 4, 347-348; CA 130.
111 *Ibidem*.

angústia, exatamente em sua ambiguidade, está estrategicamente do lado da salvação do espírito.

O existente acorda do sonho da angústia e toma consciência de si como homem, indivíduo [*singolo*], ao se reconhecer pecador. A "inocência" de antes ainda não era *sua*, assim como os pais, antes do pecado, ainda não eram um casal de verdade. A sua diferença sexual era irrelevante não apenas para sua diferenciação entre homem e mulher, mas antes de tudo para o fato de eles serem verdadeiramente dois existentes distintos:

> *Eva foi criada, formada pela costela dele. Ela tinha com ele o relacionamento mais íntimo, mas este ainda era um relacionamento exterior. Adão e Eva são apenas uma repetição numérica. Se tivesse havido mil Adões, isto não teria significado mais do que só um.*[112]

Apenas com o pecado o homem considera ter usufruído da liberdade, e se percebe como "espírito" com a tarefa da "repetição" de si enquanto aberto à transcendência. Esta história começa com a "queda", que não teria acontecido se o homem tivesse se mantido naquela inocência que não era exatamente sua ainda, mas que justamente por isto ainda o tenta. Gostaria de dar um passo para trás frente ao abismo da liberdade, mas a "vertigem" o ataca, e cai:

> *Nesta vertigem, a liberdade cai. A psicologia não pode andar mais além, e não quer fazê-lo.*

---

[112] SKS 4, 351-352; CA 132.

> No mesmo momento, tudo mudou, e enquanto a liberdade se levanta novamente, ela vê que é culpada. Entre estes dois momentos está o salto, que nenhuma ciência explicou nem pode explicar. Aquele que se torna culpado na angústia se torna culpado de forma tão ambígua quanto é possível ser.[113]

É exatamente esta ambiguidade que revela que o Transcendente está ativamente presente na orientação da dinâmica do pecado original em benefício do homem enquanto espírito:

> A angústia em seu limite extremo, onde parece que o indivíduo se tornou culpado, ainda não é a culpa. O pecado não vem nem como necessidade nem como acaso, e por isso ao conceito do pecado corresponde: a Providência [svarer til Sundens Begreb: Forsynet].[114]

Todo homem que nasce é um novo pecador, mas o indivíduo [*singolo*] não pode sê-lo senão de forma *original*. A "pecaminosidade" da espécie é incrementada justamente porque não se pode pecar senão de forma nova em relação a quem nos precede no pecar, e assim cresce também a "profecia de perfeição" para cada homem, cada indivíduo[*singolo*]. A originalidade com que cada indivíduo peca é possível graças ao contínuo incremento quantitativo da pecaminosidade da espécie, onde cada homem se vê colocado em um lugar que é apenas seu:

---

113 SKS 4, 365-366; CA 140.
114 SKS 4, 401; CA 161.

> *Cada indivíduo começa completamente do início, mas se encontra no mesmo instante, no ponto a partir do qual deve começar na história* [i samme Øieblik er der, hvor der skulde begynde i Historien].[115]

Há angústia na concepção, "porque neste momento se gera o novo indivíduo".[116] Há angústia no parto, quando "o espírito treme; de fato ele, neste momento, não tem tarefa alguma, mas é como se estivesse suspendido".[117] E há angústia também no pudor: "Não há traço algum de volúpia sexual, mas há uma vergonha, do quê? De nada. Mas o indivíduo pode morrer de vergonha"[118]. A Providência opera através da angústia, alcança o seu objetivo e também o seu fim, e então o existente se arrepende de sua culpa: "De fato, se a culpa realmente passou, eu não posso mais ter angústia, mas apenas arrependimento".[119] Não por isso, o arrependimento é também o fim da velha história. Com ele, começa uma nova história, a verdadeira história na qual o existente, através da "repetição" existencial, torna-se ele mesmo. Apenas uma tal repetição consente que quem se arrepende tire proveito de seu próprio pecado, não o perdendo jamais de vista:

> *O arrependimento não pode anular o pecado, mas apenas entristecer-se dele. O pecado avança em sua consequência; o arrependimento o segue*

---

115 *SKS* 4, 341; *CA* 126.
116 *SKS* 4, 376; *CA* 146.
117 *Ibidem.*
118 *SKS* 4, 372; *CA* 144.
119 *SKS* 4, 395; *CA* 157-158.

> *passo a passo, mas está sempre um instante atrasado. Ele compele a si mesmo a olhar seu próprio aspecto terrível.*[120]

Este relacionamento permanente do arrependimento com o pecado certamente ainda tem a ver com a angústia, mas enquanto vitória sobre as "angústias", desta vez no plural, que prevaleceriam se a angústia enquanto tal fosse o sentimento original da existência humana. Entretanto, antes, durante e após a angústia, há uma estratégia salvadora que a guia, e isto o próprio crente pode considerar:

> Com a ajuda da fé, a angústia educa o indivíduo a repousar na Providência [...]. Ele pode seguir por um de seus caminhos quase dançando, enquanto as angústias do mundo finito começam seu jogo, e os discípulos da finitude perdem o intelecto e a coragem.[121]

8. Migalhas filosóficas

O psicólogo Vigilius Haufniensis descobre, portanto, em *O conceito de angústia*, que a Providência, através da angústia, age escondida em prol do existente. De forma análoga, o filósofo Climacus descobre, em *Migalhas filosóficas*, que a fé é a ajuda decisiva para que a própria filosofia possa tratar da possibilidade de conduzir o homem da não verdade à verdade, mas de forma nova em relação àquela proposta pela filosofia

---
120 SKS 4, 417; CA 170-171.
121 SKS 4, 459; CA 197.

grega e moderna. Estas trataram sim dos conteúdos da verdade, mas de modo insatisfatório para o que concerne ao relacionamento do existente com a verdade e a não verdade, porque não levaram em conta que o homem se encontra na não verdade, e que é vão lhe propor a verdade se isto implica sua renúncia à própria existência, como acontece na filosofia grega quando propõe a aquisição da verdade como "reminiscência" daquilo que precede a existência do indivíduo [*singolo*], e como acontece na filosofia moderna, dado que instrumentaliza a existência do indivíduo [*singolo*] para o "completamento do sistema".

Kierkegaard-Climacus se apresenta como um filósofo ainda não cristão, mas interessadíssimo no cristianismo enquanto promessa de beatitude eterna para quem tem fé. Por isso gostaria de competir, por assim dizer, com a fé cristã, propondo a si mesmo atingir a própria beatitude com os simples meios de sua filosofia, que entretanto considera apenas uma "hipótese", mesmo que, em sua opinião, mereça colocar em perigo a própria vida:

> *Eu me cultivei e continuo a cultivar-me apenas para dançar agilmente a serviço do pensamento [...]. Posso arriscar a vida, posso brincar com toda a seriedade com a minha vida [...]; porque o pensamento da morte é uma bailarina hábil.*[122]

---

122 KIERKEGAARD, S. *Philosophiske Smuler eller En Smule Philosophi af Johannes Klimacus. Udgivet af S. Kierkegaard*. Copenhague: Reitzel, 1844, in *SKS* 4, 213-306; tradução italiana por U. Regina, *Briciole filosofiche. Ovvero un poco di filosofia, di Johannes Climacus. Edito da S. Kierkegaard*. Brescia: Morcelliana, 2012 (= *BF*); aqui *SKS* 4, 217; *BF* 95-96.

Ao fim, ele poderá declarar ter se afeiçoado à sua hipótese, até por ter podido com ela conseguir valorizar o cristianismo como algo que nenhuma mente humana, quanto menos a própria, jamais poderia ter inventado:

> Nenhuma filosofia (porque esta é apenas obra do pensamento), nenhuma mitologia (que é obra apenas de fantasia), nenhum saber histórico (que é objeto da memória) conseguiram encontrar esta ideia, o que sugere [...] que não subiu ao coração do homem [cf. 1 Cor 2,9]. Eu desejo até certo ponto me esquecer de tudo isto, servindo-me do capricho ilimitado de uma hipótese, supondo portanto que tudo se reduz a uma fantasia tola minha, que todavia não gostaria de abandonar antes de a ter escrutinado a fundo.[123]

Climacus, em outros termos, considera a própria hipótese idônea não por demonstrar o cristianismo, mas por refutar aqueles, principalmente Hegel e os hegelianos, que consideram o cristianismo como algo a respeito do qual se deve "ir além". *Migalhas filosóficas* se conclui com uma "Moral" que é também a proclamação das novidades conquistadas e dos "pressupostos" sem os quais estas não teriam sido possíveis:

> Este projeto leva indiscutivelmente além do socrático, como é mostrado em cada ponto. Uma outra questão é se ele é, por isso, mais verdadeiro que o socrático, coisa que não se pode decidir rapidamente porque é necessário um novo

---

123 *SKS* 4, 305; *BF* 198.

> *órgão: a fé, e um novo pressuposto: a consciência do pecado, uma nova decisão: o momento, e um novo mestre: o Deus no tempo. Sem todas estas coisas eu, verdadeiramente, não arriscaria me apresentar ao exame daquele ironista, admirado através dos séculos, ao qual eu, mais que qualquer outro, aproximo-me com o coração cheio de entusiasmo. Mas ir além de Sócrates, quando se diz essencialmente a mesma coisa que ele, não tão bem, então: isto, pelo menos, não é socrático.*[124]

A grandeza de Sócrates não se discute, mas ele não podia se valer de "pressupostos" oferecidos pelo cristianismo. A "reminiscência" não pode comunicar verdade alguma concernente ao indivíduo [*singolo*], e ainda menos colocar-se o problema de sua beatitude eterna: "Se agora o discípulo deve receber a verdade, então é necessário que o mestre lhe leve a verdade; não apenas, mas é necessário também que lhe dê a conclusão [*Betingelse*] para compreendê-la"[125]. O Mestre é a própria Verdade, enquanto o discípulo é a personificação da não verdade; deixado por si, poderia certamente prescindir de si como existente na não verdade, mas agora se recairia na situação socrática da pura reminiscência de verdades eternas que prescindem da existência do existente. O discípulo, portanto, precisa que o próprio divino Mestre lhe dê a condição, que apenas "o Deus" – com o artigo, dado que Climacus, em *Migalhas filosóficas*, desenvolve apenas uma "hipótese" – pode lhe dar, para receber uma verdade que

---

124 *SKS* 4, 306; *BF* 155.
125 *SKS* 4, 223; *BF* 105.

concerne à própria beatitude pessoal eterna, apesar da própria prisão abissal na não verdade. Definitivamente, o indivíduo [*singolo*] existente, que está na não verdade, não pode chegar ao fundo de sua carência de verdade se não receber de Deus, como ajuda, "a condição" para apreender a importância decisiva que tal verdade tem para o próprio ser verdadeiramente si mesmo. A verdade da reminiscência faz abstração do existir do indivíduo [*singolo*]; o dom da condição consente que o existente viva a verdade como aquilo que o tange no plano da eternidade. Seria possível?

Climacus ajuda o leitor, fornecendo-lhe "Uma tentativa poética", conforme o título do segundo capítulo de *Migalhas filosóficas*, um tipo de fábula bela que conta sobre um grande rei que se enamora de uma jovem de condições muito humilde, e que quer, a qualquer custo, torná-la rainha de seu reino.

O rei é tão potente que ninguém ousaria contrariá-lo. Mas, antes mesmo que ele se declare à jovem, surge em seu coração uma dúvida tremenda, não de não ser correspondido, mas de que um dia, na jovem tornada rainha, haja espaço para o pensamento de que talvez a beatitude teria sido encontrada casando-se com um rapaz com as mesmas condições sociais. O rei então cogita a única solução possível. Não quer se apresentar a ela como rei, mas também não quer se fantasiar de servo. Não quer se impor a ela, nem mesmo enganá-la. A ele, interessa a "franqueza" [*Frimodighed*] da jovem, ou seja, que ela se convença de sempre ter sido rainha interiormente; apenas assim ele terá certeza de ser correspondido por ela com amor eterno: "Porque ele não queria a própria glorificação [*Forherligelse*], mas a daquela jovem".[126]

O rei então decide apresentar-se a ela como um *verdadeiro* servo, mas que ao mesmo tempo é *verdadeiro* Deus. A jovem poderia *se escandalizar*, mas ele não pode deixar de enfrentar uma possível negação, um sofrimento para ele inimaginável:

> *Eis como Deus está na terra, tornado igual ao mais pobre por meio de seu amor onipotente! Ele sabe que o discípulo é a não verdade – como ele cairá em erro, como sucumbirá e perderá a franqueza [...]. Admirável abnegação! Ele pergunta até ao mais humilde dos discípulos: "Ora, me amas verdadeiramente?" [cf. Jo 21,15].*[127]

A fábula se torna o Novo Testamento, história de amor sem limites e de cruz:

> *Olha, ei-lo – o Deus. Onde? Ali; não podes vê-lo? Ele é Deus, e todavia não tem onde reclinar a cabeça [cf. Lc 9,58], e não ousa recliná-la sobre homem algum porque não o quer escandalizar. É o Deus, e todavia o seu passo é cauteloso como se fosse levado por anjos [cf. Lc 5-6], não para evitar que seu pé tropece, mas para não destruir os homens na poeira enquanto estes se escandalizam com ele. Ele é o Deus, e todavia o seu olho repousa, preocupado, na raça humana, já que o frágil broto do indivíduo [singolo] pode ser destruído assim, rapidamente, como se fosse*

---

126 *SKS* 4, 236; *BF* 119.
127 *SKS* 4, 238-239; *BF* 122.

> *uma folha de relva. É uma vida feita apenas de amor e de dor, esta: querer expressar a unidade do amor e não ser compreendido; dever temer a perdição de todos e, todavia, apenas desta forma, poder de verdade salvar apenas um* [en Eneste]; *pura dor, enquanto o dia e a hora são cheios de dor que aflige o discípulo que confia nele. É assim que Deus se encontra na terra, tornado igual ao mais pobre por causa de seu amor onipotente. Sabe que o discípulo é a não verdade – se ele errasse e, exausto, perdesse a franqueza! Oh, levar céu e terra com um onipotente "seja!", sabendo que tudo colapsaria se este "seja!" ficasse ausente mesmo que pela menor fração de tempo; como é fácil tudo isto, em relação a suportar a possibilidade de ser um escândalo para a raça humana por ter se tornado seu salvador por amor!*[128]

Deus é o Amor, é o Onipotente, mas lhe é impossível poupar à criatura amada a possibilidade de rejeitá-lo, porque isto seria negar ao homem a liberdade. Mas é exatamente a "franqueza" da sua criatura aquilo pelo que Deus se enamorou. Poderá então não apenas deixar ao homem a liberdade com que o criou, mas até mesmo aumentá-la, suscitando nele a "paixão" por tudo aquilo que torna possíveis os desafios para a liberdade humana, desafios que o mesmo pensamento humano consideraria, de outra forma, impossíveis. Pensemos, por exemplo, mas também antes de tudo, na impossibilidade de parte

---

128 SKS 4, 238-239; BF 72.

deste pensamento transcender a si mesmo, portanto naquele tipo de condenação originário do sujeito na solidão, portanto na imanência, mesmo quando se trata de amar. Bem, Deus, o Onipotente, exatamente como tal, pode suscitar no pensamento humano a paixão estrutural e incontível por aquilo que não pode pensar, por aquilo que Climacus chama de "*o Paradoxo*", o Transcendente por definição:

> *Então é este o supremo paradoxo do pensamento, de querer descobrir* [at ville opdage] *algo que ele não pode pensar* [den ikke selv kan taenke]. *Esta paixão do pensamento está fundamentalmente presente em todos os lugares no pensamento, também no pensamento do indivíduo*[singolo], *no sentido de que, enquanto pensante, ele não é puramente ele mesmo* [er ikke blot sig selv].[129]

Ser puramente si mesmo não seria de fato ser verdadeiramente si mesmo. Portanto, do ponto de vista do Criador enamorado pela liberdade da criatura humana, a paixão do pensamento humano por outro de si não é, de fato, não natural. O Onipotente se vale desta paixão para elevá-la a um nível tão radical que salva o pensante de qualquer recaída na identidade consigo mesmo, ou seja, na indiferença pelo próprio existir, que neste ponto deve ser qualificada como não verdade, "pecado":

> *Portanto não é necessário pensar mal do paradoxo; porque o paradoxo* [Paradox] *é a paixão*

---

129 *SKS* 4, 243; *BF* 77.

> *do pensamento, e o pensamento sem o paradoxo é como um amante sem paixão: um tipo medíocre* [en maadelig Patron].[130]

Se o homem toma conta de si mesmo, então ele precisa de tal paradoxo ainda mais do que de si mesmo. Este paradoxo é Deus, se por Deus se compreende *aquele* Paradoxo que, por força da sua irredutível transcendência, da sua onipotência e do seu amor, é capaz de vencer radicalmente a tendência do existente de implodir a si mesmo, ou seja, permanecer na imanência, que é a negação da sua própria existência, a sua permanência na não verdade e no pecado:

> *Assim, o intelecto tem muito a objetar contra isto; mas por outro lado, em sua paixão pelo paradoxo, o intelecto quer a própria aniquilação; e eis que esta aniquilação do intelecto é desejada também pelo paradoxo, e neste sentido eles se entendem, mas este entendimento acontece apenas no momento da paixão. [...] O amor de si está na base do amor, mas a sua paixão pelo paradoxo, quando em seu máximo, quer a própria aniquilação. Por que é que quem ama não entende isto? [...] E isto também para o relacionamento do paradoxo com o intelecto; apenas que esta paixão tem um outro nome, ou melhor: apenas que nós devemos achar um nome para ela.*[131]

O nome encontrado pouco além é: *a fé*. De forma alguma um "ter por verdadeiro", como aquele substituto da verdade ao qual o existente recorre para evitar

---
130 *SKS* 4, 242-243, *BF* 127.
131 *SKS* 4, 252; *BF* 88-89.

se colocar radicalmente em discussão, com o objetivo de ser ele mesmo. A fé, para Climacus, é o modo de ser com que o homem que está na não verdade recebe de Deus a verdade, junto da "condição" para recebê-la. A fé é definitivamente *o lugar* em que é estipulado o acordo árduo, mas para todos sempre igualmente possível, entre o intelecto e o Paradoxo, objetivando a vitória do existente sobre toda forma de imanência:

> *Ocorre quando o intelecto e o paradoxo colidem felizmente um contra o outro no momento em que o intelecto se retira* [skaffer sig selv til Side] *e o Paradoxo se doa* [giver sig hen]; *e a terceira coisa na qual isto ocorre (porque não ocorre no âmbito do intelecto, que está ausente, nem no âmbito do Paradoxo, que se oferece a si mesmo – portanto ocorrerá* em[132] *algo) é a feliz paixão, à qual agora queremos dar um nome, mesmo se não é realmente o nome o que nos importa. Nós a chamaremos de:* fé [Tro].[133]

Climacus agora pode retomar, em versão abertamente evangélica, a história do rei que estava

---

[132] Kierkegaard coloca a preposição *"em"* em itálico para chamar a atenção sobre a *amplidão* da fé: nesta, de fato, há todo o espaço necessário para hospedar, e para transformar em recíproca "paixão feliz", também "a colisão", a incompatibilidade que a princípio se produz entre o intelecto e o paradoxo. Tal amplidão vem antes que o intelecto e o paradoxo tenham, por assim dizer, colocado limites em sua respectiva esfera de ação. De fato, o "retirar-se" do intelecto não é exatamente uma retirada, mas um avanço, porque consente que o próprio intelecto satisfaça a sua "paixão" constitutiva por "aquilo que não pode compreender"; e a "doação" do paradoxo é uma submissão apenas aparente, já que apenas ao verdadeiro Deus é consentido humilhar-se a este ponto. A fé, o "terceiro" em que ocorre a aparente autolimitação do intelecto e do paradoxo, testemunha a irredutível amplidão que o Transcendente coloca à disposição do transcendido e de si mesmo.
[133] *SKS* 4, 261; *BF* 101.

enamorado por uma jovem de condições humildes, um rei que quis se rebaixar ao seu nível tornando-se realmente um servo, mas declarando-lhe também ser verdadeiramente Deus. E eis que este Deus, enamorado pela liberdade de toda criatura humana, se encontra realmente no mundo real de todos os homens. A todos proclama ser homem e Deus, e que sua tarefa é tornar todos os homens seus discípulos, a fim de que todos possam ser igualmente amados e salvos por ele:

> A manifestação de Deus é agora a novidade do dia; na praça, nas casas, nas reuniões de conselho, no palácio de quem governa; esta é a ocasião para muitos discursos maus e fúteis, talvez também a ocasião para reflexões mais sérias – mas para o discípulo a novidade do dia não é ocasião para nada mais, nem mesmo ocasião para se aprofundar em si mesmo com honestidade socrática, não. Ela é o eterno, é o início da eternidade. A novidade do dia é o início da eternidade [Dagens Nyhed er Evighedens Begyndelse]![134]

O dom da "condição" é, por sua vez, incondicionado em relação a qualquer vínculo de tempo e de espaço, no sentido de que alcança o discípulo em todo momento e em todo lugar exatamente porque tal dom é "a novidade do dia", *daquele* determinado dia em que foi oferecida ao discípulo "a ocasião" para se colocar no horizonte da fé, que é também a ocasião para que ele possa se liberar de toda

---
134 SKS 4, 260; BF 99-100.

condição espaço-temporal, colocar-se assim em relação com a eternidade, mas vivendo no tempo determinado em que *existe*. Deste ponto de vista, todos os homens são "contemporâneos" em relação à "novidade" ocorrida naquele dia na terra palestina, "há dezoito séculos".

Naquele tempo aconteceu o Paradoxo, objeto de fé, apenas. Admitindo-se que os contemporâneos "em sentido imediato" tenham alguma vantagem sobre os discípulos "de segunda mão", esta consistirá do fato de que estes puderam crer durante os séculos sucessivos, apesar das muitas tagarelices por parte dos homens sobre aquela coisa", enquanto os discípulos "de primeira mão" não encontraram este obstáculo "quando a fé teve de ser mostrada em sua plena originariedade, fácil de ser discernida de todo o resto, dado o seu contraste"[135]. Um contraste que, entretanto, foi tudo menos uma facilitação para a fé!

Muitas gerações de crentes já foram sucedidas. Então podemos nos perguntar se pode haver algo de que os discípulos de primeira mão podem ter usufruído com vantagem em relação à segunda geração e às sucessivas. A resposta de Climacus é simples e simplificadora, e entretanto de grande responsabilidade no plano hermenêutico e, para quem crê, também no plano pastoral e missionário:

> *Mesmo que a geração contemporânea não tivesse deixado nada além destas palavras: "Cremos que*

---

[135] SKS 4, 271; BF 112-113.

> *no ano tal o Deus se manifestou na humilde figura de um servo, que ele viveu e ensinou entre nós, e depois morreu"* – bem, isto é mais do que suficiente. Fazendo isto, a geração dos contemporâneos fez o necessário, já que esta pequena notícia, este NB da história universal, é suficiente para se tornar a ocasião para quem vem depois; e nem mesmo o relato da testemunha mais prolixa poderia jamais fazer mais para quem vem depois.[136]

Com *Migalhas filosóficas* – a única obra de Kierkegaard (junto com o *Pós-escrito* a elas, dois anos depois) que no título faz referência à filosofia –, é aberta ao pensamento não um caminho para a posse da verdade, mas apenas "migalhas", de fato muito nutritivas, se levarmos em conta que o saber grego foi, no fundo, nada além de "reminiscência" que convida a prescindir da existência, e que o saber moderno, para poder ser "sistema", faz da existência preliminarmente abstração. Em *Migalhas,* a existência é posta como aquilo a que é dada, súbita e constantemente, a importância decisiva. Daqui depende a "beatitude eterna" da própria existência.

A referência ao cristianismo se torna decisiva também para a filosofia. Em *Migalhas*, Climacus desenvolve uma "hipótese" que prescinde sim do cristianismo, mas para concluir que esta não poderia nem ter sido formulada e levada avante sem a novidade cristã. Consideremos, por exemplo, que em *Migalhas* é apresentado, no "*Intermezzo*" entre o quarto e o

---

136   SKS 4, 300; BF 148.

quinto capítulos, o novo conceito de "tornar-se": não mais a "passagem da potência ao ato", nem a "mediação", mas o "tornar-se real" [*Tilblivelse*] de um possível que se mantém possível mesmo depois de ser atuado. Sem tal nova concepção do tornar-se e do homem, tudo resultaria por necessidade: nada de liberdade, nada de tempo, nada de história, nada de existência, se não "desesperada".

9. *Estágios no caminho da vida*

Esta obra pode ser considerada a "repetição" existencial de *Enten – Eller* tornada possível pelas novidades ontológicas, antropológicas e de filosofia da religião maturadas em *Migalhas filosóficas*. *In vino veritas* pode ser considerado a repetição em tom irônico do "Diário de um sedutor" de *Enten – Eller*; "Várias considerações sobre o matrimônio em resposta às objeções de um marido" e "Culpado não culpado" lembram as primeiras duas cartas de Wilhelm, enquanto o misterioso Frater Taciturnus retoma, com sua "Epístola ao leitor", o "*Ultimatum*" que conclui *Enten – Eller* (a pregação do pastor do campo).

Por meio destas repetições, Kierkegaard tem como aprofundar o *ou-ou* existencial que em *Enten – Eller* ainda estava coberto pelo prevalecimento da dialética entre estética e ética, ao passo que nos *Estágios* é a própria "existência", enquanto irredutível a abstrações estéticas, éticas, religiosas, a verdadeira protagonista destes escritos – em um deles, "Culpado não culpado", a história corresponde, às vezes nos detalhes, ao resumo do infeliz noivado entre Kierkegaard e Regine Olsen.

9.1. *In vino veritas*

É o primeiro dos escritos da coletânea do pseudônimo "Hilarius, o Encadernador". A estrutura do diálogo imita a do *Simpósio* de Platão, mas a intenção com que os dialogantes tratam da mulher em relação ao amor é bem diversa; de pontos de vista diferentes, todos eles querem tomar distância seja da própria existência, seja da existência da mulher. De forma significativa, o organizador e diretor do banquete – Constantin Constantius, o protagonista pseudônimo de *A repetição* – veta previamente "contar histórias de amor, a menos que sejam apoio à teorização".[137]

No "Prelúdio", tacitamente entra em cena o misterioso *William Afham*. Sua função é recordar e transcrever fielmente todo o diálogo, "participando do banquete sem dele fazer parte". Ele divide esta tarefa com o leitor, entretendo-o preliminarmente sobre a distinção entre "memória" [*Erindring*] e "lembrança" [*Hukommelse*], ou seja, entre a quantidade e a qualidade do que é memorizado e referido. Esta reflexão é ambientada no Bosque de Grib, ao anoitecer, em um

---

137 KIERKEGAARD, S. *Stadier paa Livets Vei. Studier af Forkjellige Sammnenbragte, befordrede til Trykken og udgiene af Hilarius Bogbonder*, por L. Koch. Copenhague: Reitzel, 1845, *in SKS* 6, 7-476, tradução italiana por A. M. Segala e A. G. Calabrese, *Stadi sul cammino della vita. Studi di autori diversi. Raccolti, dati alle stampe e pubblicati da Hilarius il Rilegatore*. Milão: Rizzoli, 1996 (= *SCV*); aqui *SKS* 6, 35; *SCV* 116.

ponto não indicado em nenhum mapa, o "Recanto dos oito caminhos", caminhos demais para apenas um "recanto" por onde ninguém transita:

> Vós, oito caminhos, distanciastes de mim todos os homens e não me trouxestes de volta nada além de meus pensamentos. [...] A posse da lembrança nos torna mais ricos que a posse do mundo inteiro; e a bênção pousa não apenas na parturiente, mas sobretudo em quem se lembra.[138]

Ao fim do banquete, luxuosamente apresentado, um jovem anônimo é o primeiro a tomar a palavra sobre o tema proposto.

a. *O Jovem* declara jamais ter estado enamorado. Considera de fato "contraditório" instituir com uma mulher um relacionamento infinito, como o amor, com base nas qualidades, inevitavelmente finitas, de uma certa jovem. Por que, em resumo, a "bela Lalage" e não a "feia Zoe"? Os enamorados, que diz ter consultado sobre sua dedicação a uma certa mulher, não puderam justificar, a não ser "a inexplicabilidade" do amor. Por isso, o jovem decidiu não amar. Ele está enamorado por "seu pensamento", pela "ideia", pelo eterno, e não por uma criatura, não importa se admirável, existente no tempo:

---
138 *SKS* 6, 26; *SCV*, 103. Estas páginas, atribuídas a Afham, para Romano Guardini, estão "entre as coisas mais belas" de Kierkegaard. *Cf.* "Gestalten", in GUARDINI, R. *Unterscheidung des Christlichen*. Mainz: Matthias-Grünewald, 1963³, p. 459-620. Guardini relata um amplo extrato a propósito do "sentido da melancolia"; *cf.* tradução italiana por A. Babolin, *Pensatori religiosi*. Brescia: Morcelliana, 1977, p. 98-102.

> *Não que eu não tenha olhos para a beleza, ou que meu coração se mantenha insensível quando leio os poetas, ou que minha alma se furte da melancolia quando eu me abandono à bela fantasia do amor, mas não quero trair o meu pensamento [...], que não ouso abandonar para estar perto de minha esposa, já que, para mim mesmo, o meu pensamento é a minha eterna natureza, e portanto ainda mais precioso do que pai e mãe, ainda mais precioso do que uma esposa.*[139]

Não a mulher como tal, mas a mulher enquanto ligada *particularmente* à "existência", é o inimigo que o Jovem combate, fazendo abstração de sua própria existência.

b. *Constantin Constantius* é o segundo a falar. É um experimentador, como o era em *A repetição*, mas aqui não aceita o desafio pessoalmente na tentativa de repetir a si mesmo no nível existencial. Absolutiza a si mesmo, e para isto remove previamente toda a seriedade sobre o relacionamento com a mulher:

> *Fiz uma descoberta sem precedentes, da qual quero colocá-los a par. O único modo para compreender a mulher é dentro da categoria da piada* [Spas]. *A tarefa do homem é de ser absoluto, de agir de modo absoluto, de expressar o absoluto; a mulher é um encontrar-se na relação. Entre dois seres tão diversos, não pode haver nenhuma interação verdadeira. Esta falsa relação* [Misforhold]

---

[139] SKS 6, 48-49; SCV 135.

> é portanto a piada; e com a mulher, a piada nasceu no mundo.[140]

Constantin intima os outros comensais a "esquecerem" logo tudo o que foi dito ou ouvido durante o banquete. Entre outras coisas, enquanto organizador, ele fará, logo após o brinde, no fim da festa, com que um batalhão de "sapadores" intervenha para apagar qualquer traço da existência do banquete noturno e dos participantes.

c. *Victor Eremita*, o editor de *Enten – Eller*, pronuncia o terceiro discurso. A sua tese é a de que a mulher tem uma insuperável inferioridade. Com ela, pode-se manter relações apenas "fantásticas", "ilusórias", "irreais". Limitemo-nos portanto à "galanteria". Nada de matrimônio, e, no caso de aí se encontrar, traia sua esposa o mais rápido possível. A mulher é incapaz de refletir sobre si mesma, porque isto exigiria a capacidade, que a mulher não tem, de fazer abstrações de si. Deverá ser um outro, com esta capacidade, que, mantendo um relacionamento "negativo" com a mulher, encontrará nela o ponto de partida em direção à "idealidade". A mulher se torna a preciosa "inspiradora" do homem assim que ele a nega enquanto imediatez, e com ela nega qualquer imediatez, antes de tudo a própria. Nisto consiste a "reduplicação" que apenas ele sabe produzir, já que a natureza do homem "tira constantemente

---
140 SKS 6, 50; SCV 137-138.

a vida a partir da anulação daquilo que para ela é vida".[141]

d. *O Alfaiate* intervém como o quarto a falar. A sua tese é a de que o homem deve se defender da mulher apontando a "fraqueza" que ela tem pela "moda". De sua butique – a primeira da capital – o alfaiate não tira nenhum ganho econômico; ao contrário, ali investe bastante; mas assim, custe o que custar, pode ditar regras sobre a força imensa que a "moda" tem sobre as mulheres. A moda é a "indecência que se faz passar por decência"; é a "inconstância da insensatez", é o "fraco" de todas as mulheres, é o contágio que estas se transmitem deliberadamente, é definitivamente o "fantasma criado pelo fato da convivência, não natural, da reflexão feminina com a reflexão feminina". O objetivo do Alfaiate é manter vivo entre as mulheres este contágio para elas enfraquecedor. Sabe que, com o poder da moda, ele pode tornar qualquer existência feminina "imediatamente comensurável com as belas roupas", pode portanto fazer com que a mulher viva como se nem mesmo existisse. Mas também o Alfaiate parece ser um fraco que luta contra a sua própria existência: persiste em manter a existência feminina perfeitamente comensurável com a moda porque teme não apenas de

---

141 SKS 6, 65; SCV 160.

ter de lidar com a existência feminina, mas antes de tudo com a própria existência, porque inconscientemente teme dever ser chamado à repetição da mesma frente à eternidade.

e. *Johannes, o Sedutor* pronuncia o último discurso sobre a mulher. Não é mais o sedutor de Cordélia. Agora lhe interessa apenas sustentar a sua ideia: a de que a mulher é seduzível *a priori*, ou melhor, quase já seduzida, porque "uma coisa é certa: para cada mulher há um sedutor. A sua sorte consiste em encontrá-lo".[142] A mulher para ele é um "substantivo coletivo", é a "isca" que constitui sua única nutrição. Não há nada de mais apetitoso e simples do que conquistar uma mulher, uma isca que os "sedutores" são certos de poderem neutralizar – sedutores, homens privilegiados, a cuja categoria Johannes declara pertencer:

> *Estes eróticos são seres afortunados. Eles vivem em um esplendor maior do que o dos deuses, porque comem constantemente um alimento mais refinado que a ambrosia e bebem bebidas mais doces que o néctar: alimentam-se da ideia mais sedutora já concebida pelo pensamento mais astuto dos deuses, só comem a própria isca – oh! Delícia sem igual, oh! Feliz modo de vida! Só comem a isca, mas jamais são capturados!*[143]

Se Cordélia lhe aparecesse de novo e se ela se enamorasse de Edvard e não dele, bem, ele a deixaria

---
142 SKS 6, 78; *SCV* 179.
143 SKS 6, 74-75; *SCV* 173-174.

tranquilamente com um amor banal: "Por que eu me envolveria com coisas que não tangem a mim?" A sua mulher é "infinitas" mulheres, todas igualmente "finitas", todas de cuja existência pode infinitamente se desinteressar, para poder assim se desinteressar infinitamente da sua própria existência.

Terminados os discursos, os cinco comensais brindam uma última vez, lançando as taças por sobre os ombros, para quebrá-las. Imediatamente entram em ação os "sapadores", símbolo da vontade de reduzir ao nada a existência, a própria e a dos outros. Os comensais se dispersam no campo como espíritos infernais, quando já se anuncia a longa jornada do verão nórdico. Mas eis que a sua atenção é atraída por um casal: o juiz Vilhelm [sic], o "Wilhelm" de *Enten – Eller*, e sua esposa, casados e felizes há oito anos. Ela, na varanda de sua casa de campo, está servindo-lhe o chá: uma cena de feliz rotina de vida conjugal. Os cinco, curiosos, escutam a última parte do diálogo dos dois. A esposa tem um problema:

> *Ontem tu me interrompeste quando eu queria começar a falar, mas eu repensei, e repensei muitas vezes, e especialmente agora, sabes bem a propósito de quem: certamente, se tu não tivesses te casado, terias te tornado uma pessoa bastante importante.*[144]

O casal entra na casa; Victor, escondido, os segue, e logo sai por uma janela com algo no bolso, algo

---

144 SKS 6, 82; SCV 184.

de que deseja se apossar a qualquer custo: o manuscrito do Juiz, marido feliz. O invisível e onipresente Afham rapidamente o toma, e o coloca à disposição do leitor dos *Estágios*.

9.2 Várias considerações sobre o matrimônio. Em resposta às objeções. Por parte de um marido

Diferentemente do Wilhelm de *Enten – Eller*, autor das "Cartas de **B**", que baseia suas reprimendas ao esteta **A** em nome da "ética", o Vilhelm dos *Estágios* defende o matrimônio relacionando-o com a existência, da qual os cinco comensais de *In vino veritas* gostariam de fazer abstração, particularmente no caso do amor. O caráter agressivo da misoginia deles revela o medo não tanto da mulher, mas da existência enquanto tal. Estão em fuga de si mesmos. Não Vilhelm, marido entusiasta não apenas da mulher que escolheu, mas também de ter sido por ela escolhido, em um tipo de dom recíproco, que se tornou possível, antes de tudo, a partir do dom da existência dos dois, dado por Deus:

> *A enamorada é um dom de Deus; e, como para escolher, e para ser escolhido, a premissa é a do ser* [at være til], *deve-se saber que também a amada, enquanto é amada, seja, sempre que se possa falar sobre escolher em ambos os casos. Se por escolher compreende-se pegar o objeto do próprio amor em vez de recebê-lo como dom, isto basta para colocar em movimento uma reflexão errada. O*

*Jovem dissolve, assim, o amor no amar o amável,
porque deve escolher* [vælge]. *Pobre rapaz!*[145]

Um homem, se verdadeiramente enamorado, é mais que enamorado; não "dissolve" o amor em uma série de motivos para amar, sempre ocasionais, não essenciais, "cômicos"; ele "decide" superar qualquer obstáculo no caminho do amor. O matrimônio é o próprio enamoramento que não se subtrai, porque seria algo demoníaco, ao "dever" de amar mais: "Que cerimônia ditirâmbica é o matrimônio, assim como é quase temerária ao não se contentar com o enamoramento e ao chamá-lo de dever".[146]

O matrimônio não é a ratificação pública de algo privado, como se este, entregue a si mesmo, fosse absolutamente não confiável para os mesmos enamorados. Em vez disso, antecipa o sucesso estratégico, a "felicidade", que não pode faltar a uma existência que depende do amor. Vilhelm, em resposta à questão proposta pela mulher a respeito de ser um obstáculo à carreira do marido, caracteriza o matrimônio como o âmbito em que é garantido o encontro até mesmo dos interesses mais díspares dos dois. O matrimônio "abraça o instante com tanta elasticidade, todo instante; nada é tão fragmentário como um matrimônio, e nada menos que um matrimônio suporta um coração dividido".[147] Os esposos são como "ângulos adjacentes" colocados na mesma base, verticalmente

---

145 SKS 6, 114-115; SCV 232.
146 SKS 6, 106; SCV 219.
147 SKS 6, 108; SCV 222-223.

projetados em altura, iguais em sua possibilidade de elevar-se infinitamente, mas sempre um ao lado do outro. Vilhelm critica uma ilustração do pintor alemão Pitoly, em que Romeu e Julieta, no momento do beijo de adeus, formam quase um triângulo. Julieta, como esposa, não deve estar prostrada aos pés de Romeu, porque isto faz com que a defesa do próprio Romeu fique assim pouco crível:

> *Ao vê-la quase desmaiar de adoração, termina-se por imaginar, além deste gesto interrompido, a necessidade de uma outra posição em que ela esteja em pé ao lado dele; é possível enxergar ali um novo modelo, aquele próprio do matrimônio, que faz dos esposos ângulos adjacentes sobre a mesma base.*[148]

O próprio fundamento religioso do matrimônio faz com que os amantes não se tornem uma só coisa. Se não há identificação com Deus, pode-se fazer dele "o confidente" de tanto amor:

> *A imediatez do enamoramento não reconhece nada além de uma imediatez a si* ebenbürtig *[de linguagem similar], aquela religiosa; o enamoramento é virginal demais para reconhecer um confidente que não seja Deus. Mas o religioso é uma imediatez nova.*[149]

Um matrimônio fundamentado na transcendência de Deus torna "nova" qualquer repetitividade aparente da vida matrimonial, é então uma

---
148 SKS 6, 157; SCV 293.
149 SKS 6, 152; SCV 285.

verdadeira repetição existencial dos elementos formais do contrato de matrimônio.

Mas é exatamente a referência a Deus o que suscita em Vilhelm uma questão que o devora: Deus é o fundamento não apenas do amor dele por ela, mas de sua família, dos seus deveres de marido e de pai. Como excluir então que exatamente do mesmo Deus venha a ordem "absurda" de abandonar a amada esposa e os diletos filhos? Deus, a "nova imediatez religiosa", não transcende talvez toda ordem constituída? Existe, em suma, uma "exceção *legítima*"? Certamente o marido não poderá legitimar-se por si mesmo, e portanto não poderá jamais ter certeza de que foi Deus quem lhe deu a ordem de se tornar "exceção". E eis que

> lhe falta aquela única palavra, a última, a extrema [...]; quando não pode forçar a mensagem selada, a ser aberta apenas em alto mar, e que contém a ordem de Deus. É assim que se começa a tornar-se uma exceção, se é que a exceção existe [...]. Mesmo que exista, nem o interessado sabe disso, nem no momento em que sucumbe, porque bastaria um pressentimento, mínimo que fosse, para tirar-lhe qualquer fundamento.[150]

O que mais poderia levar Deus a esperar tanto sacrifício de um homem verdadeiramente enamorado, se não um amor ainda maior? As "Várias considerações sobre o matrimônio" se interrompem. Mas a questão da "exceção legítima" volta sob a forma do diário de um "amor infeliz", em "Culpado? – Não culpado?

---

150 SKS 6, 168-169; SCV 308-309.

Uma história de paixão. Experimento psicológico de Frater Taciturnus". O escrito ocupa a parte mais ampla dos *Estágios*, logo após o tratado sobre o matrimônio do juiz Vilhelm.

9.3 "Culpado? – Não culpado?"

Frater Taciturnus – o novo pseudônimo a que é atribuído "o anúncio de redescoberta" do diário de um certo "Quidam" – surge na conclusão da obra com uma "Epístola ao leitor" sua. Tanto o diário quanto a epístola apresentam elementos claramente autobiográficos. Neste escrito também está a repetição existencial, mas do ponto de vista de um indivíduo *[singolo uomo]* (o anônimo, por forma de dizer, Quidam), que deve responder frente a Deus, arrependendo-se mas também acusando de imaturidade religiosa a sua mulher (a facilmente identificável Quaedam). O fato de se tratar de uma repetição, ou seja, de duas identidades a serem colocadas em relação com a "novidade", transparece pelo exergo colocado no início:

> *O rico camponês norueguês coloca sobre sua porta um novo pote de cobre a cada mil escudos ganhados; e o dono do albergue faz um sinal sobre o lintel toda vez que o devedor lhe deve um pouco mais; da mesma forma, eu também junto uma palavra nova cada vez que penso na minha riqueza e na minha pobreza.*[151]

---

151 *SKS* 6, 181; *SCV* 323.

Riqueza e pobreza são importantes pelo fato de que cabe ao existente (ao "camponês", ao "dono do albergue") manifestar a novidade com a repetição de seu existir no tempo.

Imagina-se que o diário tenha sido escrito, durante seis meses, de manhã e à meia-noite; a história matinal é sobre o noivado iniciado e interrompido um ano antes; a da meia-noite se refere ao presente. Todo dia 5 de cada mês, à meia-noite, é inserida uma história ou uma parábola de fundo autobiográfico, talvez para incentivar no leitor a repetição de si em ocasião dos estados de ânimo evocados no diário.

Em comparação com o *Diário do sedutor*, este diário não tem nem início nem fim, e nem mesmo uma estratégia com as relativas táticas direcionadas a um objetivo. Não busca nem mesmo uma resposta às questões do título a respeito de culpa ou inocência de quem o escreve. No período de seis meses em que é escrito, e em um intervalo de um ano, não acontece propriamente nada:

> *Aqui termina o diário, desta vez. Não fala de nada, mas não no sentido em que o diário de Luís XVI não fala de nada; este, ao que parece, relata em um dia: na caça, no segundo: rien, no terceiro: na caça. Não relata nada, portanto, mas [...] às vezes é exatamente esta a vida mais pesada: aquela que não trata de nada.*[152]

---

152 SKS 6, 368; SCV 589.

Análise das obras **113|**

O nada tem um papel decisivo no plano do existente, chamado a se confrontar com o nada para não se distrair da própria existência. Deste diário vamos mostrar, entre os muitos possíveis, três lugares em que o nada envolve um orante, um amante e um contador, três homens que querem extinguir a possibilidade calculando-a, como faz por profissão o contador, mas também o orante, que quer condicionar o comportamento de Deus, e o amante, que calcula o seu comportamento e o da amada. Mas a possibilidade, ou seja, a própria existência, foge às suas tentativas, reduzindo-as a nada.

Na relação com Deus, a intenção interessada do orante é nada:

> *Deus no céu é o único que não se cansa de ouvir o homem. E este estupor sacro, por sua vez, impedirá quem ora de se preocupar se a coisa pela qual está orando é recebida ou não por ele. Não é um amor belo aquele de quem verifica se vale a pena, e não é um amor feliz a constatação de que vale magnificamente a pena. A oração também não foi inventada para ajustar as contas com Deus; é um favor concedido de forma benevolente a cada homem, e que o torna mais que um aristocrata.*[153]

Parecido com o nada, também é um amor inserido em uma pressuposta "hierarquia" de comportamentos:

> *Eu teria sido mais perfeito se tivesse conseguido me manter fiel; a minha existência espiritual*

---
153 SKS 6, 324; SCV 525.

> *teria sido maior se tivesse sido acompanhada, na vida cotidiana, por um matrimônio, e então eu teria compreendido a existência com maior certeza, maior facilidade. Esta é a hierarquia das coisas. E então vem o que eu faço. Se ela tivesse de sangrar em uma paixão inútil, se não fosse salva por um socorro talvez mais próximo do que eu possa saber, ou pelo menos próximo o bastante para chegar quando dele há necessidade, eu deveria agir de forma que minha existência pudesse valer por dois. Se ela vem socorrer a si mesma de outro modo, meu trabalho é supérfluo.*[154]

Também é uma possibilidade nula um existir que o indivíduo [*singolo*] queira comprimir em *"uma possibilidade"*, como no título do texto de 5 de abril. A longa história tem como protagonista um contador que, após uma juventude passada como empregado fiel e submisso, tinha se tornado o proprietário abastado. Começou então a passar a maior parte do seu dia consultando textos ilustrados a respeito das variações fisionômicas das pessoas no decorrer de suas vidas. Mas das onze ao meio-dia de todo dia tem o hábito de percorrer o *Langegro*, que significa "ponte longa", na verdade a ponte bem curta que liga a parte leste de Copenhague com o subúrbio, então pobre, de Christianhavn. O contador percorria aquele breve trajeto indo e vindo, indo e vindo, tanto que pensavam que ele fosse demente. Ele observava intensamente os rostos das crianças de uma certa idade e era generoso com suas pobres mães. Por isto, era respeitado por

---

154 *SKS* 6, 368; *SCV* 588.

todos. O narrador explica que o contador, quando jovem, quando tudo era trabalho e ele não tinha lazer algum, por insistência de colegas malvados e sob o efeito de vinho havia sido deixado em um "daqueles lugares em que, coisa estranha, compra-se com dinheiro a desonra de uma mulher. O que ocorreu, nem ele mesmo soube". Por alguns anos, ele se esqueceu de tudo. Mas, curado de uma doença que havia feito com que se sentisse à beira da morte,

> *carregava consigo uma possibilidade, e essa possibilidade o perseguia, e ele perseguia aquela possibilidade em sua busca apaixonada; ele acalentava aquela possibilidade em sua mudez, e aquela possibilidade animava os traços de seu rosto com todo tipo de emoções ao ver uma criança – a possibilidade de que um outro ser lhe devesse a vida. E aquilo que buscava em sua ânsia, aquilo que fazia dele um velho, apesar de estar ainda na idade madura, era aquele filho desventurado, se é que ele existia. [...] Percorria o resto do dia por mil sinuosidades desesperadas, por todas as possibilidades, para encontrar uma certeza se possível, e com ela, aquilo que buscava*.[155]

No fim, o contador morreu sem jamais ter dado um passo além, da possibilidade à realidade:

> *Quando seriamente precisou atravessar a terrível ponte da eternidade, a possibilidade acabou; não havia sido nada além de uma confusão; mas as suas obras o seguiram* [cf. Ap 14,13] *com a bênção*

---
155 SKS 6, 263-364; SCV 438-439.

> *dos pobres, e as crianças conservaram a memória de tudo o que ele havia feito por eles.*[156]

Por mais que o indivíduo [*singolo*] queira se reduzir a pura possibilidade, de fato não conseguirá existir se não se colocar em relação com os outros, e isto é sempre algo bom. Kierkegaard não quer existir solitário. A quantidade de escritos inéditos deixados como dote às gerações seguintes é sua testemunha.

9.4. "Epístola ao leitor. De Frater Taciturnus"

Na conclusão de "Culpado? – Não culpado?" entra em cena o pseudônimo Frater Taciturnus. Confessa ser o autor do diário de Quidam e de ter inventado tudo. Não é, portanto, nem mesmo verdade que o manuscrito tenha sido encontrado por acaso, como foi dito no início, trancado em um tipo de gaveta impermeável, imerso nas águas de um pântano perto de Søborg. O novo pseudônimo é efetivamente um tipo "taciturno", principalmente porque, por muito tempo, se absteve de apresentar-se como autor do diário, e depois porque continua sendo um pseudônimo, apesar de ter um pequeno mérito na história da ruptura do relacionamento, com evidentes traços autobiográficos. E exatamente porque ele também é "frater", ou melhor, mais do que isto!, em relação ao verdadeiro autor do diário. Não encontrou nada no fundo do lago, quis apenas fazer um

---

156 SKS 6, 267; SCV 444.

"experimento psicológico" e assim inventou os personagens de "Quidam" e "Quaedam" como protagonistas de um "amor infeliz". Na "Carta ao leitor" – muito longa e com uma "dialética" tão complexa que o fez acreditar que bem poucos a seguiriam até o final – fala-se do relacionamento entre o "trágico" e o "cômico", de "mal-entendidos", de "arrependimento" e até da "remissão dos pecados". Mas o fio condutor é constituído pelo "religioso", a dimensão da qual só é possível vir quando nos tornamos atentos à própria "existência", ou seja, repetindo-a do ponto de vista de Deus, e não daquele da estética ou da ética.

> *A idealidade estética é superior à realidade antes da realidade, ou seja, na ilusão; a idealidade religiosa é superior à realidade após a realidade, ou seja, em virtude de uma relação com Deus. A duplicidade é manifesta. Um poeta ou um enamorado podem ter, do objeto do amor, uma imagem ideal, mas não podem, ao mesmo tempo, ter a consciência de como a realidade é verdadeira, e a consciência de como não é verdadeira. Esta contradição pode ser sustentada apenas pela nova idealidade que vem depois da realidade.*[157]

Mas – devemos nos questionar – não poderia ser uma "ilusão" também a "realidade religiosa", tanto mais porque vem "depois da realidade"? A que se refere Frater Taciturnus com este "depois"? A referência a Deus certamente é decisiva, mas por que "depois",

---

157 SKS 6, 391; SCV 623.

e não antes ou durante? A resposta está... depois. O Deus que explica a realidade de modo superior também à mais atenta experiência do presente é aquele que o homem que vive no presente não pode apreender rapidamente:

> *Aqui fala a mim uma língua desconhecida [cf. 1 Cor 14,2]: a Providência, que se preocupa infinitamente com cada um, arma o indivíduo de energias incomuns frente à realidade; mas – diz a Providência – para que ele não provoque danos demais, escondo esta força na tristeza, ocultando-a aos seus próprios olhos. Do que ele é capaz, ele não deverá mais saber [...], mas dentro de si perceberá a aniquilação como os outros não percebem. Apenas então me compreenderá, e unicamente agora; mas estará então seguro de estar compreendendo exatamente a mim.*[158]

É exatamente nesta "aniquilação" de si que o indivíduo [*singolo*] apreende o seu real si mesmo, que ao mesmo tempo é idealidade religiosa e realidade superior:

> *O religioso consiste precisamente em se preocupar infinitamente, religiosamente consigo mesmo, não com as próprias miragens; em se preocupar infinitamente consigo mesmo, não com um escopo positivo, porque o infinitamente negativo é a única forma adequada de infinito; preocupar-se portanto infinitamente consigo mesmo, e consequentemente não se crer acabado, fato que é negativo e cheio de perdição. Isto eu sei, mas eu sei no equilíbrio do espírito, portanto sou um sofista como os outros,*

---

158 *SKS* 6, 415-416; *SCV* 658-659.

> *já que este equilíbrio é uma ofensa à paixão sacra do religioso.*[159]

Portanto não "equilíbrio" e sim "paixão", como no caso do relacionamento entre o "intelecto" e "aquilo que o intelecto não pode pensar". O "Frater Taciturnus" dos *Estágios* adverte o leitor que o apelar-se à Providência deve obedecer a lógica do "Paradoxo", apresentada por Climacus-Kierkegaard em *Migalhas filosóficas*.

10. *Pós-escrito conclusivo não científico* às Migalhas filosóficas

Por que Climacus-Kierkegaard considera uma sequência a *Migalhas filosóficas*, dois anos depois, um *Pós-escrito* que ocupa o quíntuplo de páginas em relação ao texto a que se refere? Por que tal sequência é apresentada como "não científica", mas ao mesmo tempo com a validade daquilo que é "conclusivo"? Na obra de 1844, a filosofia havia se mostrado capaz de abrir ao existente a possibilidade de não ser mais sacrificado ou por uma verdade existente antes dele (a "reminiscência"), ou em benefício do "sistema" que "mediava" sua existência e terminava, assim, por considerá-lo indigno, enquanto indivíduo [*singolo*] existente, de aspirar a *sua* felicidade eterna pessoal. Para reconduzir a atenção da filosofia para o existente, e de forma "decisiva" no que concerne

---

[159] *SKS* 6, 448; *SCV* 705.

ao seu futuro eterno, Climacus havia recorrido a uma "hipótese" sua. Dado que toda compreensão intelectual implica, da parte do próprio existente, fazer abstração da existência, era necessário antes de tudo pô-la em relação com aquilo que o intelecto não pode compreender, *"o* Paradoxo", inatacável por qualquer abstração, e por isso uma âncora de salvação para o existente em relação a qualquer tentação que ele tenha de renunciar a si mesmo. Deste ponto de vista, o paradoxo era descoberto como a "paixão" do próprio intelecto enquanto intelecto de um indivíduo [*singolo*] existente. Este, por isso, podia ser identificado com "o Deus" que em sua irredutível transcendência pode ser chamado de: o "Salvador" [*Frelser*] que livra o existente da prisão em si mesmo, o "Redentor"[*Forløser*] que resgata quem se aprisionou, e o "Conciliador" [*Forsoner*] que dá novamente ao existente a condição para sair da culpa de ter virado as costas a si e à verdade.

Esta "hipótese" obtém, em *Migalhas,* importantes desenvolvimentos ontológicos e antropológicos. O "tornar-se" para de ser considerado um perigo para a verdade e para o homem; é proposto, ao contrário, como o horizonte em que "a novidade do dia" pode se tornar, para o existente, "o início da eternidade". Todos os homens assim podem, na continuidade das gerações, ser considerados igualmente "contemporâneos" daquele Deus que pode ser encontrado apenas na "fé" cristã, já que,

> *como se sabe, o cristianismo é o único fenômeno histórico que, apesar do elemento histórico, ou melhor, precisamente com o elemento histórico, quis ser para o indivíduo* [singolo] *o ponto de partida para sua consciência eterna, quis interessar a ele além do puramente histórico, quis fundamentar sua beatitude em sua relação com algo de histórico.*[160]

Neste ponto, Kierkegaard não podia mais considerar as *Migalhas* uma "hipótese" sua. Ao fim do *Pós-escrito*, em "Uma primeira e última explicação", Kierkegaard toma toda a responsabilidade de ser o "autor dos autores", dos pseudônimos de todos os escritos anteriores. O *Pós-escrito* teria de formalmente se limitar a estas últimas páginas. Mas as *Migalhas* deviam ter uma continuação, com outra importância, porque a "hipótese" aqui proposta havia se revelado uma reflexão que não teria sido possível sem se levar em conta o cristianismo. Isto impeliu a filosofia a dar passos decisivos já como filosofia, *ajudou* a filosofia a ir além da grecidade e a criticar a modernidade de voltar a paganizar. A partir daquilo que os antigos e os modernos tinham negligenciado, ou seja, a existência do existente, se deveria reconhecer tanto a ajuda do cristianismo à filosofia quanto a ajuda que uma filosofia do existente poderia dar aos pretensos cristãos da Idade Moderna, para que se tornassem efetivamente cristãos.

---

160 *SKS* 4, 305; *BF* 154.

As duas partes do *Pós-escrito* têm uma amplitude muito diferente. A primeira concerne à possibilidade de provar a verdade do cristianismo no plano "objetivo" da história; a resposta é negativa. As novas e importantes contribuições da obra estão na segunda Parte, dez vezes mais extensa que a primeira. Aqui, o tema é o relacionamento do existente com a "verdade do cristianismo", que não é colocada em dúvida; ao contrário, o indivíduo [*singolo*] existente é chamado a fazer-se "problema subjetivo" ao se decidir "tornar-se cristão". Esta segunda Parte é, por sua vez, dividida em duas seções, a primeira das quais tem como centro a posição do iluminista Lessing, que não encontrou forma de se decidir a fazer o "salto" do "fosso" entre "verdades históricas" e "verdades de razão". Agora, Climacus-Kierkegaard se sente no dever de dedicar a Lessing uma "Expressão de gratidão". De Lessing, ele aprecia a honestidade intelectual:

> *O seu mérito [...] é o de ter compreendido, e firmemente mantido, que o momento religioso se referia a Lessing, unicamente a Lessing, assim como, da mesma forma, se refere a todos os homens: ele compreende ter de lidar unicamente com Deus, mas nada de forma direta.*[161]

---

161 KIERKEGAARD, S. *Afsluttende uvidenskabelig Efterskrift til de philosophiske Smuler. Mimisk-patetisk-dialektisk Sammenskrift. Existentielt Indlaegt, af Johannes Climacus. Udgiven af S. Kierkegaard*, in *SKS* 7, 7-573; tradução italiana por C. Fabro, *Postilla conclusive non scientifica alle "Briciole di filosofia". Composizione mimico-patetico-dialettica. Saggio existenziale di Johannes Climacus* edito da S. Kierkegaard, in FABRO, C. (Ed.). *Opere, cit.* (= *P*); aqui *SKS* 7, 67; *P* 292.

Lessing não quis fazer o salto, e assim considerou a sua própria existência, sem buscar substituí-la por teorizações dela esquecidas, como ocorre quando se quer construir o sistema da subjetividade:

> *A existência tem esta propriedade particular que o existente existe, seja ou não de seu agrado. [...] É necessário que a toda a filosofia moderna se objete que ela não tenha um pressuposto falso, mas cômico, na medida em que se esqueceu, em uma espécie de distração cósmico-histórica, o que significa ser homem: não aquilo que é ser homem em geral [...], mas o que significa que eu, você, ele, nós sejamos homens, cada um individualmente.*[162]

O *Pós-escrito* tem a tarefa de colocar o existente de frente ao "fosso feio e largo" diante do qual Lessing parou, reconhecendo, exatamente por isso, seu mérito de ter colocado em termos existenciais o problema do fundamento histórico do cristianismo: não havia colocado entre parênteses a própria existência de pessoa individual, e apenas assim pôde confessar ser, exatamente ele enquanto indivíduo [*singolo*], incapaz de efetuar o salto entre a contingência da verdade histórica do cristianismo e a verdade necessária de tudo aquilo que concerne à eternidade da beatitude que ele promete. Lessing, é verdade, havia tentado resolver esta dificuldade, para ele insuperável, prevendo, em *A educação do gênero humano*, a vinda de um "Evangelho eterno" (*cf.*

---

162 SKS 7, 116; P 323.

Ap 14,6), ou seja, uma versão "cósmico-histórica" dele: com efeito uma "distração" de Lessing em relação ao seu ser existente! Isto é atestado também pelo fato de não ter ido a fundo na dificuldade que o havia feito recuar. Ele declara, de fato, que, se tivesse sido testemunha ocular dos milagres de Jesus, não teria sido suscitado nenhum problema. Entretanto, como detalhadamente ilustrado nos capítulos quatro e cinco das *Migalhas filosóficas*, o problema desde a origem era de natureza existencial: até o "discípulo de primeira mão" deveria arriscar o salto! Mesmo se tivesse acreditado, dado que nada do que o divino Mestre fazia e dizia lhe havia fugido, bem, também neste caso ele teria ficado preso na "objetividade" dos dados, e teria feito abstração de si como existente. Teria reconhecido como verdade algo de indiferente para o próprio existir.

O *Pós-escrito* pode ser denominado por Climacus como "não científico" e ao mesmo tempo "conclusivo", porque aqui a verdade cristã é relacionada expressamente à subjetividade, de forma que esta não tenha mais nada de subjetivístico, nada de alienante, na medida em que está longe de ser "distraída" em relação à existência do existente. Aqui, a verdade é "existência acentuada"; esta é "interioridade" [*Inderlighed*], ardor, fervor, intensidade do existir. Tal verdade não pode, por isso, ser "científica" no sentido de indiferença "objetiva". Na interioridade, o existente não "se distrai" da própria existência, mas sim a "acentua" ao colocar cada momento da vida em relação à perspectiva de sua beatitude eterna.

E eis a definição existencial proposta por Climacus: "A verdade é a incerteza objetiva mantida na apropriação da interioridade mais apaixonada".[163] A "incerteza" acerca da "objetividade" indica um estado que o existente deve "manter" a fim de não se distrair de si frente às contradições da vida. A verdade como certeza objetiva as teme, e por isto o pensamento moderno, em particular Hegel, quis "mediá-las" com base no princípio de não contradição; assim, esqueceu-se da existência do indivíduo [*singolo*] existente: "A proposição filosófica da identidade de pensamento e de ser diz exatamente o oposto daquilo que parece: exprime que o pensamento abandonou completamente a existência".[164] A incerteza objetiva tem de lidar com o *interesse* do existente por aquilo que é outra coisa que não a verdade como identidade de ser e pensar; o existente ficaria indiferente até a si mesmo se tivesse de lidar apenas com a identidade. A existência é um inter-ser[165] irredutível à unificação dos inter-essentes:

> O existir é para o existente o supremo interesse [Interesse] e o estar interessado no existir é a sua realidade. Aquilo em que consiste a realidade não pode ser exposto na linguagem da abstração. A realidade é um inter-esse [sic] que está no meio [mellen] da unidade hipotética de ser e pensamento.[166]

---

163 *SKS* 7, 186; *P* 368.
164 *SKS* 7, 302; *P* 441.
165 NT: em italiano, *inter-essere*, um jogo de palavras com *interessare* (interessar).
166 *SKS* 7, 286; *P* 431.

A própria escansão da etimologia latina do termo "interesse", presente na carta também em dinamarquês, ressalta a dimensão ao mesmo tempo ontológica e antropológica da existência na medida em que precisa "se apaixonar" pelo que é, e deve se manter outra coisa que não o próprio existente. O *inter-esse* une os diversos, os *mantém distintos*, em seu comum interesse a diferir, porque igual e reciprocamente interessados no existir. Se a dialética hegeliana subordinou o princípio de *não* contradição ao princípio de identidade, Kierkegaard reabilita a contradição como defesa da existência do existente e de seu interesse pelo diferir, do próprio e do outro de si. Esta contradição não é de fato "autocontradição" (distinção bem conhecida de Kierkegaard), mas sim "interioridade apaixonada" de que o existente "se apropria" para ser verdadeiramente ele mesmo frente ao Transcendente:

> *Não é difícil ver que, em um certo sentido, o princípio de identidade seja o princípio mais alto e que fundamente o princípio de contradição. Mas o princípio de identidade não é nada além do limite, como o horizonte vago das montanhas que os desenhistas chamam de fundo; o desenho é a coisa principal. A identidade portanto é uma concepção mais baixa do que a contradição. A identidade é um termo a quo, e não ad quem, da existência. Um existente pode, no máximo, chegar à identidade e retornar fazendo abstração da existência.*[167]

---

167   SKS 7, 383; P 492.

A verdade visa a comprometer a existência em todos os momentos da vida humana no mundo, portanto no tornar-se, num tornar-se feito possível pela liberdade. Há verdade se não há abstração desta tarefa, que enquanto livre pode também ser não cumprida, como ocorre quando se quer "mediar" exageradamente as contradições da vida fazendo abstração desta:

> *Enquanto um homem real, composto de finito e de infinito, tem sua realidade precisamente na manutenção desta síntese, infinitamente interessado no existir, um pensador abstrato tem, ao contrário, uma natureza dupla: de um lado, uma natureza fantástica que vive no ser puro da abstração, e de outro lado uma miserável figura de professor; eis que o ser abstrato joga o professor em um canto, assim como em um canto se deixa a bengala. Quando se lê a vida de um pensador assim (porque seus escritos podem ser importantes), treme-se ao pensar o que significa ser um ser humano. [...] O ser com o qual o pensamento se identifica certamente não é o ser humano.*[168]

A apropriação de si não visa a um completamento de si por parte do homem, mas sim ao seu "tornar-se cristão", sendo o cristianismo "comunicação de existência", momento após momento da vida, frente ao Transcendente. O tornar-se cristão é, neste sentido, um comprometimento constante com não se considerar, jamais, já um cristão.

---

168 *SKS* 7, 275; *P* 424.

Esta "comunicação de existência" pode ser apreendida já no dom da "condição": como esta condição, a comunicação de existência também intervém do alto para ajudar o homem a conferir importância decisiva a todo momento do tempo. O cristianismo é difícil exatamente porque, comunicando existência, consente à interioridade se apaixonar incondicionalmente por aquilo que o intelecto não pode compreender, mas sem o que o existente se distrairia de seu próprio existir. Comunicando existência, o cristianismo coloca o homem em relação com aquilo que é em si difícil, tornando-o possível a todos, desde que se disponham a "comprazer-se de existir".[169]

Se em *Migalhas* a fé no Paradoxo torna todos os homens igualmente contemporâneos do acontecimento cristão, no *Pós-escrito* a igualdade de todos os homens se estende à mesma comunicação de existência:

> *Porque toda tarefa de existência se refere igualmente a todo homem, a dificuldade varia segundo as qualidades do indivíduo [...]. E se a cultura ou outra coisa do gênero consegue tornar o ser cristão muito mais fácil, então é oportuno que o indivíduo* [singolo] *busque, com suas parcas forças, torná-lo difícil.*[170]

A Providência intervém para que a dificuldade intrínseca ao se tornar cristão seja proporcionalmente igual a todos os homens: é maior

---
169 *SKS* 7, 382; *P* 491.
170 *SKS* 7, 348; *P* 470.

para os mais dotados, menor para os que têm mais desvantagens, mas a finalidade chama todos igualmente ao máximo comprometimento existencial, coisa que é igualmente difícil para todos, mas para todos é igualmente possível.

O cristianismo é a "religiosidade do paradoxo", no *Pós-escrito* rotulada como "religiosidade **B**". Esta

> *acentua de modo paradoxal o existir. De fato, como o Eterno veio em um momento do tempo, ao indivíduo existente não cabe se relacionar no tempo com o Eterno, ou seja, refletir sobre esta sua relação (esta é a religiosidade **A**), mas se relacionar* no tempo *com o* Eterno no tempo; *ou seja, o relacionamento está dentro do tempo, e luta igualmente contra todos os pensamentos, seja refletindo-se sobre o indivíduo, seja refletindo-se sobre Deus.*[171]

A religiosidade **A** se relaciona com uma eternidade fora do tempo, que pode apenas ser pensada:

> *Na religiosidade **A** o eterno é* ubique et nusquam, *mas escondido da realidade da existência; na religiosidade do paradoxo, o eterno encontra-se em um determinado lugar* [et bestemt Sted] *e é esta precisamente a ruptura com a imanência* [Bruddet med Immanentsen].[172]

Apenas no horizonte da religiosidade **B** é que se torna possível a vitória sobre a imanência.

---

171 *SKS* 7, 518; *P* 577.
172 *SKS* 7, 519; *P* 578.

A religiosidade **A** empobrece a existência do existente; a religiosidade **B** a *edifica* enquanto o coloca *frente a* Deus:

> *O edificante da esfera do paradoxo corresponde à determinação de Deus no tempo como homem individual: de fato, quando é assim, o indivíduo se relaciona com algo fora de si* [forholder Individet sig til et Noget uden for sig]. *É claro que se trata de uma coisa que não se deixa pensar; é nisto que consiste, exatamente, o paradoxo.*[173]

Exatamente aquilo que não se deixa pensar fornece ao indivíduo [*singolo*] o critério para não dissolver o próprio existir em uma antropologia em que, como ocorre na "religiosidade **A**", para o indivíduo [*singolo*] existente não há absolutamente lugar:

> *Que aquele que é por natureza eterno se torne no tempo* [bliver til i Tiden], *nasça, cresça e morra, esta é uma ruptura com todo pensamento* [er et Brud med al Taenkning]. *Se, entretanto, o tornar-se eterno no tempo é um tornar-se eterno, a religiosidade* **B** *é abolida: "toda teologia é antropologia".*[174]

O cristianismo é transformado de uma comunicação de existência em uma genial doutrina metafísica que se reporta aos professores.[175]

---

173 SKS 7, 510; P 572.
174 Uma clara referência a L. Feuerbach, *A essência do cristianismo*, de 1841.
175 SKS 7, 526; P 583.

Como prometido pelo título, efetivamente o *Pós-escrito* "conclui", e de forma "não científica", aquilo cujas bases foram colocadas pelas *Migalhas filosóficas*: a) que o homem, o existente por antonomásia, pode ir da não verdade em que se encontra à Verdade que o transcende, apenas se esta lhe dá "a condição" para recebê-la, ou seja, se a ele se doa em um tempo determinado, portanto em um modo irredutível a abstração, e que por isso compromete o existente que o acolhe a se reportar a tal Verdade na concretude de todo átimo de vida; b) que todo existente é contemporâneo de tal acontecimento da Verdade no tempo, já que *apenas a fé, não o intelecto*, pode ser o caminho através do qual a existência se torna "interioridade apaixonada" pelo Paradoxo: isto não apenas a salva mas lhe "acentua" a existencialidade, ou seja, o si mesmo de todo indivíduo [*singolo*] existente. Definitivamente, o dom da condição é: comunicação de existência, dom integral, dom de amor.

11. *As obras do amor. Algumas considerações cristãs em forma de discursos*

A obra consiste em uma primeira e uma segunda série de discursos, respectivamente cinco e dez. Em cada um destes, o título e o tema são tirados do Novo Testamento, não com intenções exegéticas, mas para valorizar a força que a própria filosofia pode tirar dali para se alçar, no conhecimento das possibilidades humanas, a zonas mais profundas e mais altas do amor do indivíduo [*singolo*] a Deus e aos outros. Agora Kierkegaard, com seu próprio nome, propõe ao leitor que apreenda no Novo Testamento um caminho particular de "edificação": o ágape, uma descoberta e prática cristã que, com a ajuda da filosofia, pode se tornar patrimônio de toda a humanidade. O Novo Testamento faz com que a razão possa dar-se conta de que "o humano-em-todos" [*det Almene--Menneskelige*] não é a incorrigível "madeira torta" de memória kantiana. A consciência da novidade do assunto leva o autor a recomendar ao leitor, desde a Premissa, uma compreensão também consciente dos incomuns aprofundamentos que o livro propõe:

> *Estas reflexões cristãs, que são fruto de muita meditação, devem ser entendidas lentamente, mas também facilmente, na medida em que certamente se tornariam muito difíceis por meio de uma leitura rápida e curiosa.*[176]

No livro, "amor" é dito com dois termos dinamarqueses diversos: *Elskov* e *Kjerlighed*. *Kjerlighed* é o amor enquanto "ato" feito por quem é movido por aquele amor que é capaz de vencer o egoísmo, mesmo quando este se sublima nas formas do mais convicto altruísmo. Apenas em "relação com Deus" [*Guds--Forhold*] pode-se falar do amor neste sentido. Se falta

---

176 KIERKEGAARD, S. *Kjerlighedens Gjerninger. Nogle christelige Overveielser i Talers Form af S. Kierkegaard*, Copenhague: Reitzel, 1847, *SKS* 9, 9-378; tradução italiana por U. Regina, *Gli atti dell'amore. Alcune riflessioni cristiane in forma di discorsi*. Brescia: Morcelliana, 2009 (= *AA*); aqui *SKS* 9, 211; *AA* 231.

esta relação, então o termo para amor é *Elskov*, é o amor efetivo, baseado apenas em motivações humanamente altíssimas, mas qualitativamente diverso de um amor que não seria verdadeiro se não ousasse, antes de tudo, amar o inimigo.

O primeiro dos discursos da primeira série, "A vida oculta do amor e seu reconhecimento através de seus frutos", parte da afirmação, tirada do Evangelho de Lucas, segundo a qual "cada árvore se reconhece pelo seu próprio fruto; pois não se colhem figos dos espinheiros, nem uvas de ervas daninhas" (Lc 6,44). Entretanto, o fruto que se deve buscar aqui é bem estranho: não se vê, mas só se fala dele; é bom como fruto e bastante buscado, não apenas isso, mas também bastante adulterável: exatamente o amor! Mas o amor, aquele verdadeiro, não se deixa enganar; tem a ver com a existência porque esta é relacionamento com a eternidade:

> Como é séria a existência, como é terrível, exatamente quando, por punição, permite que o obstinado faça o que quiser, de tal forma que lhe é concedido passar a vida orgulhoso de ter sido enganado! [...] A eternidade realmente não se deixa enganar [...]. O que é de fato que une o tempo e a eternidade, o que é senão o amor, que exatamente por isto vem antes de tudo, e continua quando tudo já passou?[177]

A relação entre o ato de amor feito pelo indivíduo [*singolo*] existente, em um tempo totalmente

---

177   *SKS* 9, 14; *AA* 24.

determinado, e a eternidade é o fio condutor de toda a obra, e culmina com um sintagma, "mudança da eternidade", que se apresenta formalmente como uma autocontradição, mas que não o é pela "existência", pela qual todo momento visa a beatitude eterna, que o cristianismo não cessa de prometer em nome da eternidade. Este relacionamento entre amor e eternidade é uma "necessidade" [*Trang*] que, longe de ser sinal de fragilidade, é já em si mesma aquele fruto bom do amor que, antes oculto na necessidade como carência, então torna-se, mudado, o alimento insubstituível para aquele existente, o homem, que necessita de amor eterno em todos os momentos da sua vida:

> *Oh, como isto é belo: que aquilo que indica a maior miséria também indique a riqueza suprema! [...] A riqueza suprema da jovem é que ela tem necessidade do amado; a verdadeira e suprema riqueza do homem pio é que ele tem necessidade de Deus. Interrogue-os, ambos: pergunte à jovem se ela se sentiria feliz igual, pergunte-lhe se para ela seria bom igual: poder ficar sem o amado! Pergunte ao homem pio se pensa que para ele seria algo bom igual: poder ficar sem Deus, e se deseja isto! O mesmo acontece pelo reconhecimento do amor pelos frutos, dos quais, por isso, se há esta correspondência, diz-se que têm necessidade de irromper, o que de novo indica riqueza.*[178]

---

178   SKS 9, 18-19; *AA* 29.

O amor tem uma origem oculta, como aquela de uma fonte, mas dá à luz frutos que são bons antes de tudo para quem ama; eles o preservam da hipocrisia porque fazem com que ele se comprometa a produzir frutos efetivamente bons, independentemente do reconhecimento alheio. O amor "quer" frutos bons, não que simplesmente pareçam bons:

> Porque a autoridade divina do Evangelho não fala a um homem sobre outro homem, não fala a você, meu ouvinte, sobre mim, ou a mim sobre você; não: quando o Evangelho fala, fala ao indivíduo, não fala sobre nós homens – você e eu – mas fala a nós homens, a você e a mim, e fala sobre isto: que o amor deve ser reconhecido pelos frutos. [...] Há apenas um em frente a quem o homem deve ter medo, e é ele mesmo. Quem verdadeiramente tem temor e temor frente a Deus, teve medo de si mesmo, a este nenhum hipócrita jamais enganou.[179]

O "temor e tremor frente a Deus" é condição e sinal da atenção do existente para a *própria existência*. Isto vale também para o segundo discurso da primeira série, que tem como tema o mandamento do amor ao próximo. Apenas se me alieno da minha existência, posso dar importância decisiva ao meu amor pelo próximo. Deverei amá-lo mantendo firme a regra de amá-lo "como a mim mesmo". Existe portanto um egoísmo, aquele da atenção à própria existência, que deve ser considerado obrigatório, e por isso *justo*:

---

179 *SKS* 9, 23; *AA* 33-34.

> Esta palavra – "*como a ti mesmo*" – *sim, nenhum lutador é capaz de agarrar quem está lutando com ele assim como este preceito sabe fazer com o egoísmo, imobilizando-o.* [...] *O egoísmo não pode se sentir enfraquecido se não lutou com esta palavra, que, todavia, não quer ensinar ao homem como não amar a si mesmo, mas ao contrário, quer lhe ensinar exatamente o egoísmo justo* [den rette Selvkjerlighed].[180]

O amor pelo próximo pressupõe, antes de tudo, que o amante não se distraia jamais de sua própria existência; ou então como poderia comprometê-la totalmente ao amar o próximo? Os "pagãos" se mantêm na lógica da distinção entre o maior e o menor egoísmo, sem suspeitar que haja um "egoísmo justo", e que deve ser pressuposto para poder amar de forma não egoísta ao outro:

> *Que estranho! Aquela luta é tão diuturna, tremenda e complexa quanto a luta que o egoísmo trava para se defender; e todavia o cristianismo decide tudo com um só golpe* [...]. *O cristianismo pressupõe que o homem ame a si mesmo, e a isto adiciona, em relação com o próximo, apenas as palavras "como a ti mesmo". E todavia aqui, entre o antes e o depois, está a mudança da eternidade.*[181]

Se há amor, *sempre* acontece a "mudança da eternidade". Kierkegaard evidencia isto lá onde a sequência do Novo Testamento é tirada do "Hino ao amor" de São Paulo. A propósito das "três coisas

---
180 SKS 9, 26; AA 38.
181 Ibidem.

que permanecem: a fé, a esperança e a caridade" (1 Cor 13,13), o aprofundamento existencial se concentra na "maior" das três: a caridade, o amor agápico; este "nunca falha" (1 Cor 13,8), como se pode apurar através da contraprova de que, se falha, quer dizer que nunca existiu:

> *Não se pode parar de ser uma pessoa que ama; se verdadeiramente se é alguém assim, então se continua a sê-lo; se se cessa de* sê-lo, *então nem mesmo se era. A cessação em relação ao amor tem, portanto, uma força retroativa. [...] Sim, não posso parar de dizer e de demonstrar que, onde quer que haja o amor, há também algo que tem um significado infinitamente profundo. [...] Mas quando alguém cessa de ser alguém que ama, então este* nunca nem mesmo foi *alguém que ama. O que mais, portanto, pode ser tão doce quanto o amor mas também tão severo, tão protetor consigo mesmo, tão inflexível ao punir, como o amor!*[182]

Mas não se pode excluir que este amor se encontre frente a uma ruptura por parte do amado. Deverá então ceder também o amor por parte do amante?

> *Quem ama, ele que se mantém no amor, em se mantendo, pertence ao futuro, ao eterno, e na perspectiva do futuro a ruptura não é uma ruptura, mas uma possibilidade. Oh, mas para isto são necessárias as forças da eternidade!*[183]

---

182 SKS 9, 301; AA 326.
183 SKS 9, 303; AA 328.

Estas forças dão a quem ama a possibilidade de intervir de forma dupla: de uma parte "*impedindo*" que o momento da reconciliação se torne, por força de uma mudança ocorrida nele, um "esforço infrutífero", um "percurso vão"; de outra parte *"fazendo com que"*

> *o colóquio do amor se desenvolva de forma tão natural, como é com aquele com que se está já conversando, e que os passos do passeio rotineiro se uniformizem de forma tão veloz quanto aqueles entre duas pessoas que começam pela primeira vez uma vida nova – de forma breve, fazendo com que não aconteça nenhuma parada, exatamente nenhuma, que possa causar um golpe, nem mesmo por um segundo e nem mesmo por uma fração de segundo: tudo isto, aquele em que há amor realiza, porque ele se mantém e não cede jamais.*[184]

Portanto o amor, aquele amor a que é intrínseco o "manter-se", não perde jamais a "possibilidade" da "repetição" do amor de antes, tornando-se assim partícipe daquela "mudança da eternidade" que caracteriza todo ato do amor:

> *Quando portanto, em relação ao amor humano, dizemos que o amor se mantém, então facilmente se vê que este manter-se consiste em um ato, [...] uma qualidade conquistada em todo momento e que, ao mesmo tempo, em cada momento que é conquistada, é novamente um ato efetivo. Quem ama se mantém, mantém-se no amor, conserva-se no amor; e faz com que se mantenha seu amor pelos homens.*[185]

---
184 *SKS* 9, 311; *AA* 337.
185 *SKS* 9, 299-300; *AA* 324-325.

Os "atos do amor" estão essencialmente em relação com a existência do existente mantida no tempo em relação com o Eterno. Por isso não devem ser confundidos com os atos de caridade, que são, por exemplo, dar esmolas ou vestir os desnudos:

> *Não existe nenhum ato, nenhum mesmo, nem mesmo o melhor, com base no qual podemos dizer incondicionalmente: quem o cumpriu, com ele próprio demonstra incondicionalmente o amor. Depende de como o ato é cumprido [...], porque se podem cumprir atos de amor de forma não amorosa, até de forma egoísta; e se é assim, a ação amorosa* [Kjerlighedsgjerningen] *não é de fato ato do amor* [Kjerlighedens Gjerning].[186]

Por isso, os atos do amor não podem ser identificados com as "virtudes dos pagãos" que Kierkegaard, fazendo referência aos Padres da Igreja, julga equivalentes a "vícios esplêndidos".[187] Pode haver atos autênticos do amor apenas se o egoísmo é radicalmente vencido por qualquer forma de reciprocidade. Isto só é possível se o existente mantém a sua existência em relacionamento com o Transcendente. Em *As obras do amor*, Deus é por isso indicado pela expressão *Mellembestemmelse* (literalmente; a "determinação que está no meio"). Deus realmente está no meio, entre os polos de cada relacionamento humano verdadeiro, exatamente porque só se pode relacionar-se com ele na medida em que ele transcende de forma

---
186 *SKS* 9, 21; *AA* 31.
187 *Cf. SKS* 9, 60, 195, 267; *AA* 74, 218, 292.

irredutível tudo que está em relacionamento com ele: o "relacionamento com Deus" [*Guds-Forhold*] é originário e originante para qualquer outro relacionamento. Sem Deus enquanto determinação que está no meio, os membros de qualquer relacionamento acabam por formar um só ser, ou seja, implodem na identidade-indiferença do todo. Sem o relacionamento com Deus, os amantes jamais conseguirão se manter em relacionamento entre si, e portanto jamais poderiam se amar de verdade. Apenas um Deus de irredutível transcendência foi capaz de "preparar para aqueles que o amam" algo que o ouvido não ouviu, que o olho não viu (*cf.* 1 Cor 2,9), como é a possibilidade para o homem de cumprir atos irredutíveis ao egoísmo. Este relacionamento com Deus com o Transcendente se tornará, em *O desespero humano*, a própria definição do homem em sua especificidade.

12. *O desespero humano*[188]

A obra sai em julho de 1849, editada por S. Kierkegaard, mas o autor ainda é um pseudônimo, Anti-Climacus, em contraposição ao Climacus de *Migalhas filosóficas* e *Pós-escrito*, mas em continuidade com os resultados advindos nestas duas obras de grande importância no plano do relacionamento entre filosofia e fé. Climacus considerava-se, sim, ainda não cristão, mas interessadíssimo no cristianismo,

---

[188] NT: *La malattia per la morte* (literalmente, *Doença até a morte*).

a única "ocasião" dada aos seus contemporâneos de sair daquele "distrair-se" da própria existência que os havia tornado novamente pagãos. Kierkegaard/Anti-Climacus, para levar adiante tal intenção pedagógica no sentido filosófico e religioso, proclama-se "cristão extraordinário": de um lado, porque não se considera um modelo no pôr-em-ato a "verdade" proposta pela "hipótese" elaborada por Climacus, e de outro lado para poder conduzir um tremendo requisitório em relação àqueles que, apesar do evento cristão, ou melhor, de fato desprezando sua ajuda, ainda não compreenderam que todo homem é capaz de cumprir autênticos "atos de amor".

O ataque que Anti-Climacus agora desfere contra a imanência consiste em declarar doentes de "desespero" todos aqueles que se recusam a acolher o ato de amor que o próprio Deus cumpriu em relação ao homem, criando-o como *relacionamento*, portanto não uma coisa entre as coisas, acidente de uma substância em que tudo conflui, mas sim como espírito:

> *Mas o que é o espírito? O espírito é o si mesmo. Mas o que é o si mesmo? O si mesmo é uma relação que se estabelece com ela mesma [...]. O homem é uma síntese de finito e infinito, de temporal e eterno, de liberdade e necessidade; é, em suma, uma síntese. Uma síntese é uma relação entre dois. Sob este ponto de vista, o homem ainda não é um si mesmo. [...] Se a relação que se estabelece com ela mesma foi posta por um Outro, então [...] uma relação derivada, posta, é o si mesmo do homem, uma relação que se*

> *relaciona com ela mesma e, ao se relacionar com ela mesma, relaciona-se com um Outro.*[189]

Tornar-se um si mesmo é uma tarefa que compromete o homem inteiro a se tornar "transparente" a respeito de seu constitutivo manter-se em relação; isto apenas é possível impedindo-se que os elementos da "síntese" se obscureçam entre si: "Ao relacionar-se consigo mesmo e ao querer ser si mesmo, o eu se funde de forma transparente na potência que o pôs".[190] Já em sua tese de doutorado, Kierkegaard havia elogiado Sócrates por ter, com sua ironia, colocado em crise os atenienses que haviam feito do Estado a "substância" de seu próprio ser homens. Sócrates não podia fazer nada além de preferir manter-se um "ignorante" para não ser englobado por "substancialismo" algum. Diferentemente dos modernos que, mesmo se declarando cristãos, preferem ver o seu "eu" confluindo e desaparecendo na substância por antonomásia: o "Sistema". Assim, o que deveria tornar-se uma relação cada vez mais transparente implode em uma relação desequilibrada, em algo que, consciente ou inconscientemente, "desespera" de poder tornar-se um "eu", ou seja, um existente em relação com a *sua* existência:

---

189 KIERKEGAARD, S. *Sygdommen til Døden. En christelig psychologisk Udvikling til Opbyggelse og Opvaekkelse af Anti-Climakus. Udgivet af S. Kierkegaard.* Copenhague: Reitzel, 1849, in *SKS* 11, 115-242; tradução italiana por E. Rocca, *La malattia per la morte. Un'analisi psicologica Cristiana per edificazione e risveglio di Anti-Climacus. A cura di S. Kierkegaard.* Roma: Donzelli, 1999 (= *MM*); aqui *SKS* 11, 129-130; *MM* 15.
190 *SKS* 11, 130; *MM* 16.

> A relação desequilibrada do desespero não é uma simples relação desequilibrada, mas uma relação desequilibrada em uma relação que se relaciona consigo mesmo e que foi posta por um Outro.[191]

Exatamente por ser uma relação desequilibrada, o desespero é uma "doença", ou melhor, é *a* doença por antonomásia: a doença *até* a morte; é aquela paradoxal doença de que o "eu" do homem, que é "espírito", decide adoecer para morrer como relação protagonista das relações. Não consegue desaparecer de sua existência, continua a existir, de forma "mísera"; vive "desesperadamente", ou seja, de modo não "transparente" o seu ser um "eu". Esta doença "é até a morte", em um sentido que Kierkegaard/Anti-Climacus esclarece contrapondo-o a um morrer que "não é até a morte" (Jo 11,11):

> Mesmo se Cristo não tivesse ressuscitado Lázaro, não é também verdade que esta doença, a própria morte, não é até a morte? [...] Na morte, compreendida de forma cristã, há infinitamente mais esperança do que há, falando de forma meramente humana, quando não apenas há vida, mas quando a vida está em seu ápice de saúde e força. [...] Mas então o cristianismo descobriu, por sua vez, uma miséria cuja existência o homem como tal não conhece; esta miséria é a doença até a morte.[192]

Portanto, humanamente falando, de "doença até a morte" o existente não morre, nem no sentido

---
191 *Ibidem.*
192 SKS 11, 123-124; MM 9-10.

físico, nem no sentido "espiritual". Nesta doença está presente uma força que vitoriosamente se opõe às intenções ontologicamente suicidas do existente. Anti-Climacus, ao elencar e descrever as várias formas de desespero, visa a reconduzi-las todas ao "pecado" que todo homem cumpre quando recusa a se tornar transparente como espírito, ou seja, a corresponder àquilo que o Criador havia se proposto "deixando-o afastar-se de sua mão" criadora. Da mesma mão que deixa ir embora a criatura humana é que vem, para esta criatura, a tarefa de existir como relação que se relaciona consigo, de viver como relação, de não querer morrer de imanência:

> *Então de onde vem o desespero? Da relação, em que a síntese se relaciona consigo mesma, no momento em que Deus, que fez o homem para a relação, por assim dizer o deixa se afastar de sua mão, vale dizer, no momento em que a relação se relaciona consigo mesma. E nisto – que a relação é espírito, é o eu – está a responsabilidade a que todo desespero subjaz, e subjaz por todos os momentos em que existe.*[193]

O desespero tem a ver com a relação com Deus, enquanto relação removida. Este é o motivo pelo qual o existente, tentado pela imanência da substancialidade, gostaria de morrer enquanto relação com Deus; não teme morrer no sentido fisiológico-natural, porque isto seria, no fim das contas, conforme à concepção de si como substância, mas

---

193 *SKS* 11, 132; *MM* 18.

teme não conseguir morrer no sentido teológico-
-existencial, ou seja, de não ser capaz de desvencilhar-
-se para sempre da relação com Deus:

> É então, neste último significado, que o desespero
> é a doença até a morte, esta excruciante contra-
> dição, esta doença do eu, morrer eternamente,
> morrer mas não morrer, morrer a morte, porque
> morrer significa que tudo passou, mas morrer a
> morte significa viver o morrer, e o deixar que se o
> viva por um só instante é vivê-lo eternamente.[194]

Em vez de evitar o choque com este "viver o morrer", que é o verdadeiro desespero, o existente preferiria viver desesperando-se *por* algo determinado. Por exemplo, quando se vive com base na expressão "ser César ou nada" mas não se conquista o poder, talvez se dirá desesperar-se *por* ele; na verdade

> o insuportável aos seus olhos não é não ter se
> tornado César, mas este eu que não se tornou
> César [....]. Tornando-se César, certo, ele não
> teria se tornado ele mesmo, mas teria, sim, se
> desvencilhado de si mesmo.[195]

Do ponto de vista do aparente desesperar-se *por* algo, mas na verdade desesperar-se de não poder se desvencilhar do próprio eu, há muitas formas segundo aquilo que, no eu como "síntese", constitui o "por" a respeito de que se desespera: trata-se portanto do "finito" ou do "infinito", da "possibilidade", ou

---

194 SKS 11, 134; *MM* 20.
195 SKS 11, 135; *MM* 21.

mesmo da "necessidade"; há também o desespero que ignora ser desespero e aquele desespero que o sabe, e neste caso pode-se desesperar na forma da "fraqueza", ou então na forma da "obstinação". De todas estas formas é que trata a primeira Parte da obra. A segunda considera o desespero do eu que quer não tanto desvencilhar-se de si, mas sim encontrar-se relacionado diretamente com Deus. Aqui o desespero é o pecado: "Pecado é a fraqueza potencializada, ou a obstinação potencializada: pecado é a condensação do desespero"[196]. Este desespero começou a existir apenas com a vinda do cristianismo.

Isto poderia ser contabilizado como demérito do cristianismo. Na verdade, apenas com o pecado, desespero potencializado, o cristianismo abre ao homem a possibilidade de se relacionar com Deus como medida adequada ao próprio tornar-se ele mesmo:

> O pagão em sentido estritíssimo não pecava, porque não pecava perante Deus; e todos os pecados são perante Deus [...]. Pecado é: perante Deus não querer ser si mesmo, ou perante Deus desesperadamente querer ser si mesmo.[197]

O pagão tem uma visão "pelagiana" de seu relacionamento com Deus: ele se justifica com sua virtude, e o contrário da virtude é o vício. Mas perante Deus não se pode ser simplesmente imoral, mas pecador, já que perante Deus a medida adequada

---
196 SKS 11, 191; MM 79.
197 SKS 11, 195; MM 83.

para o eu é a absoluta transparência que pode ser conquistada apenas com a fé:

> *A fé é: que o eu, ao ser si mesmo e ao querer ser si mesmo, mergulha de modo transparente em Deus. Mas isto muito frequentemente foi mal interpretado: o oposto do pecado não é de fato a virtude.* [...] *Não, o oposto do pecado não é a virtude, mas a fé, como se diz em Rm 14,23: tudo o que não provém da fé é pecado.*[198]

Sócrates tinha um tipo de temor e tremor em relação a Deus e, proclamando-se ignorante, tinha o cuidado de não se aventurar além dos limites do humano. A sua foi uma posição "negativa" quanto ao conteúdo. Não foi assim para o cristianismo, para o qual o pecado tem a ver com o conteúdo cristão, e por isso, na cristandade deve-se tratar do pecado de modo "positivo". Não se deve "superá-lo" declarando-o falso, mas é necessário contrapor-se a ele com a fé, portanto levando em conta o Paradoxo e o escândalo que este suscita no plano do intelecto:

> *Em primeiro lugar, o cristianismo estabelece tão solidamente a natureza positiva do pecado que intelecto humano algum jamais poderá concebê-lo; pois é esta mesma doutrina cristã que toma para si a tarefa de remover esta posição assim como intelecto humano algum jamais poderá conceber* [...]. *O cristianismo, primeiro inventor dos paradoxos, é aqui tão paradoxal quanto*

---

198 SKS 11, 196; MM 84.

> *possível; trabalhando, por assim dizer, contra si mesmo, afirmando tão solidamente a natureza positiva do pecado que parece perfeitamente impossível fazê-lo desaparecer de novo, e então é o próprio cristianismo que, com a redenção, o eliminará de novo tão completamente que ele jaz como afogado no oceano.*[199]

Desesperar a redenção é a "potência" máxima do desespero. Ao cometer este pecado, que pode ser cometido apenas por quem tenha recebido a "representação" do Deus cristão, o indivíduo [*singolo*] conscientemente quer se desvencilhar de seu eu após ter compreendido que, exatamente perante Cristo, o seu eu encontrou a "medida" adequada para a máxima realização do próprio existir, ou seja, a máxima "comunicação de existência", aquela que consente que ele esteja em pé de igualdade "perante Deus". O fato de que, exatamente para a remissão dos pecados, Cristo "nasceu, tornou-se homem, sofreu, morreu" potencializa infinitamente o eu:

> *Quanto maior a representação de Deus, maior o eu, quanto maior a representação de Cristo, maior o eu. O fato de Cristo ser a medida é expressão dada por Deus da realidade infinita do eu, porque apenas em Cristo é verdade que Deus é o fim e a medida do homem, ou a medida e o fim. Mas quanto maior o eu, mais intenso é o pecado.*[200]

---

199 *SKS* 11, 212; *MM* 101.
200 *SKS* 11, 225; *MM* 115-116.

A remissão dos pecados é objeto de fé: ou a fé, ou o escândalo: "O escândalo é então, como possibilidade tolhida, um momento da fé [...]. E todavia é dito que se escandalizar é pecado".[201] A cristandade não quis se deixar escandalizar, e assim perdeu a fé:

> *A desventura fundamental da cristandade é exatamente o cristianismo [...] Jamais uma doutrina sobre a Terra colocou em um contato tão estreito Deus e homem como o cristianismo; isto ninguém poderia ter feito, apenas o próprio Deus; toda invenção humana é um sonho, uma fantasia incerta. Todavia, jamais uma doutrina se defendeu com tanto cuidado contra a mais assustadora de todas as blasfêmias, aquela de assumir em vão o passo dado por Deus, como se Deus e homem fossem a mesma coisa; jamais uma doutrina fugiu tanto deste perigo como o cristianismo, que se defende com a ajuda do escândalo.*[202]

A cristandade nem se escandalizou nem teve fé, porque deixou de lado o "indivíduo" ["*singolo*"] em favor do universal (a "massa") que ela, com a desculpa da doutrina do homem-Deus, depois deificou:

> *Foi Deus quem inventou a doutrina do homem-Deus. Mas o cristianismo, desde o começo, tomou suas precauções. Ele parte com a doutrina do pecado. A categoria do pecado é a categoria da singularidade. O pecado não se deixa pensar de forma especulativa.*[203]

---
201 *SKS* 11, 228 n.; *MM* 118 n.
202 *SKS* 11, 229; *MM* 119.
203 *SKS* 11, 230; *MM* 120.

Daqui, o paradoxal papel positivo do pecado para se alcançar a perfeição da existência. A doutrina do pecado original

> desagrega os homens em indivíduos[singoli], e considera todo homem como pecador, desagregação que em um outro sentido está, por um lado, de acordo com a perfeição da existência, e por outro se move teleologicamente em direção a essa. [...]. Quando de fato "o indivíduo" ["il singolo"] sentir o parentesco com Deus (e esta é a doutrina do cristianismo), irá também carregar todo este peso na forma de temor e tremor: será obrigado a descobrir, quando já não o fez há muito tempo, a possibilidade do escândalo. [...] O homem se diferencia das outras espécies animais porque o indivíduo [singolo] é mais que a espécie.[204]

> Os judeus tinham razão para se escandalizar com Cristo, porque ele queria perdoar os pecados [...]. Para o intelecto humano, é a coisa mais impossível de todas [...]. Dever-se-ia tecer louvores ao pagão que, na verdade, conseguisse se desesperar não do mundo, nem de si, em um sentido mais comum, mas do seu próprio pecado [...]. Mas no cristianismo tudo mudou, porque tu deves crer na remissão dos pecados.[205]

A isto alguém poderia objetar que o escândalo é evitável com a simples indiferença a Cristo. Daí então deve-se responder que

---
204 SKS 11, 231 n.; MM 122 n.
205 SKS 11, 228; MM 118.

> *nenhum homem deve ter a imprudência de deixar que a vida de Cristo fique ali como uma curiosidade. Quando Deus nasce e se torna homem [...] então este fato é a seriedade da existência. E nesta seriedade está a seriedade: todos devem ter uma opinião a este respeito.*[206]

A última forma do escândalo perante Cristo não é a suspensão do assentimento perante o cristianismo, um comportamento simplesmente "passivo", mas a demonstração "positiva" de que o cristianismo é uma "falsidade". Isto ocorre por duas formas diversas de redução do cristianismo a invenção humana: o docetismo e o racionalismo. O primeiro faz de Cristo uma "aparência", ou seja, um produto da poesia (o poeta, um homem, pode facilmente inventar o mito de Deus que aparece aos homens travestindo-se de homem); o segundo, o racionalismo, faz de Cristo um homem, até genial, mas nada mais que um homem:

> *Esta forma de escândalo é o pecado contra o Espírito Santo. Como os judeus diziam de Cristo, que escorraçava o diabo com a ajuda do diabo, assim este escândalo faz de Cristo uma invenção do diabo.*[207]

Este pecado não pode ser perdoado, porque consiste exatamente em não querer ser perdoado por aquele que o homem desesperado sabe bem que o podia perdoar – se o homem apenas tivesse fé nele! O pecado contra o Espírito Santo é a "máxima potência do pecado". Todavia ele é "geralmente ignorado",

---
206 *SKS* 11, 241; *MM* 131.
207 *SKS* 11, 242; *MM* 132.

justamente porque posto naquela atitude em que se fala sobre o cristianismo como se, ao mesmo tempo, se pudesse prescindir da fé. Entretanto, se se prescinde da fé, não apenas não se pode falar do pecado em geral, e daquele imperdoável em relação ao Espírito Santo em particular, mas nem mesmo do eu do homem enquanto vitorioso sobre qualquer forma de desespero.

A fórmula do estado em que não há desespero algum, já presente na primeira parte de *O desespero humano*, é retomada nas últimas linhas da obra:

> *Ao se relacionar consigo mesmo e ao ser ele mesmo, o eu mergulha de modo transparente na potência que o pôs. Fórmula que, por sua vez, é a definição da fé.*[208]

Em outros termos: apenas o existente que crê em Cristo sabe o que é o desespero e que esta é a doença até a morte, porque sabe, antes de tudo, que o eu é relação que se relaciona consigo e, relacionando-se consigo, relaciona-se com o Outro que pôs a relação.

Quem não sabe nada do homem como relação e da relação entre pecado e fé não poderá nem mesmo se orientar sobre o fenômeno do perdão. Acontecerá, por exemplo, reconhecendo a gravidade de um ato seu e atingido em seu orgulho, de dever gritar a si mesmo: "Eu não me perdoarei jamais", esquecendo-se de que, "se Deus o quisesse fazer, ele próprio poderia ter a bondade de perdoar-se a si

---

208 *Ibidem*.

mesmo".[209] Este não poderia nem mesmo descarregar sobre Deus a impossibilidade do perdão, dizendo que "Deus não poderá jamais o perdoar".[210] Ele quer apenas ficar trancado em si, em seu "egoísmo", renunciando à sua verdadeira identidade, que exatamente Deus poderia fazê-lo alcançar, concedendo-lhe o perdão e o reabrindo, assim, ao seu tornar-se si mesmo.

O desespero humano é a obra em que se prospecta a vitória sobre o desespero como possibilidade para qualquer homem que queira atingir a "transparência" sobre o próprio eu, uma perspectiva que se torna um caminho efetivo apenas se o existente se propõe a "tornar-se cristão", não por si, mas com a ajuda de Cristo.

13. *O lírio no campo e a ave no céu. Três discursos de devoção*

Kierkegaard publica esses três discursos em 1849. Ele os oferece "com a mão direita", com o seu verdadeiro nome, como já havia ocorrido com *As obras do amor*, com os *Discursos cristãos* e para os muitos outros *Discursos edificantes*. São dedicados a três comportamentos: o silêncio, a obediência e a alegria, e são denominados "Discursos de devoção" talvez porque, por um lado, tenham em comum a referência a Deus enquanto o Onipotente, e por outro lado indiquem como "mestres" o lírio do campo e a ave no céu, criaturas que não podem nem falar, nem desobedecer, nem se

---

209 *SKS* 11, 223; *MM* 113.
210 *SKS* 11, 224; *MM* 114.

desesperar, mas que "conquistaram", pela própria onipotência de Deus, o silêncio, a obediência e a alegria que os homens podem aprender, fazendo com que estes comportamentos se tornem outras "artes", fruto, portanto, de liberdade, de "devoção" ao Onipotente.

É o próprio Jesus que, no Sermão da montanha (*cf.* Mt 6,24-34), propõe estas criaturas como mestres. Kierkegaard os considera no singular: *o* lírio e *a* ave, e assim os põe no mesmo plano daquele "indivíduo" [*singolo*] que deve se tornar discípulo destes dois mestres, na verdade discípulo "devoto" de Jesus.

"Silêncio", "obediência" e "alegria" são o que o homem pode aprender através do lírio e da ave, se quiser ser "sério" consigo mesmo. Não é sério o poeta, que desejaria voar livre como um pássaro; não o pode, e então encontra conforto apenas nas palavras, e assim perde de vista a si mesmo:

> O poeta é o filho da eternidade, mas falta a seriedade da eternidade [...]. Mas o Evangelho ousa ordenar ao poeta: tu deves ser como a ave. E o Evangelho é sério a tal ponto que a invenção mais irresistível do poeta não lhe tira um sorriso.[211]

A "seriedade da eternidade" exige que o homem aprenda o silêncio próprio do lírio e da ave, para que estes, que não podem falar, tornem-se para ele

---

211 KIERKEGAARD, S. *Lilien paa Marken og Fuglen under Himlen. Tre gudelige Taler af S. Kierkegaard*. Copenhague: Reizel, 1849, *in SKS* 11, 7-48; tradução italiana por E. Rocca, *Il giglio nel campo e l'uccello nel cielo. Tre discorsi di devozione di S. Kierkegaard*, in KIERKEGAARD, S. *Il giglio nel campo e l'uccello nel cielo. Discorsi 1849-1851*. Roma: Donzelli, 1998, p. 27-69 (= *GC*); aqui *SKS* 11, 14; *GC* 34-35.

a ocasião para fazer do silêncio o exercício de "uma arte" que, enquanto tal, é reservada ao homem:

> *Isto o sabe quem ora verdadeiramente [...]. Acreditava que orar fosse falar; aprendeu que orar não é apenas calar, mas escutar. E é assim. Orar não é escutar a si mesmo, mas chegar a calar e se manter em silêncio, na espera, até que quem ora chegue a escutar.*[212]

Kierkegaard dá como exemplo o menino que, frente a uma ordem dos pais, "não ousa" nem mesmo dizer que "não pode" fazer aquilo que "deve" fazer, pelo simples motivo de que sabe que, para ele, não há escapatória. Se não ousa quer dizer que pode, ou melhor, que pode imediatamente, de outra forma ousaria. Neste sentido, são como crianças também o lírio e a ave, que não apenas estão em silêncio, mas tornaram-se, no silêncio, mestres para o homem. O homem deve, em suma, somatizar o que a natureza fez sem descanso desde o início com as outras criaturas, e que agora propõe tacitamente ao homem a fim de que, do dever, ele faça uma arte, ou também a fim de que compreenda a ordem de Jesus de "buscar *primeiro* o reino de Deus e a sua justiça" (*cf.* Mt 6,33):

> *Este silêncio podes aprender através do lírio e da ave. O que quer dizer: o silêncio deles não é uma arte, mas se tu te tornas silencioso como o lírio e a ave, estás naquele início, que é buscar primeiro o reino de Deus.*[213]

---
212 *SKS* 11, 18; *GC* 37.
213 *SKS* 11, 18; *GC* 38.

Ao contrário da dureza do imperativo categórico kantiano, o "deves, portanto podes", e da tese hegeliana da "necessidade como unidade de possibilidade e realidade", Kierkegaard propõe ao homem o dever de tornar-se "presente a si mesmo", e nisto ele pode ser ajudado tanto pela natureza, que encarna a providente onipotência do Criador, quanto pela perspectiva evangélica do Reino de Deus, voltada a convencê-lo de ser feito para tornar-se "parente" do próprio Deus.

O silêncio ensinado pelo lírio e pela ave é um "saber calar" que o próprio homem pode escutar quando não está "apressado", ou seja, quando está presente a si mesmo. E então se dá conta de que há um tipo de silêncio que o homem pode fazer em si mesmo até quando a natureza faz com que seus sons sejam ouvidos:

> *A floresta é silenciosa; mesmo quando sussurra, é silenciosa. [...] O mar é silencioso; mesmo quando furioso, ensurdecedor, é silencioso. [...] Eles têm um acordo misterioso e, portanto, tácito com o silêncio, eles o expandem.*[214]

A natureza ajuda o homem a orar a Deus em silêncio; e então não há mais nada que lhe resulte impossível:

> *Se tu pudesses aprender com o lírio e com a ave a tornar-se totalmente silencioso perante Deus [...] então nada te seria impossível. [...] Porque se o temor a Deus é o início da sapiência, o silêncio é o início do temor a Deus.*[215]

---
214 SKS 11, 19; GC 38-39.
215 SKS 11, 24; GC 44.

O segundo dos "Três discursos de devoção", dedicado à "obediência", começa enunciando o princípio que tem papel proeminente em toda a produção de Kierkegaard:

> *Há um ou-ou: ou Deus, ou... sim, e depois o resto é indiferente: qualquer outra coisa que um homem escolha, se não escolhe Deus, ele está perdido por seu ou-ou. Portanto: ou Deus. Vê, nenhuma ênfase é posta no outro, se não em oposição a Deus, enquanto a ênfase recai infinitamente sobre Deus.*[216]

Devemos perceber que, para Kierkegaard, vale o princípio *de contradição*. Ele de fato nega a Hegel o mérito de ter conseguido abolir o princípio de *não* contradição ao ter reconduzido todas as oposições à identidade do Sistema. Se assim fosse, não haveria nada a não ser a indiferença por todas as coisas, e sobretudo a indiferença do homem pela sua própria existência. Se, entretanto, há Deus como aquilo que *não* é o mundo e *não* é sobretudo o indivíduo, com o qual exatamente por isso pode estreitar "parentesco", então a existência se torna preciosíssima para todos os homens, como já lhes ensinam o lírio e a ave. Estes não têm a "existência", privilégio do homem, mas é como se a tivessem quando o homem consegue apreender neles a obediência ao Criador, que sempre e imediatamente deve ser obedecido, porque de outra forma não seriam nem mesmo as criaturas obedientes que são enquanto são:

---

216 *SKS* 11, 26; *GC* 47.

> *A ave, incondicionalmente obediente, cai por terra com obediência incondicional [...]. Cada som que ouves, tudo é dar ouvidos, ob-audire, obedecer incondicionalmente, para que possas ali ouvir a Deus.*[217]

O lírio, a quem acontece de nascer e crescer em um monturo, é, enquanto incondicionalmente obediente, também "despreocupado" porque, assim e exatamente assim, "mobiliza sua total possibilidade" e sente estar em *seu* "lugar" e no momento certo: "Apenas a obediência incondicional sabe desfrutar do 'instante', incondicionalmente despreocupada com o instante sucessivo".[218] O homem certamente não pode ser tão despreocupado; ou melhor: pode se tornar, se se torna obediente. Deus é o Onipotente, e o homem não pode fazer nada que Deus não queira: "Faz então virtude da necessidade. Aceitando com incondicional obediência a vontade de Deus".[219] Na *Carta aos Romanos*, Paulo ora ao "Deus da paciência" (*cf.* Rm 15,5). Bem, o homem pode, certamente, usufruir desta paciência desobedecendo-a, e assim a dissiparia. Frente ao *ou-ou*: ou *Deus*, ou ..., poderia escolher a indiferença. Mas existem o lírio e a ave para subtraí-lo ao desespero frente tal perspectiva:

> *Não há nada por que se desesperar, porque tu deves aprender com eles. E o Evangelho primeiro te consola dizendo-te que Deus é o Deus da paciência, mas depois completa: deves aprender com o*

---
217 *SKS* 11, 30; *GC* 51.
218 *SKS* 11, 33; *GC* 54.
219 *SKS* 11, 34; *GC* 55.

> *lírio e com a ave [...], aprender a não servir a dois senhores [...]. Porque graças à incondicional obediência a tua vontade se torna uma só coisa com a vontade de Deus, de forma que a vontade de Deus, como é no céu, acontece através de ti na terra. E então quando orares: "não nos deixeis cair em tentação", a tua oração será satisfeita.*[220]

Se o homem, apesar do tácito convite que lhe chega pela natureza, desobedece a Deus, "a beleza do mundo inteiro" é colocada em risco. Tenhamos então constantemente em mente que "todo pecado é desobediência, e toda desobediência é pecado".[221]

O Evangelho indica o lírio do campo e a ave sob o céu como mestres também de "alegria", e esta é necessária frente a um mundo tornado feio pela desobediência e pelo pecado. A alegria tem de fato uma característica que a Kierkegaard sempre foi muito cara: a comunicabilidade. Quanto cansaço, que hoje pode nos parecer vão, custou-lhe para mover-se entre comunicação "direta" e "indireta", entre dar com a mão esquerda dos escritos pseudônimos, ou com a direita daqueles assinados por ele mesmo! Como romper de fato o cerco insuperável da própria subjetividade, se esta é, exatamente enquanto tal, um horizonte intranscendível? O seu recurso ao "paradoxo", ao que não pode ser pensado, foi motivado exatamente por esta dificuldade. Ora, a alegria, talvez exatamente porque em

---

220 *SKS* 11, 36; *GC* 57.
221 *SKS* 11, 39; *GC* 60.

si mesma associada à "despreocupação", pode resultar decisiva no plano comunicativo:

> Observemos portanto o lírio e a ave, estes alegres mestres. "Os nossos alegres mestres", porque sabes que a alegria se pode comunicar; e por isto ninguém ensina melhor a alegria do que quem é alegre. Quem ensina a alegria não deve fazer nada além de ser ele mesmo alegre, na verdade ser a alegria.[222]

E eis que o "melancólico" Kierkegaard sabe, nestas páginas, encontrar tons até entusiastas ao descrever a alegria do lírio e da ave, "hoje" alegres, apesar de tudo aquilo que lhes pode acontecer, enquanto "livres da preocupação do amanhã" (*cf.* Mt 6,30-34). "Que alegria quando a ave se esconde no lírio, onde tem seu ninho e onde está indizivelmente à vontade, passando o tempo a brincar e se divertir com o lírio!"[223] Tanta alegria se deve ao fato de que para eles "não há o amanhã, aquele dia maldito". Kierkegaard traz disto a própria definição da alegria:

> O que é a alegria, o que é ser alegre? É ser verdadeiramente presente em si mesmo. Mas o ser verdadeiramente presente em si mesmo é este "hoje", é ser hoje, ser verdadeiramente hoje. [...] A alegria é o tempo presente com toda a ênfase em: o tempo presente. Por isto Deus é santo, ele que diz eternamente: hoje.[224]

---

222 *SKS* 11, 40; *GC* 61.
223 *SKS* 11, 41; *GC* 62.
224 *SKS* 11, 43; *GC* 63.

Mas como pode o homem colocar o amanhã de lado? Não é exatamente a perspectiva do amanhã o que o torna hoje responsável pelo seu amanhã? Para superar estas óbvias, mas inevitáveis questões, Kierkegaard se apoia em um conselho que encontra na *Primeira carta de Pedro*: "Lançai *toda* a vossa ansiedade *sobre Deus*" (1 Pd 5,7). Isto é o que o lírio e a ave fazem no próprio momento em que são criados, e por isso logo estão felizes, porque não se preocupam com o amanhã:

> *Naquele mesmo instante – e aquele instante é desde o primeiro instante, é hoje, é contemporâneo ao primeiro instante de seu ser – naquele instante são incondicionalmente felizes. E assim é necessário que seja.*[225]

O homem também pode ser assim, tomando o exemplo do lírio e da ave; pode e deve fazê-lo, se quiser tornar-se e manter-se igualmente alegre, ousando "adorar" a Deus, que toma conta dele – como se lê ainda em 1 Pd 5,7 – do primeiro momento em que o criou para sempre. Deverá crer que a "relação com Deus" é constitutiva da existência do homem, e que esta é uma relação de amor. A "adoração" consistirá em reconhecer, perante Deus, que as coisas estão efetivamente assim; a alegria será "para Deus", um ato de reconhecimento ao Onipotente que toma conta do amanhã de todos os homens:

> *A alegria incondicional é exatamente a alegria para Deus, de que e em que podes sempre incondicionalmente gozar na relação com*

---

225 SKS 11, 45; GC 66.

> *Deus [...]. Se tu não te tornas incondicionalmente alegre a culpa é tua, porque não queres aprender com o lírio e com a ave a tornar-te, com silêncio e obediência incondicionais, incondicionalmente alegre para Deus.*[226]

Qual então é a diferença entre a alegria do lírio e da ave e aquela do homem que ousa crer no cuidado do Onipresente por ele? A alegria que o homem pode conseguir é de "ser verdadeiramente presente a si mesmos", ou seja, não ser "distraído" perante seu ser *existente*, já que apenas o homem tem a "existência", e portanto deve dar importância eterna a todo instante da sua vida:

> *O lírio e a ave vivem um só dia, um dia além disso muito curto, entretanto são a alegria, porque, como dito, são verdadeiramente HOJE, são presentes a si mesmos neste "hoje". E tu, a quem foi concedido o dia mais longo: hoje e hoje mesmo estarás no Paraíso [cf. Lc 23,43], não deverias estar incondicionalmente alegre? Tu que deverias, porque poderias, superar infinitamente a ave em alegria.*[227]

14. *Exercício do cristianismo*

Literalmente, o título [*Indøvelse i Christendom*] poderia ser traduzido como *Adestramento no cristianismo*. A obra ficou conhecida em italiano como *Esercizio del cristianismo* e foi publicada em 1850, com Kierkegaard dizendo ser apenas seu editor, a partir do

---

226 SKS 11, 46-47; GC 67.
227 SKS 11, 48; GC 69.

momento que, em sua opinião, a reponsabilidade de ser seu autor é reservada àquele "cristão extraordinário" que se revelou o Anti-Climacus de *O desespero humano*. Realmente, o professor, em matéria de cristianismo, pode ser apenas Cristo; apenas com a ajuda dele o indivíduo [*singolo*] pode efetivamente *tornar-se* cristão.

O primeiro dos exercícios começa no convite que Jesus direciona a todos os "cansados e oprimidos", aos quais promete que os restaurará (*cf.* Mt 11,28); o segundo tem como fio condutor a promessa de "beatitude" que Jesus faz a quem não "se escandalizar" dele (*cf.* Mt 11,6; Lc 7,23); a terceira, formada por sete "desenvolvimentos cristãos", leva em consideração a promessa feita por Jesus de "atrair" todos a ele quando for "levantado da terra" (*cf.* Jo 12,32). Todos os três "exercícios" pressupõem a "realidade" do encontro entre o crente e Cristo, que lhe fala cara a cara, enquanto lhe convida a ir a ele, a ser por ele atraído: ações que acontecem todas no presente do estar junto, por parte de Cristo e do existente. Mas como isto ainda pode ser possível, 1.800 anos depois que aquelas palavras foram pronunciadas e transmitidas?

As palavras de Cristo e o fato de serem ouvidas pelo crente não se colocam no plano da história compreendida como concatenação do antes e do depois, mas em um plano diverso:

> *Oh, impiedade insensata, aquela que transforma a história sacra em história profana* [den hellige Historie til profan Historie] *e faz de Cristo um simples homem. É portanto possível chegar a*

> *saber pela história algo sobre Jesus Cristo? De forma alguma. Jesus Cristo é objeto de fé; é necessário crer nele ou então se escandaliza; de fato "saber"* [Viden] *significa precisamente que não é dele que se trata. A história pode portanto certamente comunicar o saber, e muito, mas o saber destrói Jesus Cristo.*[228]

A história sacra não é história menos verdadeira que a história profana. Esta, de fato, não concerne realmente ao existente, que só pode considerá-la fazendo abstração do próprio existir. Deste ponto de vista, na história profana,

> *falta a categoria própria da verdade (como interioridade) e a categoria de toda religiosidade: o "para ti"* [for Dig].[229] *O passado não está em realidade: para mim, é realidade apenas a contemporaneidade. Aquilo com que tu vives como contemporâneo, eis o que é a realidade. E assim todo homem pode se tornar contemporâneo apenas da época em que vive; e então, de uma outra coisa ainda, da vida de Cristo sobre a terra; porque a vida de Cristo sobre a terra, a história sacra, ela está fora da história.*[230]

A fé consente ao crente ser contemporâneo a Jesus e aos apóstolos que ouviram e cuidaram de suas palavras; "adestrar-se no cristianismo" para todo

---

228 KIERKEGAARD, S. *Indøvelse I Christendom. Nr. I. II. III. af Anti--Climacus, udgivet af S. Kierkegaard.* Copenhague: Reitzel, 1850, in SKS 12, 7-253; tradução italiana por C. Fabro, *Esercizio del cristianesimo. Numeri I, II, III di Anti-Climacus*, edito da S. Kierkegaard, in FABRO, C. (Ed.). *Opere, cit.*, p. 693-822 (= *EC*), aqui SKS 12, 47; *EC* 708.
229 São as palavras com que se conclui *Enten – Eller*.
230 SKS 12, 76; *EC* 725.

homem significa tornar-se contemporâneo de Jesus. O Jesus que chama "vinde a mim, todos vós que estais cansados e oprimidos...", que não para de gritar seu convite em cada "quadrívio" da história, é o protagonista de toda história sacra, assim como pode se tornar, com a sua ajuda, todo homem que cuide com afeto da própria existência:

> *Não foi ele que, aceitando nascer e manifestando-se na Judeia, se apresentou ao exame da história: ele é o examinador, e a sua vida é o exame a que não apenas a sua geração é submetida, mas todo o gênero humano. Pobre da geração que tem a desfaçatez de dizer: deixemos para lá a injustiça que ele sofreu, a história já manifestou quem ele era e já o reintegrou o seu direito!*[231]

Tornar-se contemporâneo de Jesus Cristo significa acolher a sua ajuda, totalmente suficiente, para quem tem fé nele, para "restaurar" quem é oprimido pelo peso da "história profana" que lhe é imposta pela geração em que vive. Por isto, Anti-Climacus pode concluir o primeiro "exercício em cristianismo" com uma "Moral" tranquilizadora:

> *Quanto ao resto, cada um que vá ao seu trabalho, feliz de fazê-lo; ame sua mulher, seja feliz ao lado dela; eduque seus filhos para que sejam sua alegria; ame a seus semelhantes e goze a vida. Se Deus exigir dele algo a mais, fará com que ele compreenda, e neste caso lhe dará ajuda especial.*[232]

---
231 *SKS* 12, 48; *EC* 708-709.
232 *SKS* 12, 79; *EC* 726.

O "a mais" que Deus quer do homem é "a fé", e faz com que ele compreenda isto comunicando-lhe uma dificuldade que é insuperável apenas pelos meios humanos; mas o próprio Deus ajuda o homem a prestar "atenção" a tal dificuldade, propondo-se a ele como aquele "escândalo" perante o qual há apenas uma alternativa: ou "escandalizar-se" ou "crer", ou seja: ou a simplificação do tornar-se cristão até fazer do cristianismo uma invenção humana, ou então "crer". Em outros termos: ou escandalizar-se como o sinédrio se escandalizou de Jesus (*cf.* Mc 14,53-63), sinédrio que considerou seu comportamento e suas palavras inconciliáveis com a "ordem constituída" divinizada, ou então compreender que a vida de Cristo foi toda comprometida a levar a atenção dos contemporâneos para um tipo oposto de escândalo: não em relação à ordem constituída, mas ao amor do próprio Deus por cada homem. Kierkegaard convida a que se reflita sobre o episódio, entre os muitos lugares evangélicos concernentes ao escândalo, do pagamento do tributo a César e do estáter tirado milagrosamente do peixe, por Pedro (*cf.* Mt 17,24,27).

> *Nesta história o estranho é que Cristo – que aqui é simplesmente um indivíduo* [singolo] *em colisão com a ordem constituída – para evitar aquele tipo de escândalo, põe o autêntico escândalo. Ele paga sim o tributo, mas consegue o dinheiro com um milagre, ou seja, mostra ser o Homem-Deus. Se tivesse se recusado a pagar o tributo, Cristo teria tornado possível o escândalo contra si como homem particular,*

> *mas o modo com que ele consegue o dinheiro põe a verdadeira possibilidade do escândalo, em relação a si como Homem-Deus.*[233]

O escândalo "autêntico" não é a "comunicação direta", por parte de Jesus, de ser homem verdadeiro e Deus verdadeiro, mas a "possibilidade" de que ele o seja. Como ele mesmo afirma na resposta à pergunta que lhe é feita pelos discípulos de João (*cf.* Mt 11,6; Lc 7,23), os milagres feitos por ele suscitam atenção, claro, mas sua intenção é traduzi-la na possibilidade de um escândalo incomensurável em relação ao escandalizar-se de um comportamento que colida com a ordem constituída:

> *O milagre não pode provar nada; porque se não crês que ele é quem ele diz ser, tu negas o milagre. O milagre pode tornar atento: agora tu estás em tensão, o escândalo e a fé dependem da tua escolha, é teu coração que deve se manifestar.*[234]

A este propósito Kierkegaard/Anti-Climacus se expõe pessoalmente, declarando ter chegado ao

> *conhecimento dos mistérios da existência e da completude do mistério da existência* [Existents-Hemmeligheder og Existents-Hemmelighedsfuldhed] *em um grau verdadeiramente excepcional [...]. E me sirvo disto para chamar a atenção, se me é possível, sobre a realidade do sacro a propósito do qual não me canso de repetir que ninguém pode compreendê-lo*

---
233 *SKS* 12, 101; *EC* 736.
234 *SKS* 12, 106; *EC* 738.

> *e que, no que tange a ele, a adoração* [Tilbedelse] *é o princípio e o fim.*²³⁵

O "segredo" da existência e de sua completude é o seu relacionamento com Deus, que é e se mantém essencialmente secreto exatamente porque irredutível a qualquer forma de identidade dos dois. Apenas a "comunicação indireta", em cujo limiar o escândalo espreita, consente ao existente usufruir em "adoração" do espaço "qualitativo" da fé:

> *Se se elimina a possibilidade do escândalo, como foi feito na cristandade, todo o cristianismo se desfaz em algo fácil e superficial que nem fere, nem cura profundamente o suficiente: tornou-se a invenção falsa da compaixão puramente humana, a qual se esquece da infinita diferença qualitativa entre Deus e o homem* [den uendelige qvalitative Forskel mellem Gud og Menneske].²³⁶

O escândalo é neste sentido essencial à estratégia do amor de Deus, é divina "responsabilidade", Providência, em vista do poder tornar-se cristão de cada indivíduo, apesar da cristandade:

> *Porque se faltasse a possibilidade do escândalo, haveria o reconhecimento direto e o Homem--Deus seria um ídolo [...]. Daqui se vê quanto dano foi feito ao cristianismo com a abolição da possibilidade do escândalo, e como se o reduziu a um paganismo amável e sentimental.*²³⁷

---

235 *SKS* 12, 142; *EC* 760-761.
236 *SKS* 12, 143; *EC* 761.
237 *SKS* 12, 146; *EC* 763.

No terceiro "exercício de cristianismo" é descrito o caminho do "tornar-se cristão" que se abre àquele para quem o escândalo não é mais um obstáculo. Anti-Climacus afirma ter transcrito estas páginas do discurso dado por Magister Kierkegaard na *Frue Kirke* de Copenhague, em uma sexta-feira, dia 1º de setembro de 1848. O título é tirado do Novo Testamento: "E eu, quando for levantado da terra, atrairei todos a mim!" (Jo 12,32). O crente portanto será levantado, mas o seu levantamento não consistirá em ser, por assim dizer, englobado na glória de Cristo, mas em se tornar automaticamente ele mesmo, com a ajuda de Cristo. A vida de Cristo é "uma história de paixão"; assim também a do crente chamado a "imitá-la": o existente "não é absorto naquilo que o atraiu a si";[238] ao contrário,

> *quando a coisa que deve ser atraída é em si mesma um eu, atrair verdadeiramente a si significa antes de tudo [...] fazer do eu, que deve ser atraído, um si mesmo, para depois atraí-lo a si.*[239]

Cristo atrai a si lá do céu, mas, em sua vida na terra, a altura que foi alcançada por ele primeiro foi aquela da cruz. É possível que este horrendo e infame patíbulo possa atrair alguém? Kierkegaard propõe um experimento imaginário com o qual o fim trágico de Jesus, exatamente, poderia constituir aquilo que leva o eu a se tornar, ao mesmo tempo, cristão e si mesmo.

---
238 *SKS* 12, 163; *EC* 769.
239 *SKS* 12, 163; *EC* 770.

Ele convida a quem o está ouvindo na igreja a imaginar, frente aos olhos de uma criança, a quem ainda não foi dito nada sobre a vida de Jesus, fazer correr muitas daquelas figurinhas que agradam tanto às crianças, com imagens de heróis, soldados, em suma, grandes homens que deixaram na história o marco exemplar de seu sucesso humano. Misturada entre as muitas imagens, insira-se aquela de Jesus na cruz, e explique-se à criança, atordoada com tanta selvageria e tortura, que aquele é o homem mais bondoso e justo que jamais existiu, e então se fale à criança sobre o bem incomparável que Jesus quis a todos os homens, e sobre a condenação infligida exatamente para puni--lo por sua inocência e sua bondade. A criança ficará surpresa que Deus tenha tolerado tanta injustiça. Esta criança jamais se esquecerá da imagem do crucifixo. No curso dos anos, imaginará poder vingá-lo; mas, já adulto, mudará completamente o seu pensamento. Perante tal manifestação de amor, "ele desejará agora uma só coisa: sofrer possivelmente como Jesus sofreu".[240] Algo de parecido acontece com os apóstolos, "que não souberam e não quiseram saber nada, senão de Cristo e Cristo crucificado" (*cf.* 1 Cor 2,2). É exatamente a intolerância que o mundo demonstrou pelas palavras e atos de Jesus o que constituiu, para a criança, um fato inesquecível e decisivo para considerar o mundo errado e Jesus correto, que aceita a si próprio porque o mundo nele odeia e quer matar a verdade.

---

240 *SKS* 12, 180; *EC* 780.

A pergunta: "O que é a verdade?", que Pilatos lhe faz antes de crucificá-lo, é a manifestação da indiferença do mundo em relação à verdade. Esta revela a cegueira de Pilatos perante não só Cristo, mas antes de tudo si mesmo; tal questão é tão tola

> quanto voltar-se a um interlocutor nestes termos: "Permites uma questão: existes realmente?" Cristo é de fato a verdade. E o que mais poderia responder aquele homem? Se alguém, enquanto estou falando, não pode se convencer de que eu existo, a minha afirmação não serve para nada, porque ela é muito inferior à minha existência. Assim também Cristo com Pilatos: Cristo é a verdade.[241]

O cristianismo é "comunicação de existência", suscita, portanto, no existente toda a tenção necessária para não "se distrair" da sua própria existência.

A obra termina com a oração a Cristo, para que, lá do alto, atraia todos os homens a si, preservando-os da falsidade do mundo, não porque devam fugir do mundo, mas para que possam viver conforme a perspectiva daquela verdade que é o próprio Cristo. É Kierkegaard em pessoa que, na oração, pede que Cristo atraia todos a si: da criança ao moribundo, do esposo à esposa, dos felizes aos desesperados. Enfim, até no que tange a ele, por assim dizer, profissionalmente, pede que Cristo leve até ele os "servos da palavra, cuja missão é atrair os homens" àquela Palavra com que o próprio Cristo atrai todos a si:

---

241 *SKS* 12, 201; *EC* 792.

Oramos para que abençoes a obra deles, mas para que, cumprindo-a, possam também eles ser atraídos a ti, não sejam afastados de ti [...]: de fato apenas tu podes atrair a ti, mesmo se podes servir-te de tudo e de todos – para atrair todos a ti.[242]

15. A pecadora

Em 13 de novembro de 1849, Kierkegaard publica *O sumo sacerdote – O publicano – A pecadora. Três discursos para a comunhão da sexta-feira*. No culto luterano da Igreja dinamarquesa, a sexta-feira era o dia indicado para a comunhão eucarística. O rito era precedido da confissão, que consistia em uma pausa de recolhimento individual, seguida de um breve sermão antes da comunhão. Kierkegaard publicou outros discursos para a comunhão da sexta-feira, e em três ocasiões, mesmo não tendo sido consagrado pastor, discursou para a comunhão da sexta-feira na igreja de Nossa Senhora [*Vor Frue Kirke*] de Copenhague.

Protagonista do último dos *Três discursos* é uma "pecadora" que, durante um banquete a que Jesus é enviado pelo fariseu Simão (*Lc* 7,36-50), vem com uma vasilha de óleo perfumado, coloca-se aos pés de Jesus, lava-os com as suas lágrimas, enxuga-os com os seus cabelos e os unge com o perfume. Não deve ser confundida com cenas análogas presentes nos outros evangelistas (*cf.* Mt 25,6-13; Mc 14,3-9; Jo 12,1-8). Apenas em Lucas está em tema a pecaminosidade

---
242 *SKS* 12, 253; *EC* 822.

da mulher e o perdão de todos os seus pecados por parte de Jesus. Kierkegaard ressalta que a mulher vai a Jesus chorando, já arrependida, descuidada de si mesma a ponto de se expor ao desprezo daqueles juízes inflexíveis, porque plena de amor por ele:

> *E qual é a expressão mais forte de amar muito? Odiar a si mesmo. E ela foi ao Santo. Ela, uma pecadora!* [...] *Mas por outro lado é também verdade que quando uma mulher retorna a si mesma então o pudor fica ainda mais potente, desagregador, aniquilador. Talvez exatamente o seu ser aniquilado lhe tornou mais leve o caminho até a aniquilação.* [...] *Ela odiou a si mesma: amou demais.*[243]

Na aniquilação de si, a pecadora testemunha ter necessidade do Outro: "Ela exprime: eu não posso exatamente nada, literalmente; Ele pode tudo, incondicionalmente. Mas isto é precisamente o amar muito".[244]

A sua aniquilação de si faz com que Jesus fale dela quase como se não fosse nada mais que *uma imagem*:

> *Não diz nada* [...]; *aquilo que não diz, aquilo é ela.* [...] *Perdida nele, repousa aos seus pés: como uma imagem. Ele a transforma em uma imagem, em uma parábola* [et Billede, en Parabel], *como se dissesse: "Simão, tenho algo a te dizer. Era uma vez uma mulher, uma pecadora".* [...]

---

243 KIERKEGAARD, S. "Synderinden", *in* Id., *Ypperstepaesten – Toldoren – Synderinden tre Taler ved Altargangen om Fredagen*, af S. Kierkegaard. Copenhague: Reitzel, 1849, *in SKS* 11, 273-280; tradução italiana por E. Rocca, *Il giglio nel campo e l'uccello nel cielo. Discorsi 1849-1851*, cit., p. 98-105 (= *GC*); aqui *SKS* 11, 275; *GC* 100.
244 *SKS* 11, 276; *GC* 101.

> *Entretanto, naquele lugar, naquele mesmo instante, aquela mesma coisa acontece realmente. [...] Esqueceu-se completamente de si mesma, "por isso os seus muitos pecados foram perdoados". [...] Não que as lembranças ela mesma as recorde, não; assim como se esqueceu daquilo esquecendo-se de si mesma, assim também das lembranças ela se esqueceu, não pouco a pouco, mas de súbito, como ela se chama; o seu nome é a pecadora, nem mais nem menos.*[245]

A pecadora amou até o ponto de esquecer-se completamente de si mesma, para assim poder não colocar obstáculo algum ao amor; muito lhe foi perdoado porque, sem palavras mas com ela mesma, inteira, pediu para poder existir para o amor e no amor. Quem ama de verdade quer continuar a ter necessidade de amar.

Dois anos mais tarde, em *Um discurso edificante*, Kierkegaard retorna a esta "parábola". Ainda tinha uma coisa importante a dizer! Ele descreve o trajeto desta pecadora, de sua casa até o banquete e o retorno, ou melhor, da necessidade ao gozo do perdão. O perdão é, para ela, uma meta tão importante que a torna "indiferente" a qualquer obstáculo, repreenda e vergonha. É uma indiferença tão radical que a impede até de fazer algo para obtê-lo:

> *O que então faz esta mulher que devemos aprender? Resposta: nada, não faz absolutamente nada; exercita a arte, rara, extremamente difícil, autêntica arte feminina: não fazer absolutamente nada.*[246]

---
245 SKS 11, 277-278; GC 103.
246 KIERKEGAARD, S. *En opbyggelig Tale af S. Kierkegaard.*

Sim, ela chorou, mas apenas porque não podia impedir as lágrimas, entretanto irrelevantes, dado que não perturbaram de fato nem o banquete nem as palavras de Jesus, e nem mesmo a seriedade com a qual a mulher se colocou a seus pés na frente dos comensais. Kierkegaard supõe que ela nem tenha apreendido o motivo pelo qual Jesus lhe perdoou tudo, ou seja, o seu ter "amado muito". A ela bastava o perdão, era nele que ela mirava:

> Por isto suponho que ela não tenha ouvido a última frase, ou então a ouviu mas a entendeu mal, tendo acreditado que dissesse: porque ele amou muito. Portanto o discurso vertia sobre o infinito amor dele, e seus muitos pecados foram perdoados porque *aquele amor era tão infinito; frase que podia compreender perfeitamente, aliás, ela mesma poderia tê-la pronunciado.* [...] Quem poderia imaginar o significado deste caminho para ela, o caminho de entrar ali com o pecado e a dor, e de sair de lá com o perdão e a alegria.[247]

No discurso anterior, a pecadora havia ido atrás da anulação de si no arrependimento; neste, o nada buscado consiste em ter como único objetivo o perdão que apenas um Outro pode lhe dar. A relação com o Transcendente, já emersa do primeiro discurso, conquista agora toda a seriedade com que os cristãos devem considerar o fato de que, diferentemente

---

Copenhague: Reitzel, 1850, in *SKS* 12, 257-273; tradução italiana por E. Rocca, *Il giglio nel campo e l'uccello nel cielo. Discorsi 1849-1851*, cit., p. 107-121, aqui *SKS* 12, 270; *GC* 118.
247 *Ibidem*.

daquela pecadora, agora *sabem* que Jesus, pouco depois do episódio narrado, sacrificou a vida pelo perdão dos pecados de todos os homens. Enquanto a pecadora voltou alegre para casa, mas devendo, porém, se comprometer a jamais esquecer aquelas palavras ditas por Jesus na casa de Simão, o Fariseu, o cristão agora tem uma certeza superior do perdão que Cristo, na cruz, colocou à sua disposição, mesmo se para sempre deverá não se escandalizar com Jesus e com sua vida na terra:

> *Apenas quando Cristo é sacrificado no sacrifício de redenção, apenas então é que nasce aquele conflito que torna impossível duvidar da remissão dos próprios pecados; sim, impossível porque possível, porque este conforto é apenas pela fé.*[248]

16. *O instante*

Os dez números desta revista (o décimo foi publicado postumamente), editada por Kierkegaard e composta exclusivamente de artigos seus, documentam a sua consciência de não ter conseguido comunicar quase nada do que lhe era mais caro, ou seja, que "apenas a verdade que edifica é verdade para ti". As muitas obras publicadas em um período breve, mas muito intenso, de anos (1843-1850) não tinham obtido reconhecimento algum de seu tom edificante, no sentido pretendido por Kierkegaard. Ninguém tinha acolhido o convite, formulado ou

---

248 *SKS* 12, 273; *GC* 121.

sugerido de formas sempre novas, de dar importância eterna a todo momento da própria existência, colocando-se perante Deus: uma postura certamente difícil, mas possível igualmente para todos os homens, portanto para todos necessária, com base na ajuda fornecida pelo mesmo acontecimento cristão. Entretanto, Kierkegaard também estava consciente da novidade, e da consequente dificuldade, constituída pelas bases filosóficas por ele fornecidas à reflexão cristã.

Ele ficou em silêncio por cerca de três anos. Depois, pensou que fosse chegado "o instante" oportuno para recolocar a questão do "tornar-se cristão", dado que, estando enfim todos convencidos de *serem* cristãos, o tornar-se cristão havia sido liquidado como questão obsoleta. Colocar em crise uma cristandade (muitas cristandades!) convencida de ser cristianismo completo e... concluído, se torna para aquele Kierkegaard de 42 anos um dever, e para cumpri-lo estava disposto a arriscar até a vida, como de fato acontece. O título da revista condensa e exprime tudo isso:

> *Por que quero então agir no instante? Eu quero porque, se não o fizesse, eu me arrependeria por toda a eternidade de não o ter feito, assim como por toda a eternidade me arrependeria se me deixasse desencorajar pelo fato de que a atual geração poderá, no máximo, achar interessante e curiosa uma verdadeira representação do que seja o cristianismo, para depois ficar completamente tranquila ali onde está, na ilusão de ser cristã*

> *e de que o brincar-de-cristianismo praticado pelos pastores seja cristianismo.*[249]

De outro lado, ele agiu convencido de que ainda existissem compatriotas seus, e não apenas eles, que pudessem perceber que estavam em contradição ao se proclamarem cristãos. Exatamente a estes é que Kierkegaard se voltou, advertindo-os de que, ao atacar a ordem constituída, ele deveria ser considerado um médico que receita "um emético" para liberar o alimento indigerível dado pelo Estado e pela Igreja, e em particular pelo bispo Martensen, então há pouco no cargo, que havia proclamado Mynster seu predecessor como "testemunha da verdade".

Kierkegaard fornece dois tipos deste remédio para vomitar o indigerível: o primeiro é constituído pelo retumbante comportamento dos pastores, assimilado ao "canibalismo". Eles, com a conivência de grande parte da sociedade, estavam devorando tudo de bom que os homens "grandes" do passado lhes haviam deixado; não o consideravam um bem a conquistar, reforçar, interiorizar, mas literalmente algo a comer, para viver de forma completamente diferente de como isso havia sido conquistado e transmitido:

> *Oh, vós grandes [...], enquanto viveis sois comidos pelos parasitas da contemporaneidade e por fim são mortos; quando então estais mortos, então começam a trabalhar os verdadeiros*

---

[249] KIERKEGAARD, S. *Øieblikket*, n. 1, *SKS* 13, 130; tradução italiana por A. Gallas, *L'Istante*. Gênova: Marietti 1820, 2001 (= *I*), p. 73.

> *comedores de homens, os pastores, que vivem nutrindo-se de vós.*[250]

O outro tipo de "emético" é o próprio Novo Testamento, que não tolera ser ingerido nas modalidades praticadas pela Igreja oficial dinamarquesa. Bastará, portanto, não se esquecer do que diz o Evangelho para poder logo vomitar a comida que a mesma cristandade "constituída" serve para o mantimento e o crescimento de si mesma. Pense-se na celebração cristã do matrimônio: "Um homem, de braços dados com uma mulher, está no altar, onde um bem-vestido pastor [...] faz um discurso meio erótico, meio cristão".[251] Mas o Novo Testamento exige que

> *no caso em que aquele homem fosse efetivamente capaz de amar de forma que a jovem fosse verdadeiramente a única amada por ele, e amada com toda a paixão da alma [...], então o cristianismo do Novo Testamento seria que aquele homem, odiando a si mesmo e a amada, deixasse-a para amar a Deus.*[252]

Quem quer se tornar cristão deve, antes de tudo, ter em mente que Deus

> *sistematiza as coisas de forma que os poucos a quem ele ama e que o amam devem sofrer terrivelmente desta forma, para que todos possam ver que foram abandonados por Deus, enquanto os impostores fazem uma carreira*

---
250 *Ibid.*, n. 9, *SKS* 13, 384; *I* 271.
251 *Ibid.*, n. 5. *SKS* 13, 234; *I* 157.
252 *Ibidem*.

esplêndida, para que todos possam ver que Deus está com eles, ideia de que eles mesmos se convencem cada vez mais.[253]

Entretanto, este é o Deus sem o qual não haveria nem mesmo o amor verdadeiro entre os homens, como atesta também a convicção comum presente em quem se volta a um outro homem, pedindo: "Ora por mim, ora por mim". O seu apelo nos dá uma impressão bem diversa daquela que se tem lendo o convite encontrado comumente em uma "Carta pastoral", por exemplo: "Irmãos, lembrai-vos de nós em vossas orações de intercessão, assim como nós, sem interrupção, noite e dia, oramos por vós". A diversidade entre as impressões que nos dão estes dois pedidos de oração é fácil de se compreender:

> *Não há nada de tão repugnante aos olhos de Deus [...] como a oficialidade. [...] Pelo fato de que Deus é um ser pessoal, podes compreender como é repugnante a ele que se lhe queira limpar a boca com formulários [...]. Sim, exatamente porque Deus é personalidade no sentido mais eminente, pura personalidade, a oficialidade lhe é infinitamente mais repugnante do que é para uma mulher descobrir ser pedida em casamento – com as palavras de um formulário.*[254]

Enquanto os "formulários" são regulados pelo princípio do "até um certo ponto", que facilita tudo e torna tudo genérico, extenuando a personalidade, o

---
253 *Ibid.*, n. 8, *SKS* 13, 367; *I* 258-259.
254 *Ibid.*, n. 4, *SKS* 13, 221; *I* 147-148.

homem espiritual sabe, ao contrário, que a existência é feita para se relacionar com um Outro irredutível a si, e exatamente assim o existente usufrui de um tipo de duplicação de si, daquele reforço da própria personalidade que o torna idôneo a estar perante Deus por força do "parentesco" com o próprio Deus:

> *O homem espiritual é diferente de nós homens enquanto, por assim dizer, é construído de forma tão sólida que pode suportar uma duplicação* [Fordoblelse] *em si mesmo [...]; com seu intelecto, pode sustentar que algo esteja contra o intelecto e mesmo assim querê-lo; pode sustentar, com o seu intelecto, que algo seja ocasião de escândalo e mesmo assim querê-lo etc. Mas exatamente assim é feito o cristianismo do Novo Testamento. [...] O nosso cristianismo (aquele da "cristandade") [...] apresenta entretanto a probabilidade, a relação direta, e portanto transforma o cristianismo em algo totalmente diverso daquilo que é no Novo Testamento, ou melhor, em seu exato oposto.*[255]

Kierkegaard, no oitavo número de *O instante*, convida a que se imagine na situação de quem, no leito de morte, queira fazer o balanço da própria vida. Para ele, poderia ser a ocasião propícia para refletir antecipadamente sobre como se deve viver agora. O princípio fundamental que deveria guiar sua meditação não deveria ser aquele da precariedade e da inconsistência da vida, mas a consideração de que "se vive uma só vez sobre a terra" e que, portanto,

---

255 *Ibid.*, n. 5, *SKS* 13, 233-234; *I* 156-157.

todo instante da vida é importantíssimo porque é assim para o próprio Deus, que te ama em tudo o que agora estás fazendo e sofrendo:

> *O Deus do amor está no céu, amando na caridade também a ti.* [...] *Se o amas como ele quer ser amado, então deves sofrer.* [...] *Se tu não sofreste, se te subtraíste: é algo irreparável por toda a eternidade. Constringir-te, não, isto o Deus do amor não quer a nenhum preço* [...]. *É impulsionado pelo amor* [...] *e sofre por amor* [...] *quando não queres como ele quer. Deus é amor; nunca nasceu um homem que este pensamento* [...] *não tenha subjugado com uma indescritível beatitude.*[256]

Um artigo do número 10 de *O instante* tem como título: "A minha tarefa". O número, já pronto para ser impresso, manteve-se inédito sobre a escrivaninha de Kierkegaard. Leva, ao lado do título, a data: 1º de setembro de 1855. Poucos dias depois, Kierkegaard foi admitido no hospital em que morreria, em novembro seguinte. Neste artigo, a referência a Sócrates pode ser a chave de leitura para uma interpretação do mundo insólito, até mesmo ofensivo, com que Kierkegaard se expressa nesta *sua* revista:

> *A única analogia que tenho é Sócrates; a minha tarefa é uma tarefa socrática, ou seja, aquela de rever a definição do ser cristão: eu mesmo não me defino cristão (com a exceção do ideal), mas posso tornar evidente que os outros o sejam menos ainda.*[257]

---
256 *Ibid.*, n. 8, *SKS* 13, 352; *I* 245-246.
257 *Ibid.*, n. 10, *SKS* 13, 505; *I* 288.

Kierkegaard quis ser, para a cristandade constituída, aquela "mosca" de memória socrática com que o ateniense se identificou por perturbar insuportavelmente os sábios de seu tempo. A intenção de Kierkegaard, diversamente daquela de Sócrates, era positiva. Forneceu o seu "emético" não simplesmente para rejeitar o canibalismo dos padres e a comida estragada dada por estes aos crentes, mas, antes de tudo, como a indispensável ajuda filosófica para poder assimilar aquele autêntico alimento cristão que tem o sofrimento como ingrediente insubstituível, se se tem como objetivo o tornar-se cristão *em caráter*:

> *Exatamente como na época do nosso Senhor Jesus Cristo, é prevista ainda a pena de morte para quem proclama o verdadeiro cristianismo, que consiste em amar a Deus odiando a si mesmo [...]. A pena de morte é prevista exatamente como então, para quem proclama o cristianismo em caráter.*[258]

---

258 *Ibid.*, n. 10, *SKS* 13, 398-399; *I* 283.

III. Conceitos-chave

> *Deus não pensa, ele cria. Deus não existe, ele é eterno. O homem pensa e existe, e a existência separa pensamento e ser, e os mantém separados sucessivamente*
> [Gud taenker ikke, han saber; Gud existerer ikke, han er evig. Mennesket taenker og existerer, og Existents adskiller Taenken og Vaeren, holder de mude fra hinanden i Succession]
>
> Kierkegaard, *Pós-escrito conclusivo não científico às* Migalhas filosóficas

Amor. Kierkegaard, em *As obras do amor*, vale-se da possibilidade oferecida pela língua dinamarquesa de dizer "amor" com duas palavras diversas: *Elskov* e *Kærlighed* (na grafia da época, *Kjerlighed*). O primeiro termo indica o amor afetivo ou eletivo em suas várias expressões, aquele amor que espera ser recíproco ou satisfazer as expectativas do amante; relaciona-se não apenas ao eros grego, mas também à amizade e aos laços familiares. O segundo termo concerne a todos aqueles amores que se tornam possíveis apenas sob o fundamento do amor de Deus, ou seja, pressupondo o incondicional e infinito amor no outro, definitivamente naquele Outro que é o próprio Deus: "No amor pelo próximo, a determinação que está no meio é Deus: ama a Deus mais que qualquer outra coisa, e então amas também o próximo, e no próximo amas a todos os homens; apenas amando a Deus mais que qualquer coisa, pode-se amar o próximo no outro homem".²⁵⁹ "*A sabedoria mundana sustenta que o amor é uma relação entre homem e homem, o cristianismo ensina que o amor é uma relação entre homem – Deus-homem, ou seja, que Deus é a determinação-que-medeia.* [...] De fato, *amar a Deus é na verdade amar a si mesmo; ajudar um outro homem a amar a Deus é amar um outro homem; ser ajudado por um outro homem a amar a Deus é ser amado*"²⁶⁰. Este amor corresponde àquilo que, no Novo Testamento, é chamado de ágape. Segundo Kierkegaard, trata-se de uma descoberta feita pelo cristianismo e por ele levada ao conhecimento de todos os homens como possibilidade praticável por todos.

Angústia. O *conceito de angústia* pretende oferecer uma "demonstração psicológica orientada em direção ao problema dogmático do pecado original". De fato, entre a angústia e o pecado original subsiste um nexo preciso. O homem é "espírito", portanto dotado de liberdade, mas esta não se lhe manifesta no estágio de inocência, e se torna angústia assim que se encontra perante a "realidade da liberdade como possibilidade para a possibilidade [*om Mulighed for Muligheden*]",²⁶¹ portanto perante aquilo que é "nada" quanto à determinação. Se perante o nada, e apesar deste nada não ser nada além de nada, a inocência pretende se manter inocência, e eis que se torna "angústia" perante o abismo da liberdade: "A angústia pode ser

---
259 SKS 9, 64; AA 79.
260 SKS 9, 111; AA 128.
261 SKS 4, 347-348; CA 51.

comparada à vertigem. Quem volta os olhos ao fundo de um abismo é tomado pela vertigem [...] que surge enquanto o espírito deseja estabelecer a síntese e a liberdade olha para baixo, no abismo da própria possibilidade, e se agarra ao finito para não soçobrar. Nesta vertigem, cai a liberdade".[262]

Depois do pecado original, há vários tipos de angústia. Os descendentes de Adão e Eva são herdeiros também da liberdade deles; livres, começam a fazer parte de uma comunidade de muitas liberdades, na qual cada novo indivíduo constitui uma imprevisível e irredutível novidade: não apenas todo homem é ele mesmo *e* a espécie, mas todo homem que nasce muda a espécie exatamente porque está junto a si mesmo *e* à espécie. Há assim uma angústia feminina e uma masculina; a tipologia da angústia apresenta um número indeterminado de casos. Dá-se um aumento de angústia de geração em geração, e aí deve ser vista a ação da Providência, que com a angústia intervém na história para consignar e a todo indivíduo – e fazer com que ele sinta – uma tarefa que o chame em cada momento à "repetição" de si perante Deus. A angústia após o pecado portanto não é aquele "mal radical" de que Kant fala, mas o instrumento com que Deus não cessa de dialogar com a liberdade culpada: "Ao conceito de pecado corresponde: a Providência [*svarer til Sundens Begreb: Forsynet*]".[263]

---

262 *SKS* 4, 365-366; *CA* 74.
263 *SKS* 4, 401; *CA* 122.

***Aut – Aut* [*Enten – Eller; Ou – Ou*]** Este não é apenas o título da mais famosa e ampla obra de Kierkegaard. A expressão se torna para os contemporâneos uma forma de indicar o próprio Kierkegaard, enquanto se o via passear por Copenhague. Hoje, *Aut – Aut* pode servir como fio condutor através da maior parte de seus escritos. Kierkegaard confronta as contradições do pensamento e da vida não com a intenção de "superá-las" com a "mediação", mas para delas explicitar as tensões dialéticas em relação às escolhas a que o homem é chamado perante seu surgimento e sua imposição como, ao contrário, não mediáveis *aut-aut*. Enquanto o "sistema" se alimenta de contradições para combatê-las todas por força do princípio de *não* contradição, portanto do primado da identidade do todo consigo mesmo, Kierkegaard pretende, ao contrário, dar a todas as contradições uma consistência existencial autônoma por força do princípio *de* contradição. No *Pós-escrito conclusivo não científico às Migalhas filosóficas*, Climacus-Kierkegaard afirma:

> Pode-se ser ao mesmo tempo bom e mau, no sentindo em que se diz com muita frequência, simplesmente, que o homem é predisposto tanto ao bem quanto ao mau, mas não se pode tornar-se ao mesmo tempo bom e mau. [...] Assim que o indivíduo se encontra no tornar-se, então se torna ou [enten] bom ou [eller] mau [...]. Não é difícil ver que em um certo sentido o princípio de identidade seja o princípio mais alto e que seja o fundamento do princípio de contradição. Mas o princípio de identidade não é mais que um

> *limite [...]. A identidade é o* terminus a quo, *não ad* quem *da existência. [...] Em vez de dizer que o princípio de identidade tolhe a contradição, é a contradição que tolhe a identidade.*[264]

O *ou-ou* fundamental não é entre a escolha "estética", encarnada em *Enten – Eller* pelo anônimo das "Cartas de **A**", e aquela "ética" do juiz Wilhelm, pseudônimo autor das "Cartas de **B**", mas sim destas duas escolhas de uma parte e, de outra, a escolha religiosa que se impõe nas poucas páginas do *"Ultimatum"*. Este é constituído da "pregação" enviada ao juiz por um anônimo pastor do campo, significativamente intitulada: "O edificante que jaz no pensamento de que perante Deus estamos sempre errados". Tanto a estética quanto a ética estão no horizonte da imanência; apenas "o edificante" abre o árduo caminho para vencê-la em direção ao Transcendente: *aut-aut*! Uma análoga escolha radical domina a estrutura de *Migalhas filosóficas*: *ou* a "posição socrática", radicalmente "irônica" em relação à pretensão de possuir a "substância" da verdade, *ou então* a "paixão" pelo "paradoxo", que é o que o intelecto não pode compreender. Esta contraposição se aprofunda no *Pós-escrito*: *ou* o existente escolhe viver isolando-se no pensamento puro, e então apenas fingiria, em vão, existir, *ou então* decide "relacionar-se no tempo com o Eterno no tempo", e então o cristianismo se torna para ele "comunicação de existência" em todo momento de sua vida: *aut-aut*!

---

[264] *SKS* 7, 383; *P* 492.

Da mesma forma em *O desespero humano*: é indiferente que o existente queira ou não ser ele mesmo, se esta sua vontade é aquela de um *desesperado*, ou seja, de alguém que não se deu conta de que o seu eu é *"um relacionamento que se relaciona consigo mesmo, relacionando-se com Outro que o pôs"*. Até mesmo a escolha da virtude como antídoto do vício, como tentaram fazer os "pagãos", é coisa de desesperado". Estes, não tendo tido contato com a determinação: "perante Deus", e portanto nem mesmo com o "pecado", ficaram no horizonte da autojustificação. Mas o oposto do pecado "não é a virtude, mas a fé" (*cf.* Rm 14,23).[265]

Cavaleiros da fé. Este título, original e nobre, é apresentado por Kierkegaard a propósito da "bela história" de Abraão, o protagonista de *Temor e tremor*. Humanamente falando, tratou-se de uma "prova", tremenda para o homem e para o próprio Deus, por força daquele Paradoxo que é capaz de transformar um possível homicídio em uma ação sacra e grata a Deus e ao homem que se dispõe a cumprir o sacrifício. O relacionamento com o Paradoxo consentiu que Abraão obedecesse ao comando de Deus, na fé de que Deus lhe teria restituído Isaac após tê-lo pedido sem dar nenhuma razão. Abraão não é um assassino porque, enquanto crente, cumpriu a "suspensão teleológica da ética", pospondo a "ética" à própria "beatitude eterna", dever máximo do homem. Agamenon também decidiu sacrificar a filha Ifigênia,

---

265 *SKS* 11, 196; *MM* 84.

e ele também foi movido pela fé, mas não da fé no Paradoxo; não suspendeu teleologicamente a ética, mas instrumentalizou a sua fé à razão de Estado, definitivamente ao próprio egoísmo, como é inevitável para o homem que não sabe nada sobre o Paradoxo.

Quem obedece à ética é chamado por Kierkegaard de "cavaleiro do infinito". Merece certamente este título porque sabe sacrificar infinitamente a própria finitude ao "infinito", portanto sabe suspender também a sua própria existência fazendo constante "abstração" desta; diversamente do cavaleiro da fé, renuncia à busca de uma verdade que esteja a favor da beatitude eterna da própria existência. Ignora que exista a "verdade para ti", aquela que está com o existente, e que quer que o existente acentue a sua própria existência não enquanto substância, mas "interioridade". É portanto bom, como Climacus--Kierkegaard sentencia no *Pós-escrito*, que o homem "se compraza de existir".[266]

Comunicação. Kierkegaard, filósofo moderno, sabe bem que a comunicação da verdade de um sujeito ao outro é um problema insolúvel. A subjetividade é de fato um horizonte transcendental que não pode não se impor como intranscendível, e que portanto é exclusivo de qualquer alteridade a si. Todavia, a comunicação da *minha* verdade a um outro se me impõe como dever se eu sei que ela é de importância decisiva para ele. Em 1851, praticamente ao fim de

---

266 *SKS* 7, 382; *P* 491.

uma intensíssima série de publicações, Kierkegaard declara: "*Eu sei o que é o cristianismo*; eu mesmo reconheço a minha imperfeição como cristão – mas eu sei o que é o cristianismo".[267] Ora, um "saber", mesmo se verdadeiro, é sempre algo de abstrato ou algo de não "reduplicado" por parte do próprio sujeito que o comunica. Apenas Cristo é o comunicador exclusivo da verdade cristã. Kierkegaard adotou uma tática complexa visando a tornar o próximo "atento" àquilo que, por si incomunicável, é capaz de ter um papel decisivo para todo homem.

Decide assim, desde o período de estudante, servir-se de vários pseudônimos como autores ou editores dos próprios escritos, de Victor Eremita a Johannes de Silentio, de Climacus a Anti-Climacus, frequentemente emoldurando-os em um tipo de caixas chinesas. Queria se sentir "autor de autores", portanto com uma comunicação amplamente intersubjetiva, mas ao mesmo tempo de irresistível incentivo à assunção pessoal de responsabilidade. Contemporaneamente à produção pseudônima, assinou de próprio punho toda uma rica série de escritos de conteúdo "edificante" no sentido cristão, nos quais pretende comunicar diretamente a verdade cristã, mas devendo limitar-se a convidar o leitor a cumprir pessoalmente a apropriação da verdade. Nesta "comunicação direta", dada com "a mão

---

267 KIERKEGAARD, S. *Om min Forfatter-Virksomhed af S. Kierkegaard*, in SKS 13, 5-27, aqui p. 23; tradução italiana por A. Scaramuccia, *Sulla mia attività di scrittore*. Pisa: ETS, 2006, p. 49.

direita", ele busca "tornar atento" o "seu" leitor para que ele não se distraia da própria existência, porque apenas assim, enquanto "indivíduo" [*singolo*], será possível a ele, "frente a Deus", pôr-se em "adoração" do verdadeiro comunicador da verdade, Cristo, que é a própria Verdade. Aos pseudônimos, ele confere autonomia plena, e mesmo quando assina pessoalmente, seus *Discursos* têm diversos ângulos (discursos "edificantes", "cristãos", "de devoção", "para a comunhão das sextas-feiras"). Deste modo, a sua tática comunicativa, sem jamais levantar pretensões de vitória estratégica, consegue multiplicar de forma prodigiosa a intenção maiêutica que Sócrates, para Kierkegaard uma referência constante de dedicação à verdade, havia personificado no plano negativo da ironia. Kierkegaard, entretanto, pretende "ajudar" os seus leitores a "edificarem-se" e a cumprirem "os atos do amor". Sócrates destruiu a "substancialidade" grega; Kierkegaard usou esta indispensável obra de remoção para construir a "interioridade", base e expressão do homem enquanto "relacionamento" com Deus.

Comunicação de existência. Este conceito é apresentado de forma solene no *Pós-escrito*: "O cristianismo é uma comunicação de existência [*Existents-Meddelelse*] que torna a existência paradoxal, de modo que o paradoxo permanece enquanto se existe, e apenas a eternidade tem a explicação".[268] A "explicação" consiste no fato de que o relacionamento com o

---

268 SKS 7, 512; P 573.

Paradoxo, ou seja, com o próprio cristianismo enquanto acontecimento no tempo do homem-Deus, é para o homem extremamente "difícil", mas ao mesmo tempo possível para todos porque, "essencialmente falando, é igualmente difícil para todos renunciar à própria razão e ao próprio pensamento e manter a própria alma no absurdo, e comparativamente a coisa é mais difícil para aquele dotado de maior inteligência".[269] A coisa mais importante para todo indivíduo [*singolo*] não é *ser* algo mas *tornar-se* si mesmo, ou seja, "tornar-se cristão", e poder assim, como se afirma em *As obras do amor*, usufruir do "parentesco" com Deus: "Como a boa nova do cristianismo é contida na doutrina do parentesco do homem com Deus [*Menneskets Slaegtskab med Gud*] (*cf.* At 17,29), assim também ela tem como tarefa a semelhança do homem com Deus".[270] Exatamente em vista desta meta, o cristianismo age no mundo e na história comunicando a todos a condição para alcançá-la: comunica existência, e o faz utilizando os recursos da "eternidade": "Um aparato que seja usado por um artesão estraga com o passar dos anos, a mola perde a sua elasticidade e se enfraquece; mas aquilo que tem a elasticidade da eternidade [*Evighedens Spaendkraft*] a mantém totalmente intacta através dos tempos. Se um dinamômetro é usado por muito tempo, no fim até mesmo um fraco pode superar a prova, mas a

---
269 *SKS* 7, 507; *P* 570.
270 *SKS* 9, 69-70; *AA* 84-85.

medida da eternidade [*Evighedens Kraftmaal*] com que todo homem é colocado à prova, tenha ele fé ou não, continua completamente imutada a qualquer tempo".[271]

Desespero. O cristianismo é promessa veraz de beatitude eterna para todo o crente, é vitória sobre todo mal. Porém, em *O desespero humano* Kierkegaard fala do desespero como de uma doença que tem como finalidade exatamente a morte, e não apenas a morte biológica, inevitável para todos os homens, mas também aquela do homem enquanto "si". Esta doença é o "desespero", que consiste exatamente na tentativa de fazer morrer o si enquanto existente, em isolá-lo portanto da "existência", que é o seu constitutivo relacionar-se com o Outro de si. Existe, por exemplo, um desespero feminino e outro masculino, dependendo de a fraqueza ou a força serem isolados do relacionamento com Deus, tornando-se então formas de "obstinação". A doença se apresenta como particularmente grave quando o existente não sabe que está desesperado; ele pensa que lhe pode acontecer algo que vai contra suas expectativas, e que neste caso poderia se desesperar; porém, aquilo lhe pode acontecer apenas quando o desespero já está no fundo de seu ser. Quem está consciente do próprio estado de desespero gostaria de acabar com ele com seu próprio si mesmo, gostaria desesperadamente de não ser

---

[271] *SKS* 9, 34-35; *AA* 47.

ou de desesperadamente ser ele mesmo, e poder isolar-se do Outro. O desespero é chamado de doença *para* a morte porque o desesperado gostaria de morrer enquanto relacionamento, o que significa querer morrer perante Deus, querer pecar: "O pecado é: *perante Deus, ou com a representação de Deus, desesperadamente não querer ser si mesmo, ou desesperadamente querer ser si mesmo*".[272] No pecado, enquanto desespero perante Deus, a doença para a morte se torna incurável quando o desesperado procura morrer declarando que o cristianismo é falso. Trata-se do pecado contra o Espírito Santo (*cf.* Mt 12,31-32; Mc 3,29; Lc 12,10). Este pecado se concretiza como "docetismo", quando declara que Cristo é tal "apenas em aparência", ou como "racionalismo", quando afirma que Jesus Cristo é "uma realidade que não reivindica ser divina". Nem mesmo esta extrema forma de desespero, que o Evangelho declara imperdoável, consente que o desesperado coloque um ponto final na relação com Deus, mas sim evidencia que o cristianismo é a novidade decisiva também no plano da ética. Enquanto, de fato, para a moral simplesmente humana vale a oposição entre vício e virtude, para o cristianismo, entretanto, "*o oposto do pecado é a fé*, como se diz em Rm 14,23: tudo aquilo que não vem da fé é pecado. E esta é uma das determinações mais decisivas para todo o cristianismo".[273] A moral humana, aquela dos pagãos, é condenada a se manter desesperada, mesmo quando

---

272 *SKS* 11, 191; *MM* 79.
273 *SKS* 11, 196; *MM* 84.

não sabe que o é, enquanto colocada de forma não "transparente" perante um Deus de transcendência. A moral cristã conhece o desespero constituído pelo pecado, mas também o único remédio possível: a fé no Paradoxo, sem qualquer outro obstáculo à transparência de si perante Deus. Esta é a condição para a "segunda ética", ou "ciência nova", projetada por Vigilius Haufniensis-Kierkegaard na Introdução de *O conceito de angústia*.

Escândalo. Em *O desespero humano* lemos: "Diz-se tão frequentemente que o cristianismo nos escandaliza por ser muito obscuro e sombrio, que ele nos escandaliza porque é muito severo etc.; é preciso esclarecer de uma vez por todas, da forma mais adequada possível, que o homem se escandaliza com o cristianismo porque ele é muito alto, porque a sua medida não é a medida do homem, porque quer fazer do homem algo *tão extraordinário que ele não pode chegar a compreender*".[274]

Este "extraordinário" é o Transcendente, que como tal não pode não escandalizar o homem, estruturalmente ligado ao horizonte da própria subjetividade. Deus, que chama o homem para ser "similar a ele", não pode não colidir com o horizonte constituído pela subjetividade, que como tal é intranscendível e exclui qualquer alteridade. Entretanto, o próprio intelecto, se não nutrisse a "paixão por aquilo que não pode compreender",

---

274 *SKS* 11, 197; *MM* 85.

ou seja, pelo Paradoxo, se tornaria aquela faculdade em que o homem se torna indiferente em relação à sua própria "existência". A sabedoria pagã aconselha ao homem o *ne quid nimis*, ou seja, considerar "demasiado" tudo o que ultrapasse a "medida" da intranscendibilidade da subjetividade: "Aqui começa o cristianismo – e o escândalo".[275]

Mas o intelecto, se não quiser cair em "uma ilusão acústica", não poderá se gabar deste seu escandalizar-se. O Apêndice do terceiro capítulo de *Migalhas filosóficas* desmascara tal comportamento autorreferencial do intelecto, confrontando-o com aquilo de que o próprio intelecto se torna coprotagonista, se segue a própria paixão por aquilo que não pode compreender. Isto ocorre naquela *feliz* paixão a que Climacus dá o nome de *fé*: "O escandalizar-se tem um mérito: o de tornar mais evidente a diferença [entre intelecto e Paradoxo]. Já que, naquela feliz paixão [*i hiin lykkelige Lidenskab*], à qual ainda não demos nome, a diferença está em boa harmonia [*i god Forstaaelse*] com o intelecto. É próprio da diferença ser unida a outro em uma terceira parte, mas aquela diferença é constituída justamente no fato de que o intelecto renunciou a si próprio [*opgav sig selv*] e o Paradoxo se deu em abnegação [*hengav sig selv*] [*halb zog sie ihn, halb sank er hin*]; e o intelecto se encontra naquela feliz paixão que certamente terá um nome, mesmo se este é o que menos importa".[276]

---
275 *SKS* 11, 200; *MM* 88.
276 *SKS* 4, 257; *BF* 95.

O cristianismo é escandaloso para o intelecto humano, e de forma "extraordinária". O cristianismo não é algo em que por acaso o intelecto tropeça; ele na verdade o espera para fazê-lo tropeçar, justamente para escandalizá-lo, com a finalidade estratégica de envolvê-lo apaixonado no "terço" da fé: o espaço em que o escândalo se mostra instrumento de estratégia salvadora.

Ética. No *Pós-escrito* está categoricamente afirmado: "Há três esferas de existência: a estética, e ética e a religiosa. A estas correspondem dois limites: a ironia é o limite entre a estética e a ética; o humor é o limite entre a ética e a religião".[277] Não há passagem de uma a outra esfera. Nenhuma "mediação" consente a "superação" da esfera inferior por parte daquela superior, porque nesse caso as três esferas implodiriam no "sistema", portanto na identidade, inimiga do existente enquanto "relacionamento". Em *Enten – Eller*, a esfera estética e a esfera ética resultam simplesmente justapostas. No "*Ultimatum*", o acesso à dimensão religiosa, aqui denominada "o edificante", torna-se possível com base no "pensamento de que perante Deus estamos sempre errados", ou seja, através do salto da "fé". A ética, como esfera em si, é uma construção toda humana, é "metafísica", ciência imanente ao homem, incompatível com a existência enquanto relacionamento com o Transcendente. Na Introdução de *O conceito de angústia*, Kierkegaard projeta uma

---

277   SKS 7, 268; P 538.

"segunda ética", uma "ciência nova", não mais sujeita à metafísica e à imanência. Em *As obras do amor,* este projeto encontra sua execução com a individuação da possibilidade de comportamentos que de nenhum modo podem ser reconduzidas ao egoísmo: os atos do amor cristão. É o amor como ágape.

Existência. Na epígrafe destes "Conceitos-chave", há uma sentença fundamental: "Deus não pensa, Ele cria. Deus não existe, Ele é eterno. O homem pensa e existe, e a existência separa pensamento e ser, e os mantém separados sucessivamente".[278] "Existência" e "ser" não coincidem de fato. "Ser" é um conceito, um "universal", e para servir-se dele o homem deve fazer abstração do fato de agir ele mesmo como aquele que pensa o ser; mas para pensar, precisa "existir". Neste sentido, apenas o homem tem a existência: ele é o "existente" por antonomásia. Os animais propriamente não existem, porque não pensam. A existência não pode ser considerada nem mesmo um predicado de Deus, que não precisa pensar as coisas através de conceitos abstratos, já que ele cria todas as coisas. Deus e o homem têm em comum a "liberdade", respectivamente a liberdade do Onipotente e a da criatura chamada a conquistar o "parentesco" com Deus *existindo* "perante Deus". É no cumprimento de atos de pura liberdade, ou seja, dos "atos do amor", que isto se realiza. Para Kierkegaard apenas o cristianismo, não o paganismo, nem mesmo

---

[278] *SKS* 7, 303; *P* 441.

aquele mais elevado no plano moral, conseguiu fazer com que o homem conhecesse um relacionamento entre homem e Deus, em que onipotência e liberdade colaboram para tornar possível para o homem um "amor" que vence qualquer egoísmo. O cristianismo faz conhecer esta possibilidade e a abre a todos os homens, enquanto, justamente, todos são igualmente "existentes".

Dado que Deus é o Criador de todas as coisas, traços de sua onipotente liberdade criadora e do seu amor incondicional, universal e perseverante são encontrados por Kierkegaard também no mundo da natureza, como exemplos de como o homem deve se colocar e se manter em relacionamento com tal divina potência e tal divino amor. Um exemplo poético nos é dado por *O lírio no campo e a ave no céu*. Apenas o homem "existe", propriamente; em particular o cristão sabe que todo momento de sua vida se deve à "comunicação de existência" por parte de Deus, e que por isso tem uma importância eterna. Daqui vem a tarefa de todo existente, e do cristão em particular, de "reduplicar" na própria existência todo o seu relacionamento com a natureza, fazendo dele, de forma constante e sempre melhor, o "jardim" em que o próprio Deus pode passear e dialogar com ele.

Fé. O conceito de fé é apresentado de forma filosófica em "A perspectiva da fé", o primeiro dos *Dois discursos edificantes* de 1843. Kierkegaard percebe que, se o homem não tivesse fé em Deus, não poderia usufruir de alguma "perspectiva" para vencer o futuro; e então o homem deveria comprimir as forças que tem, ao nível da pura sobrevivência animal: "Chega-se a estar bem com o futuro apenas quando se o vence, e isto é próprio da fé, porque a sua perspectiva é a vitória".[279] Na fé o homem conquista a disponibilidade de todas as suas forças humanas. Daí poderá tirar experiência, tornando-se assim cada vez mais si mesmo, apenas se não colocar obstáculos à "paixão" de seu intelecto "por aquilo que não pode compreender": o Paradoxo. Apenas o cristianismo forneceu ao intelecto uma perspectiva paradoxal neste sentido. No fim de *Migalhas filosóficas*, Climacus afirma: "Nenhuma filosofia (porque esta é apenas obra do pensamento), nenhuma mitologia (que é obra apenas de fantasia), nenhum saber histórico (que é objeto da memória) conseguiram chegar a tal ideia, o que sugere que, nesta coincidência de ambiguidades, alguém possa dizer que ela não subiu jamais no coração ao homem [*cf.* 1 Cor 2,9]".[280]

Para Kierkegaard, não se dá propriamente o problema do relacionamento entre fé e razão, porque o conflito entre estes, exatamente enquanto inconciliáveis, consente ao homem tornar-se cada vez mais si mesmo enquanto ele é "o existente" por antonomásia. Esta plenitude de vida ocorre exatamente "quando o intelecto e o paradoxo entram em um feliz conflito um contra o outro no momento quando o intelecto se coloca de lado e o paradoxo se

---

279 SKS 5, 35; PF 76.
280 SKS 4, 305; BF 154.

dá em abnegação; e o terceiro momento em que isto ocorre é aquela feliz paixão à qual agora queremos dar um nome, mesmo se não é exatamente o nome o que nos importa. Nós a chamaremos de: *fé* [*Tro*]".[281]

Indivíduo [*singolo*] [*den Enkelte*]. Segundo Kierkegaard, apenas com o cristianismo a concepção do homem pôde adquirir a categoria do "indivíduo" ["*singolo*"] enquanto superior àquela do "gênero", e torná-la, assim, vitoriosa sobre qualquer redução do homem à espécie animal, ou melhor, sobre qualquer redução do todo à imanência, como Kierkegaard afirma no póstumo *Ponto de vista explicativo da minha obra como escritor*: "'O indivíduo' ['*Il singolo*']; nesta categoria reside a causa de o cristianismo se levantar e cair, agora que o desenvolvimento do mundo progrediu tanto na atual reflexão. Sem esta categoria, o panteísmo triunfou completamente".[282]

Como Kierkegaard sustenta em *O conceito de angústia*, o pecado original não é transmitido através da espécie, porque se fosse assim, todos os indivíduos descendentes dos progenitores deveriam estar incólumes do pecado por estes cometidos enquanto indivíduos. Adão e Eva transmitiram não a vida em geral, mas aquela vida que neles havia pecado, portanto uma vida dotada de liberdade. Dali em diante

---
281 SKS 4, 261; BF 101.
282 KIERKEGAARD, S. *Synspunktet for min Forfatter-Virksomhed*. Copenhague: Reitzel, 1859, SKS 16, 103; tradução italiana por C. Fabro. *Kierkegaard, Scritti sulla comunicazione*. Roma: Logos, 1979, I, p. 205.

todo homem que nasce comete o pecado original, porque cada um peca de forma diversa, originalmente, sendo ao mesmo tempo espécie *e* homem individual; e igualmente enquanto indivíduo [*singolo*], todo homem deverá ser salvo por *aquele* Indivíduo [*Singolo*], Cristo, que aconteceu num certo tempo num certo lugar. Apenas perante Cristo o indivíduo humano pode tornar-se plenamente indivíduo [*singolo*], e como tal pode resistir à tentação de deixar aniquilar pela "multidão", e sobretudo pela "convicção", deletéria para toda cristandade, de que enfim "todos são cristãos".

A categoria do *singolo*, portanto, não deve ser portanto identificada com aquela de *indivíduo*. Acentuá-la não significa ceder ao individualismo. Apenas enquanto indivíduo, o homem pode amadurecer aquele "egoísmo justo" que, como Kierkegaard escreve em *As obras do amor*, é o pressuposto para poder amar o próximo "como a si mesmo", nem mais nem menos, porque de outra forma seria impossível o próprio amor, e sobretudo o amor de Deus, pressuposto de qualquer outro amor ileso a recaídas egoístas.

A atenção pelo indivíduo [*singolo*] caracteriza também as modalidades adotadas por Kierkegaard como escritor. Quando age no plano da comunicação "direta", ou seja, com a "mão direita", ele se dirige ao "tu" individual, que o escuta ou o lerá; e quando dá com a "mão esquerda", escondendo-se como autor, não deixa de lado a categoria do indivíduo [*singolo*]: logo a recupera através dos pseudônimos, cada um sendo um indivíduo [*singolo*] escritor, mesmo quando o leitor luta para distinguir suas contribuições daquelas de uma personalidade tão *singular* [*singolare*] como é Kierkegaard!

Interesse. Este termo, derivado do latim e presente na carta tanto em dinamarquês quanto em italiano, não poderia deixar de atrair a atenção de Kierkegaard, ótimo estudante de latim nos anos do liceu [*Latinskole*]. Encontramos este testemunho em *Johannes Climacus o De omnibus dubitandum est*. A obra, de 1842-1843, mantida inédita, interrompe-se exatamente quando, divergindo da impostação cartesiana do filosofar seguida até aquele momento, o jovem Johannes Climacus, aprendiz de filósofo e protagonista do conto, apresenta o conceito de interesse. O termo é escrito entre parênteses também em caracteres latinos. Kierkegaard descobriu algo que o obrigou a interromper este conto-tratado, para poder dedicar-se às perspectivas ontológicas e antropológicas que o conceito de interesse lhe abria, exatamente na escansão de sua etimologia latina. O saber des-interessado (como aquele "matemático", "metafísico", "sistemático"), enfim, o saber abstrato, devia dar lugar àquele seguido por uma "consciência" movida pelo interesse, aberta ao outro de si, definitivamente à mesma "contradição", para evitar fechar-se em um círculo consigo mesma. Apenas assim seria possível uma "repetição" do passado *interessada* nele, não o deixando perdido no desinteresse. Uma anotação preparatória intitulada "Sobre os conceitos de *Esse* e de *Inter-Esse* [*Om Begreberne Esse og Inter-esse*]²⁸³" coloca em evidência já no título, delineando: interesse = *inter-esse*, o abismo conceitual entre o "ser" e o "inter-esse".

Três anos depois, no *Pós-escrito*, à etimologia latina do termo é conferida uma explicação decisiva para exprimir toda a sua capacidade ontológica e ao mesmo tempo existencial: O existir é para o existente o supremo interesse [Interesse], e o ato de se interessar pelo existir é a sua realidade. Aquilo em que consiste a realidade não pode ser exposto na linguagem da abstração. A realidade é um inter-esse [*sic*] que está no meio [*mellen*] da unidade hipotética de ser e pensamento.²⁸⁴

O *inter-esse* liga dois elementos mantendo-os *distintos* em seu *interesse* comum, a permanecerem em relação, *inter-essentes*, sem implodir na identidade da unidade substancial.

O interesse enquanto *inter-esse* implica uma concepção do conhecer nova, seja no que tange aos antigos, seja no que tange aos modernos. Não mais *adaequatio* do intelecto à coisa que está fora dele, nem mesmo a identidade de pensamento e ser, mas sim "interioridade", "apropriação" de si no interesse "apaixonado" pela "manutenção" da alteridade do outro de si. A concepção do ser como inter-ser de dois inter-essentes equivale a uma nova semantização do ser: não mais o ser como identidade do ser consigo

---

283 Papir 280; *SKS* 27, 271.
284 *SKS* 7, 286; *P* 431.

mesmo e exclusão de que o ser seja não ser, mas sim afirmação de que o ser deve se constituir originalmente como relação irredutível à identidade. Por isto Kierkegaard rejeita todas as demonstrações da existência de Deus, colocando como originário, em vez disso, Deus enquanto "o Criador". Daí segue também uma nova antropologia: o homem tem o seu supremo interesse na fortificação de sua "interioridade", ou seja, em sua capacidade de sacrificar tudo para poder se colocar "perante Deus".

Mulher. São muitas as figuras de mulheres individuais presentes nas obras de Kierkegaard, frequentemente como protagonistas ou coprotagonistas: Cordélia, Elvira, Margarida em *Enten – Eller*, a Quaedam e a mulher do juiz Vilhelm em *Estágios no caminho da vida*, a "pecadora" em *Discursos para a comunhão da sexta-feira*. Em um ensaio juvenil, Kierkegaard se posicionou contra a equiparação social da mulher. Toda a sua produção religiosa e filosófica, todavia, se baseia na antropologia do indivíduo [*singolo*], para a qual é fundamental a igualdade de todos os seres humanos. A "edificação", a "interioridade", o "tornar-se cristão" são objetivos existenciais que não toleram o "até um certo grau". As vias percorríveis são certamente diversas para homens e para mulheres, mas apenas no plano quantitativo, não naquele do *ou-ou* existencial. As diferenças quantitativas vêm à luz a propósito da "angústia" e do "desespero", a partir do momento em que a mulher tem mais egoísmo do que o homem quando se trata dos filhos ou de seu homem, mas mais espírito de sacrifício quando se trata do abandono de si, por exemplo no campo religioso.

No que concerne às relações em geral entre homem e mulher, pode-se tirar das obras de Kierkegaard um balanço a favor desta. Quanto à dignidade, em *Enten – Eller* o Sedutor desaparece diante de Cordélia. Pensemos na segunda das três cartas por ela enviadas a ele após a ruptura; nesta, ecoa o apólogo com o qual Natã expôs à vergonha o pecador Davi: "Havia um homem rico que possuía ovelhas e bois em grande quantidade, havia uma pequena jovem que não possuía mais que seu amor".[285] Os personagens de *In vino veritas* não fazem nada além de falar mal da mulher, apenas porque a temem, como expresso de forma bastante eficaz pela destruição, por eles preordenada, do salão de banquete, e de sua fuga como espíritos infernais ao despontar do dia.

Há um lugar em *Temor e tremor* em que Johannes de Silentio deixa tacitamente, como convém ao personagem, transparecer a convicção de Kierkegaard acerca da igualdade entre homem e mulher, quando o desafio fica mais difícil. Abraão é o paradigma inesquecível masculino do "cavaleiro da fé". Cumpriu a "suspensão teleológica da ética" em solidão absoluta, sem jamais duvidar um segundo frente ao dilema de ser "um crente ou um assassino". Portanto, "analisando um pouco mais de perto, é duvidoso que no mundo inteiro exista apenas uma analogia – com

---
285 *SKS* 2, 302; *EE* V, 55.

exceção de uma posterior, que não demonstra nada – uma vez que é certo que Abraão representa a fé".[286] Kierkegaard alude a qual "analogia", exatamente, de tanta fé do macho Abraão? Johannes de Silentio não se pronuncia, mesmo porque, em matéria de fé, seria autocontraditório "demonstrar" alguma. Os editores de *SKS* sugerem, como "analogia" da fé de Abraão, o próprio Cristo. Mas em seu caso não se poderia corretamente falar de uma "fé" análoga àquela de Abraão. A alusão à única "analogia" com a história de Abraão é de fato explicitada um pouco depois, quando se fala da maternidade virginal de Maria:

> *O anjo era certamente um espírito condescendente, mas não foi de fato um espírito servil, que tenha ido às outras donzelas de Israel para lhes dizer: "não desprezem Maria, aquilo que se cumpre nela é a coisa extraordinária". O anjo só foi a Maria, e ninguém a pôde compreender. Que mulher mais ofendida que Maria: e não é verdade que aquele que Deus abençoa, com o mesmo sopro ele também maldiz? Esta é a interpretação espiritual da situação de Maria.*[287]

A grandeza de Maria é análoga à de Abraão, pois ambas não se escandalizam com o Paradoxo exatamente naquilo que de forma mais pessoal lhes tange, enquanto macho ou fêmea: *o filho*. Deste ponto de vista, Maria também deve ser posta entre

---

286 *SKS* 4, 150; *TT* 66.
287 *SKS* 4, p. 157-158; *TT* 71.

os "cavaleiros da fé", exatamente porque intacta de qualquer componente heroico, assim como Abraão:

> *Maria não precisa de admiração do mundo, assim como Abraão não precisa de lágrimas: porque ela não era uma heroína, nem ele era um herói. Mas ambos se tornaram ainda maiores que os heróis não por fugir do sofrimento, das penas, do paradoxo, mas sim por meio destes.*[288]

Abraão e Maria são os paradigmas, respectivamente masculino e feminino, do "cavaleiro da fé": toda mulher pode tornar-se um, assim como qualquer homem, mesmo que isto seja bastante difícil para qualquer um dos dois sexos, mas é difícil no mesmo grau para qualquer ser humano, e portanto, igualmente possível e obrigatório para mulheres e homens.

Paradoxo. "Não é necessário falar mal do paradoxo, porque o paradoxo é a paixão do pensamento, e o pensador sem paradoxo é como um amante sem paixão: um tipo medíocre".[289] Às vezes Kierkegaard identifica o paradoxo com "o absurdo", mas jamais com o "autocontraditório". O paradoxo tem plenitude de sentido se é colocado em oposição com a indiferença do homem pela sua própria existência. O paradoxo, enquanto "paixão", salvaguarda o existente da indiferença mais insidiosa, aquela de um pensar em que quem pensa se esquece de si mesmo, a favor daquilo que é geral. A "paixão" do "intelecto" é

---
288 *Ibidem.*
289 *SKS* 4, 243; *BF* 77.

aquilo que mais apaixona o existente. Sem paradoxo, o homem não faria nada além de se esquecer de ser um "si", e tornar-se presa do "desespero". O acontecimento cristão é *o* Paradoxo por antonomásia, exatamente porque é aquele Outro de si que constitui a suprema e indefectível iniciativa de amor, em relação ao si de todo homem.

Relacionamento. O homem é "um relacionamento que se relaciona consigo mesmo, e ao relacionar-se consigo mesmo, relaciona-se com um Outro". Este Outro é Deus, "que pôs todo o relacionamento". Os elementos que entram no relacionamento não são isolados antes que se institua o nexo entre eles; por exemplo, o homem certamente é uma "síntese", mas antes dele não há, por assim dizer, os ingredientes desta, ou seja, o "finito" e o "infinito", o "temporal" e o "eterno", a "liberdade" e a "necessidade", que como tais são apenas abstrações contrapostas. Apenas com o homem, enquanto "o existente" por antonomásia, estes elementos não apenas começam a existir, mas também começam a se diferenciar entre si em contraste insanável, ou seja, de modo a não poderem se ligar, nem em um tipo de "sínolo" no sentido da substância aristotélica, nem em um "sistema". O protagonista da existência é o homem como relacionamento em sentido não unitivo, mas disjuntivo. O existente, enquanto relacionamento, deve então acentuar em si as diferenças entre finito e infinito, temporal e eterno, liberdade e necessidade, entre si e Deus, que o "põe" enquanto relacionamento que se relaciona a si. Apenas neste último caso, como Kierkegaard afirma em *O desespero humano*, o homem é um verdadeiro relacionamento, e não um relacionamento "desequilibrado", deixado à mercê do "desespero".

Repetição. Ao conceito de repetição, Constantin Constantius-Kierkegaard dedica um livro inteiro, *A repetição*, talvez o mais difícil, mesmo que ele afirme o contrário: "A dialética da repetição é simples: o que de fato é repetido aconteceu, ou então não poderia ser repetido; mas exatamente o fato de ter acontecido faz com que a repetição se torne algo novo [*gjør Gjentagelsen til det Nye*]"[290]. Para o homem, a repetição é de importância decisiva: exercitando-a, ele conserva a sua identidade e constantemente a renova, abrindo-a ao envolvimento, jamais alienante, com o outro de si. A repetição é o recurso inexaurível de que o existente dispõe para vencer tanto o fechamento em si quanto a alienação. Ela torna dialeticamente vantajosa a "angústia", impede o "desespero", abre à "comunicação" e é o pressuposto de toda "edificação" e de todo "ato de amor". Tudo isso pode se tornar praticável para o homem se lhe for concedido, antes de tudo, repetir a si mesmo "perante Deus", e isto acontece quando Deus se oferece ao intelecto como o Paradoxo: a "novidade do dia" que é "o início da eternidade [*Dagens Nyhed er Evighedens Begyndelse*]".[291]

---

[290] *SKS* 4, 25; *R* 35.
[291] *SKS* 4, 260; *BF* 100.

Tornar-se real. O "*Intermezzo*" colocado entre o quarto e o quinto capítulos de *Migalhas filosóficas* cobre de uma importância decisiva todo o pensamento de Kierkegaard. Aqui é apresentada uma concepção do tempo diferente daquela grega, que no plano do saber puro lhe concedia um papel negativo em relação à eternidade, e também daquela dos modernos, que, para tornar o tempo pensável, preenchiam-no de necessidades. Para ambas estas visões da temporalidade, é contraditório conferir importância decisiva ao cristianismo como acontecimento histórico. Enquanto histórico, ele é verdade contingente, e como tal não pode servir de fundamento para a salvação eterna do homem como indivíduo [*singolo uomo*]; se a sua contingência é "superada" no "sistema" da história universal, então o relacionamento do crente com o cristianismo torna ilusória a própria existência do indivíduo [*singolo*] enquanto criatura livre, e igualmente ilusório o cristianismo enquanto acontecimento do Eterno em um tempo determinado. Portanto, a novidade cristã exige que a filosofia introduza um conceito do tornar-se histórico que não se exaura na antítese de contingência e necessidade (o assim chamado "problema de Lessing"). Kierkegaard apresenta um novo conceito do tornar-se.

O "*Intermezzo*" tem como título duas perguntas concatenadas: "O passado é mais necessário que o futuro? Ou: o possível, com o ser tornado real, tornou-se assim mais necessário que era?".[292]

---
292 *SKS* 4, 273; *BF* 114.

Em outros termos: tem sentido falar do possível enquanto possível? Ou ainda: tem sentido o tornar-se enquanto tal? Para dar uma resposta a estas questões, Kierkegaard introduz um conceito novo de tornar-se recorrendo a um termo novo: não mais o verbo substantivado *Vorden*, como de norma para dizer "tornar-se" na filosofia, mas sim *Tilblivelse*, um substantivo usado na linguagem corrente para indicar o começar a ser, o nascimento, o acontecimento de algo de novo, em suma, o *tornar-se real* de algo que era possível, que, para conservar continuidade com a possibilidade que era, mantém-se possível também depois de se tornar real, e que continuará a sê-lo no futuro, ou então não haveria *um algo* que, do possível, tornou-se real: "A possibilidade a partir da qual se originou o possível que se tornou real acompanha constantemente o tornar-se real e é íntima do passado, mesmo após milênios".[293] O tornar-se não é compreendido como a passagem contraditória do não ser ao ser ou vice-versa, nem mesmo como "o aparecimento e o desaparecimento" daquilo que subsiste eternamente, mas sim como o tornar-se real daquilo que era e se mantém possível exatamente porque o possível implica uma "causa" livre de qualquer "razão" necessitante, ou então não se deveria nem mesmo falar de "causa": "Todo tornar-se real ocorre através da liberdade, não por necessidade. Nenhuma coisa que se torna real se torna real por uma razão [*Grund*], mas tudo

---

293 SKS 4, 284; BF 129.

se torna real por uma causa [*Aarsag*]. Toda causa se refere a uma causa que age livremente".[294]

A liberdade da causa primeira é implícita também no tornar-se da natureza física, porque de outra forma o tornar-se desta seria ilusório. Se a história é o horizonte do tornar-se real daquilo que é possível, então nela pode acontecer de se encontrar o Paradoxo cristão objeto da "fé", e então na história torna-se possível para o crente "tornar-se cristão".

Verdade. Para Kierkegaard, a verdade acontece e se torna presente no mundo apenas com a vinda de Cristo: a verdade é Cristo. Ele chega a tal asserção através da busca de uma verdade efetivamente capaz de guiá-lo a consagrar a sua vida a esta mesma busca: "Trata-se de compreender o meu destino, de ver o que, no fundo, Deus quer que eu faça, de encontrar uma verdade que seja uma verdade 'para mim'". Estas palavras, tornadas célebres, ele escreveu aos 22 anos de idade, em seu diário de 1835. Verdade *para mim* é aquela que vai efetivamente ser *para* o meu *verdadeiro* bem, portanto do ponto de vista de Deus, e não daquele do meu arbítrio ou do arbítrio de outrem. *Enten – Eller* se conclui com um "*Ultimatum*" em que o "pensamento de que, perante Deus, estamos sempre errados" equivale justamente a pôr-se no ponto de vista do meu *verdadeiro* bem. A experiência do "edificante" que dela resulta equivale à descoberta do critério de verdade: "Apenas a verdade que edifica é

---

294 *SKS* 4, 275; *BF* 118.

verdade para ti". Kierkegaard assumirá o edificante como fio condutor por toda a sua sucessiva produção religiosa. Mas também nas suas obras propriamente filosóficas aquilo que consente que o existente progrida na busca não é a conciliação com Deus, mas sim a "colisão". É assim que, em *Migalhas filosóficas*, a "paixão" do "intelecto" pelo Paradoxo, que é o que ele não pode nem poderá jamais compreender, consente que o homem saia da não verdade. Para definir a verdade, o *Pós-escrito* apresenta a *manutenção* da "incerteza objetiva", ou seja, a negação de toda presunção de verdade que prescinda de Deus, que é o contrário de qualquer objetividade. Kierkegaard pressupõe, em quem busca a verdade, a firmeza na manutenção daquilo que é incerto, por sua vez obtível apenas com a ajuda de Deus. Apenas assim o existente pode se "apropriar" da "interioridade", que é o termo filosófico para dizer "edificante": "*A verdade é a incerteza objetiva mantida na apropriação da mais apaixonada interioridade. E esta é a verdade maior que há para um existente*".[295] Apenas Cristo, o Deus que se fez homem, é a verdade; apenas a sua presença no mundo pode constituir o ponto de vista sobre o qual o existente pode orientar a busca de uma verdade que seja para o *verdadeiro* bem da sua existência.

---

295 *SKS* 7, 186; *P* 368.

IV. História da recensão crítica[296]

---

[296] Nos limites deste perfil, não é possível corresponder à vastidão e à complexidade da presença de Kierkegaard na filosofia e cultura de 1900 em diante. Devemos nos limitar a algumas grandes figuras que, com a mesma originalidade de seu pensamento, testemunharam o quão decisivo foi, e ainda pode ser, o debate de Kierkegaard para o progresso do filosofar.

> *No que tange a Kierkegaard, devemos notar que raramente chegou-se na filosofia ou na teologia (onde, aqui é indiferente) um nível de consciência metodológica rigorosa como o seu. Se não considerarmos esta consciência metodológica, ou se a tomarmos como secundária, deixaremos fugir exatamente aquilo que para Kierkegaard é decisivo.*
>
> Heidegger, Marcas do caminho

Durante os poucos anos de sua atividade literária, Kierkegaard foi um protagonista da vida cultural da Copenhague de então, uma cidade com pouco mais de cem mil habitantes, capital de um pequeno reino que foi derrotado pela Inglaterra durante as guerras napoleônicas (Copenhague havia sofrido em 1809 um pesado bombardeio naval; em seguida, em 1848, a Dinamarca foi novamente derrotada na desigual e sanguinária guerra contra a Prússia). Entretanto, foi para a cultura dinamarquesa um período intenso no plano da produção artístico-literária, do debate jornalístico, do teatro (óperas, comédias, *vaudevilles*), tanto que depois foi nomeado de "a Idade de Ouro" (além de Kierkegaard, conseguiram fama internacional seus contemporâneos H. Ch. Andersen e N. F. S. Grundvig); Kierkegaard se nutriu deste clima desde o começo de sua juventude. Esteve presente no debate jornalístico, pelo menos com pseudônimos, como era frequente. Particularmente dolorosos foram os ataques, provocados por ele mesmo, sofridos pelo periódico *O corsário*. De suas três obras mais amplas, apenas as 525 cópias de *Enten – Eller* (1843) se esgotaram; dos *Estágios no caminho da vida* (1845) foram impressas 525 cópias, das quais 245 foram vendidas; do *Pós-escrito conclusivo não científico* (1846) foram impressas 500 cópias, das quais 394 ficaram encalhadas. Kierkegaard publicou sempre às suas expensas, mas conseguiu lucros apenas em *Enten – Eller*, de que, em 1849, saiu uma segunda edição. Depois de sua morte (1855), sua rica biblioteca foi leiloada.

Seu irmão mais velho publica postumamente, em 1859, *O ponto de vista explicativo da minha obra como escritor*, cujo manuscrito completo é de 1848. Aqui, na Introdução, Kierkegaard em primeira pessoa afirma a importância do manuscrito de forma bastante resoluta:

> *Toda a minha atividade literária se relaciona com o cristianismo, com o problema de "tornar-se cristão", com a mira polêmica, direta e indireta, à enorme ilusão da cristandade, ou melhor, que em uma nação todos os seus habitantes são por isso todos cristãos.*[297]

Portanto, mesmo que os rapazes com quem se encontrava pela rua o apontassem chamando-o de senhor *Aut-aut*, ele não se sentia de verdade como alguém que hesitava entre dois modos de existência, o

---
297 S. Kierkegaard, *Synspunktet for min Forfatter-Virksomhed*, cit., SKS 16, 12; tradução italiana: *cit.*, p. 122.

mundano e o cristão. Ele queria, em vez disso, colocar uma escolha à sua frente: *ou* nos comprometemos a nos tornar cristãos *ou então* continuamos ou nos tornamos "pagãos", porque mesmo a "ética", se baseada na autossuficiência do homem, torna vão, ou seja, falso, o próprio cristianismo.

Durante os anos 1800, poucos fora da Dinamarca puderam perceber a novidade e a importância de sua produção filosófica e religiosa. A sua "dialética" tinha algo de desconcertante em relação à dos antigos e modernos: não ia do *a quo* das diferenças ao *ad quem* da identidade, mas sim da identidade à disjunção (exatamente o *ou-ou*), em nome do primado do princípio *de contradição* sobre aquele de *não* contradição. Era preciso uma abertura conceitual capaz de uma persuasão mais profunda em relação à da filosofia grega e moderna, para podê-lo seguir. É significativo que isto tenha sido percebido, décadas depois, por um pensador como Nietzsche.

Já em 1888, em uma carta enviada de Nice, no dia 19 de fevereiro, a G. Brandes, ele contava que queria se dedicar aos escritos de Kierkegaard. Brandes era professor na Universidade de Copenhague, onde havia organizado um curso sobre Nietzsche. Quando soube disso, este ficou orgulhoso: era a primeira vez que isso lhe acontecia. Brandes, especialista em filosofia e literatura tanto dinamarquesa quanto alemã, havia escrito a Nietzsche. Este, curioso, respondeu que em sua próxima viagem a Berlim se ocuparia do "problema psicológico de Kierkegaard". É difícil saber do que exatamente ele estava falando, mas pode ser útil mantermos em mente que Nietzsche terminou o *Anticristo* exatamente em 1888, pouco antes de sua doença. Nesta obra, ele isola a figura de Jesus do Cristianismo, que em sua opinião seria apenas fruto do "disangelista" Paulo. Podemos portanto supor que ele tenha intuído em Kierkegaard uma intenção análoga à sua: isolar Jesus da cristandade. Brandes, homem de ampla cultura, certamente estava ciente da áspera polêmica conduzida por Kierkegaard contra a Igreja oficial, e deve ter comentado algo sobre isto com Nietzsche. Podemos também observar que ambos os pensadores concordam ao considerar o homem, paradoxalmente por força de toda a sua irredutível finitude, respectivamente com "franqueza" [*Frimodighed*] e com "coragem" [*Mut*].

Quando a Europa e o mundo se encontraram de repente às voltas com desenvolvimentos políticos e sociais que se seguiram à I Guerra Mundial, muitos pensaram que era necessário reagir: ou traduzir para a realidade política no sentido revolucionário (pouco importa se de direita ou de esquerda) os "sistemas" filosóficos dos anos 1800, ou então buscar alternativas radicais às suas dialéticas totalizantes, de calibre imanentístico.

A semantização do ser como *inter-esse* foi explicitada por Kierkegaard no *Compêndio não científico provisório às "Migalhas filosóficas"*, mas manteve-se por muito tempo não observada. Tornou-se imprescindível para aqueles que queriam, antes de tudo, acabar com um filosofar indiferente tanto ao homem quanto a um Deus de transcendência. Karl Barth, para a teologia, e Martin Heidegger, para a filosofia, foram guias geniais para aquela "fortuna" de Kierkegaard conhecida como Kierkegaard *Renaissance* e depois como "existencialismo". Estes dois pensadores merecem ser levados em consideração por terem compreendido como Kierkegaard foi e deve continuar sendo decisivo para a filosofia e a teologia.

1. Barth e a "teologia dialética"

Karl Barth, na segunda edição de seus comentários à *Carta aos Romanos*,[298] repetidamente menciona Kierkegaard. A *sua* dialética, exatamente como aquela de Kierkegaard, não visa a reduzir progressivamente, até anular no nível do Espírito Absoluto, a diferença entre o homem e Deus, mas ao contrário, pretende escavar cada vez mais profundamente a irredutível diferença que os separa e que, exatamente por isso, consente que eles estejam face a face. O mesmo Paulo, exatamente porque quer ser completamente apóstolo, rompe logo com toda a dialética tendencialmente unitiva em relação Àquele que ele anuncia:

> Que Paulo seja quem quer ou aquilo que quer,
> o conteúdo de sua missão, em última instância,
> não está nele, mas em uma insuperável alteridade

---

298 BARTH, K. *Römerbrief*. Munique: Kaiser, 1922², edição italiana por G. Miegge, *L'espistola ai Romani*. Milão: Feltrinelli, 1962, de onde citamos.

> acima *dele. Ele não pode tomar consciência de sua vocação de apóstolo como de um momento do seu desenvolvimento biográfico. "A vocação de um apóstolo é um fato paradoxal, que no primeiro e no último instantes de sua vida está fora de sua identidade pessoal consigo mesmo" (Kierkegaard).*[299] *Ele é e se mantém ele mesmo; todo homem lhe é, por essência, próximo. Mas em contradição consigo mesmo, e diferentemente de qualquer outro homem, ele também é chamado e enviado por Deus.*[300]

O relacionamento de um apóstolo com Deus é, segundo Kierkegaard, caracterizado pela "comunicação direta". A um apóstolo, Deus, em Cristo, revela-se diretamente, enquanto isto ocorre apenas indiretamente para aqueles que recebem a novidade cristão através da experiência de Jesus Cristo tida pelos Apóstolos. Estes primeiro tinham que "se escandalizar" com Jesus Cristo, ou seja, um homem humilde, ofendido por todos, e enfim morto da forma mais ignominiosa, pretendendo ser "*O Filho de Deus*", o homem-deus. Barth chama este escândalo de "apesar de" [*Trotzdem*], que não pode faltar para a fé em Cristo:

> *Em Jesus a comunicação de Deus começa com uma repulsa, com a abertura de um abismo insolúvel, com a oferta consciente do mais grave*

---

299 O local da citação, não indicado por Barth, é: S. Kierkegaard, *Tvende ethisk-religieuse Smaa-Afhandlinger* [*Duas pequenas dissertações ético-religiosas*], *SKS* 11, p. 89, publicado por Kierkegaard em 1849 com o pseudônimo-sigla "H. H."; tradução italiana por C. Fabro, *Scritti sulla comunicazione*. Roma: Logos, 1982, II, p. 265. A segunda destas duas dissertações se chama *Della differenza fra un genio e un apostolo*.
300 K. Barth, *Römerbrief*, *cit.*, p. 3; tradução italiana: *cit.*, p. 3.

> escândalo: "Se se tira a possibilidade do escândalo, como se fez na cristandade, todo o cristianismo é abolido. Este se tornou uma coisa leve e superficial, a qual não fere o bastante nem cura, a invenção especiosa de uma compaixão apenas humana, que se esquece da infinita diferença qualitativa entre Deus e o homem" (Kierkegaard).[301] A fé e Jesus são o radical "apesar de". [...] É o risco de todos os riscos. Este "apesar de", este ato inconcebível, este risco é o caminho que indicamos. Nós exigimos fé, nada mais, nada menos.[302]

Uma distância de quase um século separa Kierkegaard do primeiro Barth, mas é como se entre os dois houvesse uma relação pessoal, tão contígua é a passagem do bastão na tese da transcendência de Deus, não como demonstração, mas sim como pressuposto, um pressuposto não para ser removido em vista de uma identidade pacificadora, mas para ser acentuado como fundamento de uma nova "dialética" e de uma nova "identidade". Barth, no quinto capítulo do *Römerbrief*, aplica esta nova dialética à renovação do homem gerada pela "graça". Esta faz com que tudo mude no viver do crente, mas exatamente nesta disjunção de seu velho "si" é que o existente chega à sua verdadeira identidade, e à possibilidade de viver realisticamente no mundo:

---

301 A citação é tirada de S. Kierkegaard, *Indøvelse i Christensdom* [Esercizio del cristianesimo], *SKS* 12, 143; tradução italiana por C. Fabro, in *Opere, cit.*, p. 761.
302 K. Barth, *Römerbrief, cit.*, p. 73; tradução italiana: *cit.*, p. 73.

> *Nós não somos apenas aquilo que somos, mas por meio da fé somos também aquilo que nós não somos. Aquilo que, invisível na "paixão infinita" (Kierkegaard), visível apenas como um vazio, se apresenta na vida de todos os dias, [...] isto é o homem novo, o sujeito do predicado "crer". Não sou este sujeito, pelo fato de que este, como sujeito, como isto que é, é absolutamente além, é o radicalmente outro em relação a tudo aquilo que eu sou. Entretanto – eu sou este sujeito, pelo fato de que aquilo que ele faz, o seu predicado, a fé, consiste exatamente na posição da identidade entre ele e eu.*[303]

A "fé", que para o Kierkegaard de *Migalhas filosóficas* é o lugar da "feliz harmonia" entre o intelecto e o Paradoxo, é, para o Barth de *Carta aos Romanos*, o lugar da "identidade" do homem tornado "novo" pela "graça". Esta fé é certamente um lugar de disjunção entre o eu de antes, pagão, e aquele tornado cristão, mas também é uma identidade *nova*, finalmente verdadeira, porque não mais destinada a implodir na substancialidade do todo, ou seja, na indiferença do eu por si mesmo. Barth se vale de fato da nova antropologia explicitada por Kierkegaard em *O desespero humano*. Se o homem é "uma relação que se relaciona consigo, e relacionando-se consigo, relaciona-se com o Outro que o colocou", toda vez que o homem busca não ser mais uma tal relação, preferindo estabilizar-se em um "em si" substancial, eis que ele se

---

303 *Ibid.*, p. 125; tradução italiana: *cit.*, p. 125.

torna presa do "desespero": quer morrer a si mesmo, sem consegui-lo.

2. Do edificante de Kierkegaard à temporalidade existencial de Heidegger

Se considerarmos o comprometimento de Martin Heidegger, durante todo o seu longo serviço ao pensamento, em contestar não tanto as teses individuais de outros pensadores quanto a própria impostação de todo o pensamento ocidental, então não nos devemos surpreender que ele tenha, antes de *Sein und Zeit*, expressado uma incondicional admiração pelo rigor e pelo método de um pensador como Kierkegaard, do qual mais tarde, e tentaremos entender o porquê, quis se afastar. Em uma longa "Nota" sobre a *Psicologia das visões de mundo* de Jaspers, que remonta a 1919-1921, enviada ao autor em 1922 e que permaneceu por muito tempo inédita, ele critica o pressuposto da "objetividade", da qual, em sua opinião, nem mesmo Jaspers havia conseguido se livrar, e para isto contrapõe a ele Kierkegaard como modelo epistemológico:

> *No que tange a Kierkegaard, devemos notar que raramente chegou-se, na filosofia ou na teologia (onde, aqui é indiferente), a um nível de consciência metodológica rigorosa como o seu. Se não considerarmos esta consciência metodológica, ou se a tomarmos como secundária, nos fugirá*

> *exatamente aquilo que em Kierkegaard é decisivo. [...] A apropriação dos objetos da filosofia está ligada ao rigor da atuação metódica que supera aquele de qualquer ciência, porque, enquanto na ciência é decisiva apenas a exigência da objetividade, faz parte das coisas da filosofia também quem filosofa e a sua (notória) pobreza.*[304]

A filosofia precisa de um protagonista o mais pobre possível, o único capaz de poder se interessar por tudo e nada mais, para poder se interessar por si mesmo *de verdade*! Talvez Heidegger tenha lido as poucas páginas do "*Ultimatum*" com o qual se conclui *Enten – Eller*. O conceito de "edificante" é o fio condutor não apenas de toda a sucessiva e riquíssima produção de Kierkegaard, como também constitui também o seu nervo especulativo. O "pensamento de que perante Deus estamos sempre errados" não é dar-lhe sempre razão, mas conseguir considerar-se sempre errado apesar da tentativa própria do eu humano de se esquecer da própria finitude, ou seja, de ter razão. O objetivo do edificante implica um comprometimento autocrítico radical. Em Kierkegaard, Heidegger descobre um eu não apenas absolutamente "pobre", mas também absolutamente capaz de se empobrecer de qualquer aquisição que constitua um obstáculo a este empobrecimento. Trata-se de um eu protegido tanto da tentação totalizante quanto da indiferença pela alteridade.

---

[304] HEIDEGGER, M. "Wegmarken", *in* _____. *Gesamtausgabe*, 9. Frankfurt a. M., p. 41-42; edição italiana por F. Volpi, *Segnavia*. Milão: Adelphi, 1987, p. 469-470.

Heidegger, tanto em *Sein und Zeit* quanto em sua produção sucessiva, não reconhecerá jamais em termos tão explícitos e comprometedores este débito em relação ao dinamarquês. Mas exatamente na sua obra maior é que se encontra, em nota, o motivo de sua estima e de sua necessidade de pôr limites a esta: "Do ponto de vista filosófico, há muito mais a ser aprendido a partir de seus escritos de 'edificação' que a partir dos teóricos, com exceção daquele sobre o conceito de angústia".[305]

Como é que Heidegger foi tão avaro em reconhecimento, ou pelo menos de referências, a Kierkegaard? Provavelmente ele não quis fazer seu o nexo descoberto por Kierkegaard entre a vida do indivíduo [*singolo*] no tempo e "o eterno no tempo", ou seja, entre o transcender existencial do homem e o Transcendente de forma alguma capturável por parte da subjetividade. Em sua opinião, mesmo as esplêndidas notações de Kierkegaard em relação ao "instante" estão limitadas ao plano "existentivo", sem jamais alcançar relevo "existencial":

> *Søren Kierkegaard viu da forma mais penetrante o fenômeno existentivo* [existentiell] *do instante* [Augenblick]; *o que porém não significa que tenha conseguido de forma correspondente também a interpretação existencial* [existential]. *Ele não sai do âmbito do conceito vulgar do tempo e determina o instante com a ajuda do agora* [Jetzt] *e*

---

305 *Id., Sein und Zeit*. Tübingen: Niemeyer, 1960⁹, p. 235; edição italiana por P. Chiodi, *Essere e tempo*. Turim: UTET, 1986², p. 357.

> *da eternidade* [*Ewigkeit*]. *Quando Kierkegaard fala de "temporalidade", fala do "ser-no-tempo" por parte do homem. O tempo como intratemporalidade conhece apenas o agora e jamais o instante.*[306]

Para Heidegger, entre o *Jetzt* da "intratemporalidade" [*Innerzeitigkeit*] e a *Ewigkeit* não há lugar para nenhum *Augenblick* existencial. Ele entende o eterno de Kierkegaard como um "agora" do qual se tirou todo limite de duração. Aprecia o "edificante" de Kierkegaard como um transcender em totalidade não totalizante, mas teme que, se posto "perante Deus", implique a recaída do filosofar na "ontoteologia". Mas Kierkegaard havia descoberto que, para o cristão, há um *lugar* em que o homem e Deus podem se encontrar protegidos de qualquer redução a um e a Outro: a fé.

Também Heidegger, mais tarde, na conferência *Zeit und Sein* de 1962, reconhecerá que no plano fenomenológico existe um espaço que se sobressai em relação à temporalidade de *Sein und Zeit*: "O tempo autêntico é quadridimensional"[*Die eigentliche Zeit ist vierdimensional*].[307] A quarta dimensão do tempo autêntico é "o espaço de jogo", criado pela "oferta" de tempo ao tempo, pelo dom do tempo. O tempo autêntico é "tempo-espaço" [*Zeit-Raum*].

---

306 M. Heidegger. *Sein und Zeit, cit.*, p. 338; edição italiana: *cit.*, p. 491-492.
307 *Ibid.*, in HEIDEGGER, M. *Zur Sache des Denkens*. Tübingen: Niemeyer, 1969, p. 15-16, tradução italiana por Eugenio Mazzarella, *Tempo ed essere*. Nápoles: Guida, 1987², p. 120.

O jogo de passagens entre presença e ausência não é um fim em si: é um jogo absolutamente sério, em que está em causa o "dar-se" do ser e do tempo. Algo ou alguém se torna ausente exatamente por oferecer uma constante alternativa a um mundo que, de outra forma, seria apenas uma coleção de entes e de instantes, indiferentes tanto ao subsistir próprio do ser quanto ao passar próprio do tempo. Assim como Kierkegaard descobre na "existência" o "algo em que" há lugar para a fé, Heidegger descobre que a temporalidade existencial não exaure a abertura do *Dasein* a algo de cuja "ultimidade" ele não pode tomar posse, e portanto daquele "último Deus" a que Heidegger fará uma nova e decisiva referência nos póstumos *Beiträge zur Philosophie*.

É, portanto, suficiente não estarmos "distraídos" em relação à própria "existência", como ensina Kierkegaard, e como o próprio Heidegger, através dele, compreendeu e apreciou no nível "metodológico", para evitar que caiamos na estreiteza da ontoteologia.

3. Sartre: Hegel e Kierkegaard, equitativos?

Jean-Paul Sartre, em *Critique de la raison dialectique*, assume o papel de juiz imparcial, tendo atrás de si a discussão francesa sobre Kierkegaard após a influente obra de Jean Wahl, *Études kierkegaardiennes* (1938). Tem razão quem considera Kierkegaard um hegeliano ou quem faz dele o vencedor do "sistema"?

De um lado, Hegel sustenta legitimamente que "la médiation se présent toujours comme un enrichissement", mas por outro lado Kierkegaard justamente "insiste avant tout sur l'irriductiblité d'un certain réel à la pensée et sur sa *primauté*".[308] A "mediação" certamente *enriquece*, mas há "um certo real" que lhe foge, irredutível ao pensamento que o pensa, independentemente da riqueza de conteúdo deste real. E então o "*primado*" [destaque do autor] é atribuído exatamente a *este* real que não se deixa mediar pelo pensamento; é um real totalmente heterogêneo em relação a qualquer outra coisa: é "a existência" do existente, que ele próprio, nem mesmo como pensamento, não pode deixar impunemente para trás. Kierkegaard – observa Sartre – poderá certamente ser suspeito de um irracionalismo conservador em relação ao contínuo progresso do sistema, mas o primado reconhecido por ele à existência é "la mort de l'idéalism absolut".[309] Mesmo se o sistema fosse capaz de chegar ao completamento de si com a demonstração de que nada lhe foge, se trataria sempre de uma vitória de Pirro, porque o próprio Heigel, como indivíduo [*singolo*] existente, seria, para dizê-lo como Kierkegaard, aquele tipo estranho de "professor distraído" que deixou em um canto a própria existência, como se fosse uma bengala.

---

308 SARTRE, J.-P. *Critique de la raison dialectique*. Paris: Gallimard, 1960, p. 19-20.
309 *Ibidem*.

Sartre não pretende pender a favor de Kierkegaard e, para reforçar as razões de Hegel, leva a campo a interpretação de J. Hyppolite. Este, em *Études sur Marx et Hegel* (1955), sustenta que o "panlogismo" de Hegel é ao mesmo tempo um "pantragicismo", ou seja, participação incondicional, por parte do pensante, à finitude dos conteúdos pouco a pouco pensados por ele mesmo, portanto não a sua "superação", e menos ainda o esquecimento da própria existência por parte do indivíduo [*singolo*] existente, mas a conferência de uma "concretude universal" às contradições da existência por parte do próprio existente.

Mas de fato a própria tese de Hyppolite consente a Sartre replicar contra o sistema, e pôr-se ao lado de Kierkegaard. Certamente deve-se reconhecer, ele observa, que Hegel se dedicou em favor das formas finitas do espírito, mas é sempre o Espírito que é delegado a "reconhecer" a verdade das próprias formas finitas, ou seja, estas "sont des incompletudes dejá reconnues comme telles *de point de vue de la totalité*".[310] O que é decisivo é que, em Hegel, a conferência de significado não pode ocorrer senão através da própria "totalidade", jamais do ponto de vista do finito, ou seja, do existente, nem mesmo se este for Hegel em pessoa.

Referindo-se à figura de Abraão, e implicitamente a Kierkegaard, Sartre observa que – conforme a linguística moderna – o que é decisivo no plano da verdade é identificar quem é "o significante": uma questão é se este papel é gerido pela totalidade; outra,

---
310 *Ibid.*, p. 18.

se é o indivíduo [*singolo*] existente, o qual, porém, enquanto *engagé* no próprio existir, não pode ter a si mesmo como objeto do próprio ato de significação: "L'homme est le signifiant: il produit lui même les significations et nulle signification ne lo vise du déhors (Abraham ne sait pas s'il est Abraham); il n'est jamais le *signifié* (même par Dieu)".[311] O Abraão de *Temor e tremor* não pode nem mesmo saber que é Abraão, porque sua existência está totalmente comprometida a conferir significado àquilo que lhe é outro, jamais a ser ele mesmo objeto de atos de significação. Abraão não pode nem mesmo saber quem é através de Deus, o qual não pode reduzir um existente a objeto.

Há um tipo de *ou-ou* também para Sartre: ou se é homem enquanto existente ou então se é objeto, coisa entre as coisas; ou o próprio ser é *"pour soi"* ou é *"en soi"*. Nesta célebre contraposição teorizada em *L'être et le néant*, é mais reconhecível a matriz kierkegaardiana do que o dualismo cartesiano. A intenção filosófica de Sartre não é a de construir a ponte cognitiva do sujeito ao objeto, mas a de reapropriar o homem daquilo que unicamente conta para ser homem, e não coisa. A diferença abissal é que, para Kierkegaard, a humanização do humano só é possível no existir em relação com Deus, enquanto, para Sartre, exatamente a negação de Deus é a *conditio sine qua non* para fazer com que a filosofia da existência, "o existencialismo", seja como tal "humanismo".

---

311 *Ibid.*, p. 18, n. 1.

Para Kierkegaard, cada momento da vida no tempo tem uma importância eterna porque o homem está, de direito, frente a Deus na manutenção da infinita diferença qualitativa, que o separa irredutivelmente Dele. Deus não apenas deixa o homem "existir", mas faz com que as relações do homem com as coisas, com os outros e com o próprio Deus possam ser baseadas na liberdade, também na "angústia" e no "desespero", entretanto sempre no horizonte da estratégia de salvação do homem por parte da "Providência". Kierkegaard pôde vencer o "sistema" — como o próprio Sartre reconhece — exatamente em virtude de um existir em relação com Deus, o Deus dos cristãos. E todavia, para Sartre, exatamente Deus, o Deus criador, é o primeiro e prejudicial obstáculo que "o existencialismo", o seu, deve remover para tornar possível o "humanismo".

Como explicar este repúdio de Deus com base em uma valorização da existência fundamentalmente kierkegaardiana? Sartre refuta Deus porque acredita que a única concepção de Deus que circula nos crentes seja aquela, comum a tanta filosofia moderna, que faz dele o artesão principal que, antes de produzir algo, tem bem clara em mente a "essência" daquilo a que quer conferir a "existência". O Deus criador conhece a essência do homem antes de criá-lo, e também as relações que com ele pode ter, assim como um industrial deve ter bem presente a ideia de um "abridor de cartas" para então poder produzi-lo e vendê-lo conforme a utilização que os compradores querem dele fazer: "Dieu produit l'homme suivant des techniques et une conceptio, exactement comme l'artisan fabrique [20] un coup-papier suivant une définition et une technique".[312] Kierkegaard também pensa Deus como o Onipotente criador do mundo, mas no que concerne à criação do homem, o único entre as criaturas a ser "o existente", o operar criador de Deus é completamente diferente daquele de um técnico. Deus pretende criá-lo "à sua imagem", ou seja, antes de tudo livre como ele mesmo é livre para criá-lo, e no criá-lo. Ele o cria como um "relacionamento com que se relacionar", de forma que iria contra a humanidade do homem o fazer-se Deus, por sua parte, ou qualquer outra forma de subsunção gnóstica do homem, por parte do próprio Deus. O Deus de Kierkegaard sabe bem que Abraão é um existente, e não um objeto, e Abraão sabe bem que Deus não é um ídolo. Kierkegaard mantém afastada de sua concepção do relacionamento entre o homem e Deus qualquer concessão ao substancialismo. Talvez exatamente por isso é que Sartre tenha sentido seu fascínio, apesar de seu conclamado ateísmo.

Quando ele traça a visão ideal do homem, que o seu existencialismo seria capaz de fornecer, acaba por pegar muito do que lhe oferece exatamente o Abraão de *Temor e tremor*, o "segundo pai do gênero humano". Pensemos na "suspensão teleológica da ética", exigida por Deus a Abraão, e na nova forma

---

312 SARTRE, J.-P. *L'existentialisme est un humanisme*. Paris: Nagel, 1970, p. 20.

de responsabilidade universal de que Sartre afirma que todo homem, se em boa fé, deve se considerar protagonista e exemplo. Sartre também, de fato, propõe suspender todas as normas éticas, mas sempre em vista de um *telos*: o irredutível "primado" do homem enquanto "existência". Trata-se do único fim capaz de anular a cogência de qualquer outro mandamento ou valor. O próprio existente é de fato chamado a escolher o que é bem ou mal:

> *Rien ne me designe pour être Abraham, et pourtant je suis obligé à chaque instant de faire des actes exemplaires [...], et chaque homme doit se dire: suis-je bien celui qui a le droit d'agir de telle sorte que l'humanité se règle sur mes actes?*[313]

Cada um é chamado a cumprir "atos exemplares", a ponto de se considerar legislador universal em matéria ética, como já ensinava Kant. Mas Sartre tem como referência o Abraão de *Temor e tremor*. Não pensa em uma legislação universal, mas em um universo de legisladores efetivamente existentes, à maneira de Abraão, pai de uma nova humanidade. Eu tenho o dever de pretender que "a humanidade se regule sobre meus atos" porque creio que haja *outros*, não outras coisas, mas outros *existentes*, que têm igualmente o direito e o dever de cumprirem atos exemplares em relação a mim, ou seja, não me considerarem uma coisa. Se, enquanto existente, devo dar o primado à existência sobre qualquer essência,

---

313 *Ibid.*, p. 31.

então este primado eu devo estender aos outros existentes. Para Sartre, se eu negasse a existência de outros existentes, então eu também cessaria de ser um existente. Os outros existentes são reconhecidos com tanta liberdade, sem a qual nem mesmo eu poderia me considerar livre: "Je ne puis prendre ma liberté pour but, que si je prends également celle des autres pur but".[314]

O reconhecimento da existência dos outros como igualmente livres tem, em Sartre, o mesmo papel que Kierkegaard consigna ao relacionamento do indivíduo [*singolo*] com Deus. Em ambos os casos, se está de frente a uma semantização originária da existência sem a qual se imporia a visão do ser como substância. Exatamente para manter firme a concepção do homem como existente é que Kierkegaard o põe como aquele relacionamento com Deus que, de forma alguma, deve ser pensado como unitivo dos dois; Sartre, no lugar do relacionamento com Deus, põe aquele do indivíduo com a liberdade dos outros existentes, e de tal forma pretende garantir a mesma dignidade do homem. O Abraão de *Temor e tremor* não é um "assassino", mas um "crente"; "suspendeu" temporariamente a ética como fim do homem para não fazer dela um ídolo. O seu fim é ficar perante Deus na manutenção da "infinita diferença qualitativa entre o homem e Deus"; Sartre, entretanto, não pode excluir que ter assumido a liberdade *pour but*, como aquilo que é decisivo para a humanização do

---

314 *Ibid.*, p. 83.

homem, implique concretamente a absolutização da escolha feita por alguém, com a consequência de que o reconhecimento da humanidade do homem no plano abstrato resultaria válido, mas concretamente irrealizável, senão pelo conflito de todos contra todos. Sartre está convencido de prevenir tal catástrofe banindo todo e qualquer Deus. Mas também este banimento seria sempre uma ideologia, um ídolo. De fato, Sartre "se engajou" no sistema de Marx.

Então, é preciso dar razão a Heidegger quando, em sua carta a Jean Beaufret, observa que Sartre, sustentando que a existência é posta *antes* da essência, só "estragou" a impostação "metafísica", aquela representada de modo paradigmático por Platão. Heidegger, assim, facilmente declara que a tese de Sartre, de que a existência deve preceder a essência; não tem nada a ver com o que ele desenvolveu em *Sein und Zeit*, na qual a questão fundamental tange ao que devia ser pensado ainda antes de, na filosofia, ser imposta a contraposição fatal entre o *esse essentiae* e o *esse existentiae*.[315]

Porém, se considerarmos que ambos os pensadores não querem saber de um deus como onisciente... inventor do abridor de cartas (Sartre), ou então como a "coisa maior" ["*das Seiendste*"] do que todas as outras coisas (Heidegger), então eles convergem naquela forma de ateísmo que deriva da necessidade de sair do esquecimento da "existência". Aqui, ambos se reconhecem devedores a Kierkegaard.

---

315   *Cf.* HEIDEGGER, M. *Platons Lehre von der Wahrheit. Mit einem Brief über den "Humanismus"*. Berna: Francke, 1947, p. 72-73.

4. Bonhoeffer: do paradoxo à substituição vicária

Dietrich Bonhoeffer (1906-1945) conferiu ao paradoxo kierkegaardiano uma intensidade expressiva e uma produtividade ética novas. Em sua juvenil *Cristologia* (1933), ele empresta de Kierkegaard a afirmação de que o núcleo fundamental do paradoxo cristão está na contradição de considerar "absoluto" um fato contingente, e o que manifesta como o que permanece escondido:

> *Não se pode jamais conquistar, em relação a um fato histórico, uma certeza em si absoluta. Esta se mantém um paradoxo. Todavia, é constitutiva para a Igreja. Isto significa, para a Igreja, que um fato histórico não é passado, mas presente; que o contingente é o absoluto e o passado é o presente, e que o elemento histórico* [das Geschichtliche] *é a contemporaneidade (Kierkegaard). Apenas lá onde se suporta esta contradição é que o fato histórico* [historisches Faktum] *se torna absoluto. Esta asserção, segundo a qual o elemento histórico se torna contemporâneo e o mistério se torna óbvio, tem a possibilidade de ser feita apenas lá onde o mistério se torna contemporâneo e óbvio, ou seja, a fé no milagre feito por Deus na ressurreição de Jesus Cristo.*[316]

Este fundamento kierkegaardiano constituiu, para Bonhoeffer, o ponto de partida para algumas

---
316 BONHOEFFER, D. *Cristologia*. Brescia: Queriniana, 1984, p. 53. Tradução italiana por M. Cr. Laurenzi.

entre as teses mais famosas que ele elaborou em seguida, assim valorizando Kierkegaard além do explicitado por ele mesmo. Isto vale, antes de tudo, para o papel cristológico e ao mesmo tempo ontológico que Bonhoeffer vê no "paradoxo". Cristo, ele afirma em sua *Ética* incompleta, é sim o Paradoxo, mas é tal do ponto de vista de concepções desumanas, ateias, e por isto mesmo *irreais*. Cristo deve ser considerado a condição para se chegar à realidade autêntica do homem e do mundo inteiro. Cristo não é a humanidade em geral, mas "'*o*' real", aquele que desmascara e vence qualquer abstração:

> *A realidade é em primeiro e em último lugar não um algo de neutro, mas uma pessoa real, ou seja, o Deus que se tornou homem. Todo o factual tem no real, cujo nome é Jesus Cristo, o seu último fundamento, e a sua última superação tem nele a sua última justificativa e a sua última refutação.*[317]

Aquilo que é "penúltimo" deve ser posto em relação com Cristo, que é o Primeiro e o Último. Os quatro "mandatos" da vida cristã (um lugar típico da teologia moral luterana): trabalho, família, autoridade, Igreja, podem assim se tornar tarefas de real responsabilidade no mundo. Os cristãos, de fato, enquanto comunidade aos pés da cruz de Cristo, devem tornar-se "conformes" ao corpo de Cristo crucificado. Com isto, inserem-se na perspectiva crítica e

---

317 Id., *Etica*. Brescia: Queriniana, 1995, p. 228. Edição italiana por A. Gallas.

profética do próprio Deus enquanto necessitado de ajuda por parte do homem. E eis que o homem é chamado, através de Deus, a uma tarefa de responsabilidade radical em relação a todos que necessitam de ajuda. Deus na cruz é o paradoxo que provoca o homem de qualquer tempo, e particularmente o homem moderno, a ser completamente adulto e assumir as responsabilidades daqueles que ainda não são capazes de confrontá-las com as próprias forças. O Deus cristão deve ser colocado no "centro da vida", porque é o lugar em que todas as forças presentes na comunidade cristã são chamadas à "substituição vicária" [*Stellvertretung*] como função incondicional e universalmente envolvente. Através de Cristo, é consentido ao crente descobrir a concepção de Deus que derruba o modo habitual com que o homem recorre a Deus:

> *Deus não é um tapa-buracos; Deus não deve ser reconhecido apenas no limite de nossas possibilidades, mas no centro da vida; Deus quer ser reconhecido na vida, e não apenas na morte; na saúde e na força, e não apenas no sofrimento; na ação, e não apenas no pecado. A razão de tudo isto está na revelação de Deus em Jesus Cristo. Ele é o centro da vida, e não é de fato um "aposto" para responder a questões não resolvidas.*[318]

Esta visão do papel de responsabilidade no sentido intramundano da cruz de Cristo consente que

---

318   BONHOEFFER, D. *Resistenza e resa*. Cinisello Balsamo: Paoline, 1998, p. 382-383. Edição italiana por A. Gallas.

repensemos o *ou-ou* kierkegaardiano em novos termos. A escolha religiosa, para ser autêntica, não exige que a estética e a ética fiquem fora das "categorias de imanência", como a radicalidade do dinamarquês induz que entendamos. A "substituição vicária" é estendida, por Bonhoeffer, dos relacionamentos entre os homens às suas atividades. O cristão pode e deve assumir para si responsabilidades religiosas também no plano estético e ético, mas com o máximo respeito às autonomias. Na carta do cárcere, datada de 23 de janeiro de 1944 e endereçada ao amigo Bethge e à irmã Renate, esposa deste, Bonhoeffer pode, assim, abrir sem hesitação o comprometimento religioso à arte e à amizade:

> *Talvez seja o conceito de Igreja o único a partir do qual se pode recuperar outra vez a compreensão para o espaço da liberdade (arte, formação cultural, amizade, brincadeiras)? Portanto a "existência estética" (Kierkegaard) não deveria ser expulsa do âmbito da Igreja, mas encontrar exatamente ali o seu novo fundamento? Na verdade, acredito que sim, e a partir daí poder-se-ia recuperar de maneira nova a conexão com a Idade Média.*[319]

Na carta a Bethge de 28 de julho de 1944, Bonhoeffer, recriminando Kierkegaard por um excessivo papel reservado à cruz em detrimento das tantas "bênçãos" presentes no Antigo Testamento, observa: "A diferença entre Antigo e Novo Testamento está apenas no fato de que no Antigo a

---

319   *Ibid.*, p. 264.

bênção contém em si também a cruz, e no Novo a cruz contém em si também a bênção".[320] Bonhoeffer está sempre atento para que as categorias religiosas não sejam reduzidas a "princípios", a "abstrações", a "ídolos". Isto quem lhe ensinou foi o próprio Kierkegaard. No centro de *Exercício de cristianismo*, a referência à cruz de Cristo é o elemento dialético de toda reconstituição e transfiguração do humano; já se respira a mesma atmosfera que Bonhoeffer expressa na poesia *Cristãos e pagãos*:

> *Pessoas buscam a Deus na Sua necessidade, acham-no pobre, insultado, sem abrigo nem pão. Veem-no envolto em pecado, fraqueza e morte. Cristãos ficam com Deus na Sua paixão. Deus busca a todas as pessoas na sua necessidade, satisfaz o corpo e a alma com seu pão, sofre por cristãos e pagãos a morte na cruz e a ambos concede perdão.*[321]

5. Guardini: o "espírito" precisa da "pessoa"

Kierkegaard, no começo de *O desespero humano*, define "espírito" como o homem inteiro, não apenas a sua parte mais nobre. É exatamente a partir desta concepção que Romano Guardini chegou a *Der Ausgangspunkt der Denkbewegung Sören Kierkegaards* [*O ponto de partida do itinerário especulativo de Sören*

---
320 *Ibid.*, p. 452.
321 *Ibid.*, p. 427. NT: Texto extraído já traduzido do livro *Resistência e Submissão*, de Dietrich Bonhoeffer. Rio de Janeiro: Sinodal, 2014.

Kierkegaard] (1927), mas também ao ponto débil da antropologia kierkegaardiana. É portanto oportuno retomar aqui a definição de Kierkegaard, totalmente:

> *O homem é espírito. Mas o que é o espírito? O espírito é o si mesmo. Mas o que é o si mesmo? O si mesmo é uma relação que se estabelece com ela mesma. O homem é uma síntese de finito e infinito, de temporal e eterno, de liberdade e necessidade; é, em suma, uma síntese. Uma síntese é uma relação entre dois. Sob este ponto de vista, o homem ainda não é um si mesmo. [...] Tal relação que se relaciona com ela mesma, um si mesmo, deve ou ter posto a si mesma ou então ter sido posta por um Outro. Se a relação que se estabelece com ela mesma foi posta por um Outro, então a relação é certamente um terceiro elemento, mas este terceiro elemento é, porém, por sua vez, uma relação: ao se relacionar com ela mesma, relaciona-se com um Outro.*

O pensador veronês notou uma surpreendente proximidade e distância em relação à sua teoria exposta em *Oposição polar* (1925). Para Guardini, o homem é, de forma "polar", puxado para opostos, e esta oposição remonta a Cristo não como aniquilação dos opostos, mas sim como revelação, feita ao homem, daquilo que isto é em essência. Guardini também dá uma grande importância filosófica e teológica, portanto, ao conceito de relação. Porém, no lugar daquilo que Kierkegaard chama de "relação", reservando-o ao homem, Guardini prefere pôr "pessoa", conceito que em sua opinião diz mais sobre o homem que "relação" ou "espírito". Por isso, Guardini reflete sobre a complexa definição de Kierkegaard, ressaltando-a de forma pessoal:

> Nas passagens de Kierkegaard notamos, antes de tudo, uma coisa: "espírito" é equiparado a "eu", a pessoa. O espírito é pessoa ou não é, de fato. E mais: a própria pessoa não é um "ser" estático, um ente fechado, mas uma relação, um relacionamento, e precisamente um relacionamento consigo mesma [...]. A pessoa consiste no fato de que uma relação se coloca em relação consigo mesmo, e que um ato que realiza uma relação assume-se a si próprio como finalidade da relação.[322]

Para Guardini a "pessoa" é, por assim dizer, o espírito *em potência*, enquanto que o espírito é propriamente tal apenas quando *em ato*, quando é "espírito vivente". Em sua opinião, Kierkegaard ignora a presença no homem desta riqueza de potencialidade, considera o homem apenas enquanto atualidade espiritual, fraturando-o em atos individuais, isolando-o da estabilidade da qual a pessoa é portadora:

> Este personalismo dinâmico pode volatilizar completamente a pessoa. Se a pessoa é pessoa apenas como conteúdo do ato e apenas nos encontros-ato, a pessoa aparece portanto como algo de continuamente transitório [...]. A vida

---

322 GUARDINI, R. *Pensatori religiosi*. Brescia: Morcelliana, 1977, p. 33-34. Os ensaios contidos nesta edição italiana por A. Babolin – entre os quais dois sobre Kierkegaard: o mencionado *Punto di partenza dell'itinerario speculative di Søren Kierkegaard* e *Il senso della malinconia*, sobre o qual falaremos mais adiante – são tirados de GUARDINI, R. *Unterscheidung des Christlichen*. Mainz: Matthias-Grünewald, 1963[3].

> não é verdadeiramente viva, se pula em atos fugidios ou escorre nos eventos, mas apenas se "se torna" vivente: ou seja, se é real, eficaz, se dura em vitalidade vibrante. Então o dinâmico se aproxima do estático. Então aparece um "vulto" pessoal.[323]

A reprovação teórica de Guardini esconde, na verdade, a sua admiração por Kierkegaard no que concerne à audácia de pensamento e ao heroísmo do testemunho. Kierkegaard teria sabido compreender o drama de fundo do Romantismo, sofrendo, em parte, com seus elementos decadentistas, mas também indicando caminhos positivos de purificação. Por exemplo, certamente Kierkegaard sofria de "melancolia"; jamais conseguiu curar esta doença tipicamente romântica, mas soube compreender sua causa espiritual:

> A melancolia verdadeira e própria começa quando deveria se verificar uma mais profunda manifestação de espírito, de pessoa, de eu, mas o indivíduo não encontra força para alcançá-la. Neste ponto é que se torna melancólico: é a experiência do romântico que não consegue realizar a si mesmo.[324]

No livro de Kierkegaard que Guardini tem mais presente, *O desespero humano*, a melancolia é, em sua

---
323 GUARDINI, R. *Sulla sociologia e l'ordine della persona*, in _____. *Natura, cultura, cristianesimo*, tradução italiana por A. Fabio, G. Scandiani e G. Colombi. Brescia: Morcelliana, 1983, p. 9; o volume contém ensaios tirados de GUARDINI, R. *Unterscheidung des Christlichen*, cit.
324 *Id.*, *Pensatori religiosi*, cit., p. 48.

opinião, efetivamente desmascarada. Ela não é sinal de genialidade ou de sensibilidade, e menos ainda pode ser a consequência dos golpes da vida; em seu fundo está o "desespero", que é o espírito que compromete completamente a si mesmo para não ser espírito. Quer fechar-se em si, mesmo sabendo ser uma relação: uma relação que pode se relacionar consigo mesmo apenas se se relaciona com Aquele que a pôs como relação, apenas se, para usar a fórmula de Guardini, se "autopertence a Deus". Guardini pode assim incondicionalmente apreciar a descoberta, por parte de Kierkegaard, de um desespero existencial inconsciente que precede e permanece na raiz de qualquer desespero contingente, em seguida ao acontecimento de algo:

> *Kierkegaard mostra, antes de tudo, que o desespero pode estar presente em um homem, mesmo se ele não o suspeita de fato [...]. Analisa então sua essência e sua dialética com uma riqueza verdadeiramente magistral de experiência e de força evocativa. É inquietante constatar com quanta agudeza cortante ele consegue chegar à sua essencialidade.*[325]

Exatamente o modo com que Kierkegaard joga o olhar para o fundo do desespero é o que revela, segundo Guardini, de quanta coragem ele dispunha. Nenhum outro pensador, senão talvez Nietzsche, ousou confrontar os problemas máximos acerca do sentido da vida, não como simples

---

325 *Ibid.*, p. 48.

questionador científico, mas deixando-se envolver pessoalmente por eles:

> Ele é abalado diretamente por todas as forças das potências espirituais e dos problemas existenciais, atento às suas sombras mais sutis, forte e sensível ao mesmo tempo. Percebe-se algo de similar em Nietzsche que, aliás, é profundamente afim a Kierkegaard.[326]

Certamente, observa Guardini, se Nietzsche tivesse conhecido Kierkegaard, teria se oposto a ele ainda mais do que se opôs a outro grande pensador cristão: Pascal. Mas Kierkegaard olhou ainda mais fundo nos abismos em que Nietzsche se precipitou. Desafiou o "demoníaco" lá onde ele é mais fascinante, quando o homem consegue efetivamente renegar Deus estando *perante* o verdadeiro Deus, não perante um ídolo. Ninguém ousou mais que ele. A melancolia foi o preço que Kierkegaard pagou por tanta coragem. O seu erro, ter identificado o seu eu, a sua pessoa, com o mesmo espírito, o levou a pretender de si o humanamente impossível.

No ano seguinte, 1928, Guardini voltou a escrever páginas intensas sobre Kierkegaard no ensaio *O sentido da melancolia*. Está convencido de que a melancolia é um sentimento fundamental ao homem, não uma patologia, e que esta é até preliminar e imprescindível para a obtenção dos frutos do espírito:

---
[326] *Ibid.*, p. 52.

A melancolia é preço do nascimento do eterno no homem. Talvez seja melhor dizer: em determinadas pessoas; determinadas, destinadas a experimentar mais profundamente tal proximidade, a pena de tal nascimento.[327]

Declarando-se aqui expressamente em plena sintonia com Kierkegaard, Guardini identifica nele os elementos para apresentar na melancolia uma distinção decisiva: "É necessário distinguir. Novamente, é Kierkegaard quem o diz. Existe uma melancolia boa, e existe uma melancolia má".[328] Trata-se de uma importante contribuição que o pensador veronês reconhece em Kierkegaard, em vista de um melhor conhecimento do coração humano.

6. Fabro: da parte de Kierkegaard

Cornelio Fabro compreendeu a importância de época da obra de Kierkegaard. Jamais cessou – traduzindo, apresentando, polemizando com os expoentes da Kierkegaard *Renaissance* – de chamar a atenção para o novo humanismo ao qual Kierkegaard abre os caminhos em uma época desiludida dos velhos humanismos, e por isto atraída por Kierkegaard, mas relutante a aceitar seus pressupostos, certamente muito comprometedores, como sobretudo a decisão de "tornar-se cristão", algo sempre desmesuradamente "difícil", ainda mais para os mais dotados, mas "possível para todos", portanto difícil para todos em igual medida:

---
327 *Id., Il senso della malinconia*, cit., p. 111.
328 *Ibid.*, p. 112.

> *Søren Aabye Kierkegaard enche a cultura contemporânea com o seu nome. [...] É algo de excepcional e de indefinível que nos arrasta, aquele manter-se sempre em alta tensão, aquela transfusão imediata, no próprio giro da frase, do ímpeto de suas implorações e de seus protestos. [...] E novos caminhos para ascender a Deus, para entrar no mundo, para descer ao inferno a alma moderna busca nele, alma dilapidada por dúvidas e pela obsessão de dominar o próprio destino.*[329]

Segundo Fabro, muitos destes "novos caminhos" ficaram impraticáveis pelo saqueamento do tesouro potencial constituído pela descoberta kierkegaardiana da "existência". O "existencialismo", em seus vários componentes e expressões, apropriou-se certamente de alguns dos novos pensamentos de Kierkegaard, mas omitiu outros, geralmente aqueles que obrigavam a remontar ao fundamento do qual ele havia partido: o cristianismo. Fabro é muito severo, e não hesita em polemizar com autores decididamente importantes para a influência exercitada em nome de Kierkegaard (M. Heidegger, K. Jaspers, J.-P. Sartre, A. Camus, E. Paci, N. Abbagnano, R. Bultmann, F. Gogarten, P. Tillich, K. Barth); todos, antes ou depois, o tornaram irreconhecível:

> *A luz gerada pela obra kierkegaardiana foi intensa demais para os espíritos laicos, e seu apelo teve um timbre agudo demais para certos ouvido sistemáticos. [...] Foram amontoados*

---

[329] C. Fabro, *Introduzione* a KIERKEGAARD, S. *Diario*. Brescia: Morcelliana, 1980³, 1, p. 7-8.

> *sacos de areia de questionamentos fenomenológicos, teológicos e especulativos – eu penso sempre em Heidegger, em Jaspers e em Barth, a quem cabe a responsabilidade principal.*[330]

De Kierkegaard se acolheu a concepção da existência como abertura, mas se rejeitou seu fundamento na transcendência de Deus:

> *Interpretaram o ser do homem como transcendência em direção à finitude em função do 'nada' [...] enquanto estavam em jogo as categorias do ser do homem em sua relação com Deus*[331].

Daqui, eles desviaram de Kierkegaard: Heidegger teria "optado" por Kant-Hölderlin-Hegel-Nietzsche; Jaspers, por Kant-Hegel-Nietzsche-Max Weber; Barth, pela Reforma.[332]

Fabro atenua em parte a severidade destes juízos admitindo que o próprio Kierkegaard deixou aberto espaço para os mal-entendidos. Se de fato, por um lado, é a relação com Deus o que abre o existente à tarefa de dar importância decisiva a todo instante da vida, e portanto para que não "se distraia" jamais de si mesmo enquanto engajado com o Eterno que o transcende, de outro lado não se vê bem se Kierkegaard dispõe de uma alternativa às metafísicas da imanência nas quais os "existencialistas" terminam por recair:

---

330 *Ibid.*, p. 11.
331 *Ibid.*, p. 37.
332 C. Fabro, "Introduzione" a FABRO, C. (Ed.). *Opere*. Florença: Sansoni, 1972, p. IV.

> *A realidade é que a obra kierkegaardiana, se é verdade que frequentemente mostra muito claramente como se abre e o que quer, não se vê sempre e tão claramente como é que se fecha e o que decide.*[333]

Esta carência de Kierkegaard, Fabro não imputa à incoerência, mas a uma razão de fundo sobre a qual é oportuno refletir. Fabro, frequentemente tão afiado ao tomar parte de Kierkegaard contra quem o diminui ou compreende mal sua contribuição, é muito severo também com o seu autor quando se trata não da "existência", mas do "ser", de cujo sentido Kierkegaard não teria se ocupado, privando-se assim da possibilidade de indicar metas adequadas aos caminhos por ele abertos:

> *Ele compreendeu o vazio da filosofia hegeliana, fundamentada sobre um conceito falso do ser e do pensamento [...]. Compreendeu que o tornar-se é intrínseco ao ser, enquanto o pensamento é estático [...], mas não conseguiu (ou então não sentiu a necessidade de) contrapor a uma filosofia uma outra filosofia [...]. Assim, não se deteve no problema do ser enquanto ser, deixando de valorizar a importância das categorias daquele ser do tempo e da fantasia e o instrumento, ou melhor, a matéria de onde a liberdade se move para escolher o eterno.*[334]

É verdade, Kierkegaard não apresenta o problema do ser, mas fundamenta a sua filosofia em uma nova

---

333 *Id.*, "Introduzione" a S. Kierkegaard, *Diario*, cit., p. 11.
334 *Ibid.*, p. 77.

semantização do ser, densa de consequências tanto no plano ontológico quanto no antropológico: ser como *inter-esse*, ou seja, relação originária e irredutível entre dois *inter-essentes*. Sem o interesse do homem, do ser não haveria propriamente nada, haveria apenas "indiferença". Heidegger usou isto com cuidado para apresentar o primado ontológico do *Dasein* na busca do sentido do ser em geral. Considerando a nova romantização, se poderia então dizer que "a outra filosofia" que Fabro teria desejado encontrar desenvolvida por Kierkegaard, ou seja, uma filosofia do ser, está presente já em um lugar decisivo, no *Pós-escrito*, na qualificação do cristianismo como "comunicação de existência" [*Existents-Meddelelse*]. Aquilo que a interpretação de Fabro propõe como "a doutrina da participação do ser em Tomás de Aquino", na verdade corresponde, quanto à profundidade e organicidade, à "comunicação de existência" proposta por Kierkegaard. Deve-se até dizer que esta figura impede os enrijecimentos da metafísica clássica que a expuseram à acusação de não ser nada mais que "ontoteologia", ou seja, a projeção, em Deus, da necessidade de certezas demasiadamente humanas.

Fabro lamenta que Kierkegaard, faltando-lhe uma adequada filosofia do ser, tenha terminado por cortar "o fundamento para a Religião natural (a Religião A)", e por extenuar "a Religião revelada (a Religião B)".[335] Mas a preocupação de Kierkegaard

---

335 *Ibid.*, p. 83.

foi a de libertar o cristianismo de toda prisão, mesmo não intencional, por parte da imanência, sempre à espreita na filosofia ocidental, tendencialmente totalizante enquanto busca do princípio de todas as coisas. Por isso Kierkegaard não forneceu provas racionais da existência de Deus, e de tal forma consentiu à própria filosofia de se abrir a uma perspectiva sobre homem, mundo e Deus não destinada a fazer de tudo uma substância comum.

Para o próprio Fabro, aquilo que fica de mais precioso e atual do seu autor é o realismo que ele reivindica, tanto à Boa-Nova quanto ao dogma cristão, ou à "Igreja militante". Movido por tal convicção, Fabro se deixa envolver totalmente pela produção da primeira edição italiana de *Obras do amor*, a obra em que Kierkegaard colocou à disposição de todos, mesmo dos não crentes, sua verdadeira concepção da ética cristão, baseada no ágape: um amor ignoto até aos mais nobres expoentes da ética grega e romana. Fabro considera *Obras do amor* "a obra mais intensa" da reflexão religiosa de Kierkegaard "e também a mais estruturada no conteúdo e no equilíbrio interior",[336] e conclui a sua ampla Introdução a esta obra com palavras que, de fato, mudam positivamente sua anterior reprovação a Kierkegaard por não ter mantido presente a ação da Igreja no mundo:

---
336 C. Fabro, "Introduzione" a KIERKEGAARD, S. *Gli atti dell'amore*. Milão: Rusconi, 1983, p. 47.

> *A produção edificante de Kierkegaard pode estimular, no clima da chamada dos laicos ao apostolado ativo recomendada pelo Vaticano II, a mover os escritores católicos a um comprometimento concreto do apostolado da caneta: homens de arte e de pensamento, da política e da indústria... com o testemunho público e a iniciativa pessoal, não limitada às celebrações oficiais, da própria fé. A falta de crença e a indiferença em que está escorregando, nesta época de bem-estar, também o catolicismo, exigem que se abandonem os refúgios elitistas para que se caminhe ao lado daquele que Kierkegaard chamava de "o homem comum", o qual, para o cristão, não é o simples "homem da rua", mas o nosso "próximo", que espera de todos "o ato de amor". Assim, para o cristão, também a escrita, e antes a busca e o pensamento, se torna um "ato de amor"*[337].

E não se pode duvidar que tenha havido um ato de verdadeiro amor por parte de Cornelio Fabro em seu imenso ofício de tradutor e curador também da parte mais significativa do grande volume de inéditos kierkegaardianos (o chamado *Diário*, hoje ampliado e que já chegou à quarta edição). Assim, Fabro conseguiu colocar nas mãos do leitor um tesouro de pesquisas e reflexões que, em sua própria incompletude, são contribuições imprescindíveis para quem quer se pôr e se manter a serviço da verdade.

---

337 *Ibid.*, p. 128.

7. Adorno: a interioridade de Kierkegaard é reveladora mas impraticável

Theodor Wiesengrund Adorno expressa admiração por Kiekergaard, personalidade que ele sente filosoficamente não longe de si mesmo:

> *Junto a poucos pensadores de sua época como Poe, Tocqueville e Baudelaire, ele pertence àqueles que intuíram algo sobre as mudanças verdadeiramente telúricas que, no início da época capitalista, aconteceram nos próprios homens, nas atitudes dos homens e na formação interior da experiência humana. Isto confere seriedade e dignidade aos seus motivos críticos.*[338]

Adorno reconhece estar impotente frente à bem conhecida definição de verdade que Kierkegaard propõe no *Pós-escrito conclusivo não científico às Migalhas filosóficas*: "A verdade é a incerteza objetiva mantida na apropriação da mais apaixonada interioridade". Mas o primado da interioridade ao custo de toda objetividade é, para Adorno, uma posição filosófica impossível de ser mantida: "Aceitar, em geral, esta tese de Kierkegaard basta para capitular sob o seu regime".[339] Não querendo capitular, ele ataca Kierkegaard no terreno da doutrina do amor, assim

---
338 ADORNO, Th. W. *Kierkegaard. Konstruktion des Ästhetischen*. Frankfurt a. M.: Suhrkamp, 1962²; tradução italiana: *Kierkegaard. La costruzione dell'estetico*. Parma: Guanda, 1993, de onde citamos, aqui, p. 45.
339 *Ibid.*, p. 45.

como a vê exposta em *As obras do amor*. A atenção a esta obra, geralmente pouco considerada na literatura secundária, testemunha a agudeza de Adorno ao advertir que exatamente este é o lugar para confrontar Kierkegaard no que concerne à presença epocal do cristianismo. Aqui, Kierkegaard atribui de fato ao cristianismo a descoberta de que existe para todo homem a possibilidade de amar independentemente de qualquer afetividade, predileção, recompensa, reciprocidade, troca, ou seja, aquele amor que o Novo Testamento chama de ágape, e para o qual Kierkegaard reserva o termo *Kjerlighed*, e está ao alcance de todo homem enquanto homem. Adorno se rebela contra esta que ele considera uma pretensão exorbitante. O amor cristão pelo próximo, que exige antes de tudo o amor pelo inimigo, é em sua opinião algo abstrato, porque chega à negação de toda dimensão pessoal:

> *Para o rigor do amor sustentado por Kierkegaard, a pessoa amada é desvalorizada não apenas como objeto, mas também como sujeito. [...] Esta dialética do amor conduz ao desamor.*[340]

Em apoio à própria tese, Adorno se detém no penúltimo dos ensaios de *As obras do amor*, intitulado "O ato de amor de recordar um morto", no qual Kierkegaard faz do amor por uma pessoa morta – o único amor que não pode esperar uma troca – o paradigma de todo amor agápico.

---

340 *Ibid.*, p. 375.

Adorno não pode fazer seu o conceito que para Kierkegaard é central: a interioridade. Esta certamente é subjetiva, mas é colocada em evidência apenas se o sujeito se confronta com a transcendência de Deus. A interioridade é "existência acentuada" pela importância infinita que todo instante de vida – de "mundo objetivo", de "vida reificada", para dizer como Adorno – conquista se colocado frente a Deus: um Deus de transcendência, que condena toda idolatria. Para Kierkegaard, o encontrar-se do homem "perante Deus" é a situação original da qual se deve partir para ter uma visão realista sobre todo o resto. Isto está conforme a semantização do ser por ele apresentada: o ser não é o não ser nada, mas *inter-esse*, ou seja, relacionamento original entre inter-essentes, em definitiva entre o homem e Deus, um relacionamento irredutível à identidade. Adorno percebe que, neste sentido, não pode conceder nada a Kierkegaard. Daí o seu peremptório e revelador juízo sobre a antropologia do admirado filósofo dinamarquês: "O Eu de Kierkegaard é o sistema contraído, sem dimensões, no 'ponto'".[341]

8. Pareyson: Kierkegaard, mestre de ética

O capítulo "Duas possibilidades: Kierkegaard e Feuerbach", presente na primeira edição (1950) da

---

341 *Ibid.*, p. 205.

obra pareysoniana *Existência e pessoa*, mas omitido na terceira edição (1966), reaparece na quarta edição (1985); esta última traz uma Conclusão intitulada "Retificações sobre o existencialismo", preciosa tanto no plano autobiográfico quanto no teórico, particularmente no que concerne ao relacionamento de Luigi Pareyson com Kierkegaard. O capítulo consente apreciar não apenas a seriedade e a honestidade intelectual de Pareyson, mas também admirar ainda hoje Kierkegaard, como exemplarmente soube fazer o pensador de Piasco:

> *Hoje acentuaria a necessidade de considerar o pensamento kierkegaardiano em sua totalidade e na sua anatomia, independentemente da via de acesso [...]: Kierkegaard chegou enfim ao cume da história do pensamento, e toma seu posto entre os grandes cristãos "modernos", que sabem falar ao homem de hoje porque encontraram a fé no caminho da dúvida e com a consciência da possibilidade do ateísmo [...]. Neste sentido, o conjunto de pensamentos de Kierkegaard transcende e muito a sua derivação pós-hegeliana e a sua posteridade existencialista, e enfim chega a esta sua exemplar "classicidade" que precisa olhá-lo, como poderia fazer muito bem Cornelio Fabro, que enfim já fez tanto neste sentido.*[342]

Pareyson, com menos de 20 anos de idade, foi levado a Kierkegaard pelo encontro com a

---
342 PAREYSON, L. *Esistenza e persona*. Gênova: Il Nuovo Melangolo, 2002, p. 241.

"filosofia da existência" (Jaspers, Barth, Heidegger). Em 1943, saíram seus *Estudos sobre o existencialismo*. Pareyson logo quer se distanciar do confuso âmbito da Kierkegaard *Renaissance* e seguir um existencialismo que não fosse moda ou dependência de um certo pensador, mas sim um comprometimento pessoal a chegar à "existência" como fonte inexaurível de filosofar autêntico. No clima italiano de então, dominado pelo neoidealismo, ele encontrou um ponto de apoio fundamental para se liberar do perigo imanentístico desta tendência em pensadores como Kierkegaard e Feuerbach, em sua opinião artífices da "dissolução do hegelismo": um empreendimento de uma época, se considerarmos que a tese da identidade de pensar e ser já está presente nas origens do pensamento grego e que ela, enquanto "racionalismo metafísico" – como diz Pareyson – assume na modernidade o papel de decretar teoricamente o "fim" do cristianismo. Portanto, Kierkegaard e Feuerbach têm seu mérito reconhecido, no plano histórico mas não apenas nele, de terem literalmente destruído o "sistema" apontando para a irremovível consistência do homem efetivamente existente, ainda que apenas Kierkegaard tenha conseguido tirar desta destruição a "renovação do cristianismo", enquanto Feuerbach terminou por sucumbir ao hegelismo devido ao racionalismo do seu retorno ao homem.[343] Apenas Kierkegaard tem

---
343 *Ibid.*, p. 238.

o argumento decisivo para salvar a existência da mediação idealista:

> *Em Hegel há duas relações: aquela de Deus consigo e aquela de homem com Deus; não há a relação do homem consigo enquanto tal [...]. Kierkegaard substitui o ponto de vista de Deus pelo ponto de vista do homem [...], a autoconsciência de Deus pela autoconsciência do homem, e se Hegel concebe a autoconsciência de Deus como mediata na relação do homem com Deus, Kierkegaard concebe a autoconsciência do homem como fundada pela relação do homem com Deus [...]. Existem sempre duas relações, mas sem mediação.*[344]

A superação da "mediação" por parte de Feuerbach consistia, entretanto, em mudar para "ateísmo humanístico" o "ateísmo teológico" de Hegel, e com esta simples troca, a posição de Hegel se mantinha teoricamente intacta, e com esta, o fim do cristianismo:

> *Kierkegaard, em vez disso, contempla a possibilidade de um paganismo franco como consequência última do cristianismo laico, e portanto ele pode apresentar Feuerbach a favor da própria tese, seja como uma instância puramente negativa ou como uma "peça taticamente usável".*[345]

Nas "Retificações sobre o existencialismo", a posição de Pareyson a favor de Kierkegaard em relação a Feuerbach, no que concerne à vitória sobre o sistema, não tange apenas um movimento tático:

---

344 *Ibid.*, p. 56, itálicos meus.
345 *Ibid.*, p. 72-73.

> *Justíssima era [em 1950] e me parece ainda [em 1985] a ideia de que Kierkegaard e Feuerbach como adversários de Hegel, mas a ele ligados ao ponto de não poderem se separar, encontram-se ambos na linha do processo de dissolução do hegelismo [...]. Mas a esta ideia fundamentalmente justa eu misturei outras ideias substancialmente estranhas e deceptivas. Deixei-me, de fato, induzir a considerar estas duas possibilidades típicas da dissolução do idealismo, como se fossem dois êxitos necessários do existencialismo.*[346]

Nestas "Retificações sobre o existencialismo" – como vimos – Pareyson confere à figura de Kierkegaard a "exemplar 'classicidade' dos grandes 'entre os grandes cristãos 'modernos'", e assim lhe reconhece plena autoridade não apenas a partir de Feuerbach, mas sobretudo a partir de Hegel. Sergio Givone, na Introdução à publicação por ele curada, com muito amor ao mestre, de dois cursos sobre Kierkegaard ministrados por Pareyson – em 1965, *A ética de Kierkegaard na primeira fase de seu pensamento*, e em 1971, *A ética de Kierkegaard na "Apostila"* –, observa:

> *O pensamento kierkegaardiano, que é um episódio da dissolução do racionalismo metafísico, lhe é totalmente independente em relação ao seu princípio [...]. Feuerbach leva Hegel a fundo mas não vê a possibilidade kierkegaardiana da fé, e Kierkegaard, ao contrário, cumpre o mesmo passo mas vê e ao*

---
346 *Ibid.*, p. 238.

> *mesmo tempo exclui a possibilidade feuerbachiana do ateísmo.*[347]

A leitura destes dois cursos permite que percebamos implicitamente o quanto a referência a Kierkegaard ajudou Pareyson na elaboração da *própria* filosofia e a enriqueceu cada vez mais com tratados temáticos originais. Transparece um exame muito atento e interessado das obras de Kierkegaard também, em parte, frequentemente negligenciadas pela crítica, como as duas cartas-tratado do juiz Wilhelm contidas na segunda Parte de *Enten – Eller* e as "Considerações várias sobre o matrimônio" contidas em *Estágios no caminho da vida*. Pareyson não se limita a expor, sempre de forma apaixonada, o pensamento ético que Kierkegaard coloca na boca de seus pseudônimos, mas o faz com base na própria visão do relacionamento entre existência e ser, que em Kierkegaard não é assim presente, mas que é por ele dedutível da semantização kierkegaardiana do ser (nova em relação à parmenídia) como *inter--esse* original entre dois *inter-essentes*: o homem e o Transcendente. Para Pareyson, o relacionamento entre a existência e o ser não implode jamais na identidade, mas é uma tensão constante da autotranscendência da existência em direção ao Transcendente enquanto irredutível à própria existência. Esta audácia teórica é possível apenas levando em conta a conquista – que pode ser atribuída a Kierkegaard, que, por sua vez,

---

347 *Cf.* PAREYSON, L. *Kierkegaard e Pascal*, edição de S. Givone. Milão: Ugo Mursia 1998, p. 10.

chega à novidade cristã – do relacionamento imprescindível e original com o Transcendente, e definitivamente com o primado da liberdade, tão caro a Pareyson e fundamental para sua filosofia.

Basta apenas um exemplo de apoio a esta harmonia teórica entre Kierkegaard e Pareyson. Lá onde Kiekegaard, em "O equilíbrio de estética e ética na formação da personalidade", a segunda das duas cartas do juiz Wilhelm, afirma que "a evolução estética se assemelha ao desenvolvimento das plantas e, apesar de o indivíduo se tornar, ele se torna apenas aquilo que é imediatamente",[348] Pareyson comenta assim:

> *A seriedade estética é escolhida como necessidade, portanto é escolha de uma determinação natural; é o desenvolvimento natural, ou seja, necessário como aquele em uma planta, do que se é naturalmente. A necessidade aqui é uma consequência direta da acidentalidade: aquilo que cada um de nós é naturalmente é acidental, pode ser e não ser, e por isso é imediato e espontâneo: deixando que se desenvolva ou escolhendo por que se desenvolva, a evolução que daí deriva é necessária. Ao contrário, na ética trata-se de tornar-se aquilo que é preciso que se torne, aquilo que se deve tornar-se, aquilo que é essencial tornar-se: e isto pode-se tornar apenas com a liberdade.*[349]

Kierkegaard, em *Migalhas filosóficas*, apresenta uma nova concepção do tornar-se: não uma passagem de algo do ser ao não ser, e vice-versa, mas sim

---

348 *Cf.* S. Kierkegaard, *Enten – Eller*, SKS 3, 216; *EE* V, 208.
349 L. Pareyson, *Kierkegaard e Pascal*, cit., p. 69.

o "tornar-se real" de uma possibilidade que se mantém possibilidade, também no caso da necessidade aparente que regula os processos da natureza; de fato, na origem de tudo está o ato criador de Deus, que nenhuma cadeia de causas pode anular. Pareyson, que conhecia bem a importância e a dificuldade[350] deste texto, beneficiou-se dele para distinguir a aparente liberdade da escolha estética da autêntica liberdade da obrigação da escolha ética.

Kierkegaard, na ampla *Apostila não científica*, confere organicidade histórica e teórica às bases de sua filosofia postas nas *Migalhas*, e aqui reserva uma amplitude particular ao papel fundamental conferido à subjetividade enquanto "interioridade". Sergio Givone, na Introdução a *Kierkegaard e Pascal*, obra curada por ele, lembra-se das palavras com que o próprio Pareyson, pouco antes de morrer, expressou-se sobre duas obras de Kierkegaard em cujo título é nomeada a filosofia. As *Migalhas*, em sua opinião, são "a obra filosoficamente mais importante de toda a sua carreira de escritor, obra breve mas muito densa, e de difícil compreensão sem um comentário adequado". Com a *Apostila*, Kierkegaard pretendia "retomar e desenvolver seu programa".[351] Pareyson tomou para si esta intenção, do ponto de vista do papel primário que à ética deveria ser reconhecido, exatamente com base nestas duas obras estritamente filosóficas. No curso *A ética*

---
350 *Cf. Ibid.*, p. 115.
351 *Ibid.*, p. 11.

de Kierkegaard na *Apostila*, disponível em *Kierkegaard e Pascal*, ele alcança o nervo do que Kierkegaard representou para ele enquanto comprometido a propor uma "filosofia personalista e ontológica" em vista do "reencontro do cristianismo", com base na "dissolução do hegelismo compreendido como ápice e conclusão do racionalismo moderno",[352] operada não por Feuerbach, mas por Kierkegaard. O filósofo de Copenhague, segundo Pareyson, exatamente na *Apostila*, desenvolveu no plano ético esta sua missão a favor do cristianismo e das cristandades modernas e pós-modernas:

> *Na Apostila, a ética se apresenta apenas para esclarecer o que Kierkegaard chama de "o problema subjetivo da verdade do cristianismo", que consiste no "relacionamento do sujeito com a verdade do cristianismo", ou seja, no "tornar-se cristão"; e a ética é chamada em questão exatamente enquanto se trata de descrever como a subjetividade deve ser para que o problema (ou seja, o problema subjetivo da verdade do cristianismo) lhe possa aparecer. O aprofundamento da "subjetividade" neste sentido implica a retomada do problema da escolha de si, mas aumentada pela consciência de que "todo homem tem uma grande inclinação a se tornar algo diverso e maior" do que si mesmo. Ora, este "algo diverso e maior" que o homem gostaria de se tornar, diversamente de si mesmo, é representado, por um lado, pela*

---

352 L. Pareyson, *Esistenza e persona*, cit., p. 238.

tentação estético-romântica, e por outro, pela tentação especulativa hegeliana.[353]

9. Derrida *versus* Kierkegaard: o sacrifício de Isaque

Para Jacques Derrida, o Deus cristão, com o seu morrer por amor, doa e dá aos homens, junto ao seu imenso amor, também a morte. Doar amor é por isso uma "responsabilidade" imensa, desumana, um tremendo mistério:

> *Esta cripto- ou misto-genealogia da responsabilidade foi tecida com o fio duplo, irredutivelmente entrelaçado, do dom e da morte: em duas palavras, da morte dada. O dom que Deus me dá, levando-me sob o seu olhar e em suas mãos mesmo mantendo-se inacessível a mim, sim, o dom terrivelmente assimétrico deste* mysterium tremendum *permite-me apenas responder e apenas me impõe a responsabilidade que me doa dando-me a morte, dando-me o segredo da morte, uma nova experiência da morte.*[354]

Derrida entende o "mistério" como "segredo", confirmando *Temor e tremor*. Já este título seria revelador:

---

353 Id., *Kierkegaard e Pascal*, cit., p. 144.
354 DERRIDA, J. *Donner la mort*. Paris: Galilée, 1999; tradução italiana por L. Berta, da qual citamos: *Donare la morte*, com Introdução de S. Petrosino e Posfácio de G. Dalmasso. Milão: Jaca Book, 2002, p. 70.

> *Nós tememos e tememos frente ao segredo inacessível de um Deus que decide por nós mesmos que sejamos responsáveis, ou melhor, livres para decidir, para trabalhar, para assumir nossa vida e a nossa morte. [...] O que é que faz tremer no* mysterium tremendum? *É o dom do amor infinito, a assimetria entre o olhar divino que me vê e eu mesmo, que não vejo o que me vê/tange* [(ri)guarda], *é a morte dada e sofrida pelo insubstituível, é a desproporção entre o dom infinito e a minha finitude, a responsabilidade como culpa, o pecado, a salvação, o arrependimento e o sacrifício.*[355]

Na verdade, não há traços desta culpa em *Temor e tremor*, se não levarmos em conta a terceira das quatro variantes, que o pseudônimo Johannes de Silentio põe no início da obra, digamos para se proteger de uma *possível má compreensão* no sentido "ético" daquilo que depois ele dirá no corpo do texto acerca de Abraão, "cavaleiro da fé". Nas variantes iniciais, imagina-se que Abraão invoque o perdão de Deus por ter querido sacrificar Isaque, portanto por ter querido obedecer a Ele, mas indo de encontro à mais sagrada das normas da ética! Sobre esta "aporia do perdão" é que se centra a atenção de Derrida. Ele observa que se pode pedir perdão apenas para o imperdoável, e que desta forma se coloca sob acusação o próprio Deus:

---

355 *Ibid.*, p. 91.

> *O perdão ocorre como uma aliança entre Deus e Deus através do homem... É preciso ao menos saber que assim que se diz ou se ouve "perdão", bem, Deus já está em jogo. Mais precisamente, o nome de Deus já foi murmurado. Em contrapartida, assim que entre nós se diz "Deus", alguém está murmurando "perdão".*[356]

Mas Kierkegaard, no corpo de *Temor e tremor*, não trata de um Abraão que alça perante Deus o conflito entre obediência e necessidade de ser perdoado por aquele mesmo Deus que exige que ele cumpra o imperdoável. O Abraão de *Temor e tremor* é um "crente" ou é um "assassino"; e continuaria sendo um assassino independentemente de qualquer perdão possível se ele não fosse antes de tudo um crente. Ele é o "segundo pai do gênero humano" exatamente porque onde a imanência celebra a sua vitória ética na figura do "cavaleiro do infinito", lá ele, enquanto "cavaleiro da fé", descobre que o homem é verdadeiramente ele mesmo apenas se, com a "suspensão teleológica da ética", suspende também a condenação da subjetividade humana a se manter fechada no círculo da imanência. Abraão confia em Deus, um Deus de irredutível transcendência, e Deus confia em Abraão, nesta sua fé.

Isto não vale para Derrida, para quem o amor, a tremenda transcendência que desresponsabiliza o amado, não é reservada a Deus, mas diz respeito a qualquer "outro" exatamente enquanto "outro", e

---
[356] *Ibid.*, p. 176.

portanto, certamente, se trata de uma transcendência que "dá a morte". Amar um outro não significa talvez dispor-se a doar não apenas a própria vida, mas também aquela de *todos* os *outros* enquanto nada além de *outros*? Portanto Abraão, com o simples "eis-me aqui" de sua resposta, se dispõe a sacrificar a Deus não apenas Isaque, mas qualquer outra pessoa. Neste sentido, Derrida fala dos inumeráveis "montes Moriás" da história, também atual, sobre os quais todo homem "doa-dá" a morte a inumeráveis "outros". Segundo Derrida, Abraão não falou com ninguém sobre seu incondicional "eis-me aqui", não por medo e nem mesmo para não ser mal compreendido como "herói", mas simplesmente porque seu relacionamento com Deus *não tinha qualquer conteúdo*, nem ético, nem religioso. Tratava-se apenas de um relacionamento face a face, e de "nada mais". Tratava-se apenas de "dar-doar" a morte àquilo que é "outro" enquanto tal, aqui compreendido qualquer conteúdo humano e divino:

> *A fidelidade ao segredo implicitamente exigida não concerne essencialmente o conteúdo de algo a ser escondido (a ordem do sacrifício etc.), mas a pura singularidade do face a face com Deus, o segredo deste relacionamento absoluto. É um segredo sem nenhum conteúdo, nenhum sentido de algo a ser escondido [...], nada daquilo que Kierkegaard chamará de generalidade do ético, do político ou do jurídico.*[357]

---

357 *Ibid.*, p. 181.

Daí vem necessariamente a obrigação de se manter secreta a compreensão entre Abraão e Deus. Eles a compreendem secretamente, no que concerne à decisão de não fazer exceção alguma no dar-doar a morte, e antes de tudo a si mesmos como portadores de algum conteúdo. Não fazem exceção. Mantêm-se fieis a este pacto e não se cansam de mantê-lo secreto, porque são igualmente responsáveis por uma decisão que não podem deixar de tomar frente a "todo outro", enquanto privo de qualquer conteúdo:

> *Cada outro* [tout autre] *(no sentido de qualquer outro) é todo outro* [tout autre] *(absolutamente outro). Deste ponto de vista, o que* Temor e tremor *diz a propósito do sacrifício de Isaque é a verdade. Traduzida em um conto extraordinário, ela mostra a própria estrutura do cotidiano. Anuncia em seu paradoxo a responsabilidade de cada instante para todo homem e toda mulher. De repente não há mais generalidade ética que já não tenha se tornado presa do paradoxo de Abraão. No momento de toda decisão e no relacionamento com cada outro como todo outro, cada outro nos pede, a todo instante, que nos comportemos como um cavaleiro da fé.*[358]

Isto, segundo Derrida, "assegura ao texto de Kierkegaard uma potência maior". Mas – como ele observa em nota – desta forma perde consistência quando Levinas contesta Kierkegaard, por não ter respeitado o primado da "ética". Se não há exceções

---

358 *Ibid.*, p. 111.

no dar-doar a morte, então não se salva nem o ético, nem o religioso. Esta "verdade" deve ser mantida irrefutável porque não há nenhum "instante" em que possa ser revogada, nem antes nem depois desta decisão, que exaure no mesmo instante todo o tempo de que dispõe:

> *Deus, em resumo, diz a Abraão: vejo logo [à l'instant] que entendeste o que é o dever absoluto em relação ao único [...], que agiste, operaste, estavas pronto para passar à ação no próprio instante (Deus o para no instante em que não há mais tempo, em que o tempo não é mais dado, é como se Abraão já tivesse matado Isaque: o conceito de instante é sempre indispensável). [...] E já tinhas também renunciado à esperança.*[359]

A "prova", portanto, foi superada por Abraão com a manutenção do "segredo", e com o "sacrifício" não apenas de Isaque, mas de qualquer bem que pudesse de alguma forma limitar a sua decisão de sacrificar tudo. Neste sentido, segundo Derrida, *Temor e tremor* de Kierkegaard se move ainda na lógica de Kant da *Crítica da razão prática*:

> *Abraão [...] dá a si mesmo a morte que dá a seu filho e que dá também, de outro modo, a Deus; dá a morte a seu filho, e oferece a Deus a morte dada. A incondicionalidade da lei moral, segundo Kant, impõe a violência exercitada na constrição contra si mesmos [Selbstzwang] e contra os próprios desejos, interesses, afetos ou*

---
359 *Ibid.*, p. 106.

> *pulsões [...] dos quais o respeito à lei moral é o lugar sensível.*[360]

Derrida – insistindo na plenitude exaustiva de todo "instante" da "prova" exigida por Deus a Abraão, e de fato limitando assim a prova à manutenção do segredo por parte dos dois, também entre eles mesmos – não apenas não dá nenhuma importância às palavras que Deus diz a Abraão para parar seu braço assassino, mas prescinde, também no plano fenomenológico, do fato de que "a prova" é como tal limitada no tempo, ou seja, não pode preencher *a priori* todo o tempo do existir no tempo.

Não podem existir provas eternas. *A finalidade da prova é a superação da própria prova*, portanto este é *o* fim da prova. Ela, portanto, não seria mais uma prova se não tivesse um limite temporal. Abraão sabe disso, e por isso enfrenta a prova no *tempo*, combate com Deus no *tempo*, não antecipando nada, não postergando nada, sempre *presente* com todas as suas forças, e com toda a sua responsabilidade, por si e os outros de quem foi destinado a se tornar pai. Aceitar tal prova e tal responsabilidade quer dizer dar a máxima importância ao tempo, todo o tempo, antes, durante, depois da prova:

> *O que fez Abraão? Não chegou nem cedo demais, nem tarde [...]. Em todo o tempo, acreditava que Deus não lhe exigia Isaque, mesmo estando disposto a sacrificá-lo quando*

---

360 *Ibid.*, p. 124.

> *isto fosse pedido. Ele acreditava em virtude do absurdo, porque aqui não poderia haver questão de cálculo humano, e o absurdo era que Deus, que lhe exigia isto, um instante depois revogaria o pedido. Abraão subiu o monte, e até no momento em que a faca brilhava ele acreditava – que Deus não iria querer Isaque.*[361]

Abraão cumpriu a tarefa porque aceitou se relacionar absolutamente com o Absoluto. O seu silêncio durante a prova, do qual as palavras para Isaque foram confirmação, vale como validação não apenas de tanta privação, mas também do fato de que a prova fez de Abraão um cidadão da "terra desconhecida" da fé,[362] cuja língua *devia* ser inteligível para todos os habitantes do velho mundo:

> *Ele não fala, não fala nenhuma linguagem humana. Mesmo se compreendesse todas as línguas da terra, mesmo se aqueles que ele ama o compreendessem, ele não pode falar – ele fala na língua divina, fala em línguas.*[363]

Para Kierkegaard, a fé não é a decisão de dar-doar a morte ao outro, mas é a "paixão" do intelecto por aquilo que não pode compreender, e que exatamente por isso quer fazer viver para vivê-lo eternamente junto, sem jamais identificar-se com o outro, porque então se trataria da morte de ambos.

---

361 *SKS* 4, 130-131; *TT* p. 54-55.
362 *SKS* 4, 200; *TT*, p. 95.
363 *SKS* 4, 202; *TT*, p. 96.

10. Levinas: Kierkegaard e as "duas vozes" de Deus durante a prova de Abraão

Deus fala duas vezes a Abraão – nota Emmanuel Levinas, que reprova Kierkegaard por não ter dado importância alguma à segunda e resolutiva "voz", aquela que intima Abraão: "Não estendas a tua mão sobre o moço, e não lhe faças nada, porquanto agora sei que temes a Deus, e não me negaste o teu filho, o teu único filho" (Gn 22,12). Portanto, do texto bíblico não se pode tirar aquela "suspensão teleológica da ética" com que Kierkegaard, em *Temor e tremor*, caracteriza Abraão como exemplar "cavaleiro da fé":

> *Na evocação de Abraão, Kierkegaard descreve o encontro com Deus lá onde a subjetividade se eleva ao nível da dimensão religiosa, ou seja, sobre a dimensão ética. Mas se pode pensar o contrário: a atenção que Abraão presta na voz que o reconduzia à ordem ética, proibindo-lhe o sacrifício humano, é o momento mais alto do drama. O fato de ele ter obedecido à primeira voz é surpreendente; o fato de ter se colocado, em relação a esta obediência, a uma distância suficiente para ouvir a segunda voz: eis o essencial.*[364]

Segundo Levinas, Kierkegaard não é correto no plano exegético porque condicionado pela

---

364 LEVINAS, E. *Noms propres*. Montpellier: Fata Morgana, 1976; edição italiana por F. P. Ciglia, da qual citamos: *Nomi propri*. Casale Monferrato: Marietti, 1984, aqui p. 91-92.

subjetividade moderna. Esta certamente não é mais a subjetividade totalizante do "sistema", mas não é capaz de vencer a própria solidão, e acaba por comprazer-se com a própria incapacidade de chegar a uma síntese:

> *Este "espinho da carne" atesta a subjetividade como uma tensão sobre si, em que se pode reconhecer, além da noção filosófica da subjetividade, o retorno à experiência cristã e também às suas origens pagãs: existência aberta sobre si, aberta à exterioridade com uma atitude de impaciência e de espera [...], uma tensão mais antiga da alma humana – talvez por isto "naturalmente cristã".*[365]

Kierkegaard, em resumo, não teria se dado conta de que, ao querer se colocar "face a face" com Deus, na mesma fé de Abraão se escondiam a imanência e a violência:

> *A fé não se justifica mais pelo exterior. Também em sua interioridade ela é, ao mesmo tempo, comunicação e solidão e, por isso, violência e paixão. Desta forma começa o desprezo pelo fundamento ético do ser, o caráter de qualquer forma secundário de qualquer fenômeno ético que, através de Nietzsche, nos conduz ao amoralismo das filosofias mais recentes.*[366]

Para Levinas, o Abraão que obedece à "primeira" voz de Deus não tem ainda um verdadeiro

---
365 *Ibid.*, p. 82.
366 *Ibid.*, p. 86-87.

Eu: aquele Eu cuja dignidade consiste em assumir a si a responsabilidade de *Outrem*. Apenas neste nível é que o Eu tem alguém *de quem* responder, *a quem* responder, alguém que rompe aquela solidão do sujeito que está na origem de toda violência.

Frente à consistência exegética da objeção que Levinas faz a Kierkegaard, é necessário que recomecemos de Gênesis 22,1ss., em que nada deixa suspeitar uma reviravolta espiritual do primeiro ao segundo Abraão. Fiel ao texto, Kierkegaard, em *Temor e tremor*, chama a atenção para os dias de silêncio entre Deus e Abraão, ou seja, da primeira à segunda intervenção de Deus. Entre as duas "vozes", há um abismo de silêncio, que justifica não apenas o nome do pseudônimo que conta tudo, mas também, e antes de tudo, a falta em Abraão de qualquer conflito interior. Abraão não muda em nada do primeiro ao último momento da prova, dado que jamais duvidou de reaver Isaque, nem jamais quis cumprir um horrendo sacrifício humano. Ele leva *toda a própria responsabilidade* em relação a Isaque, até ver no *outrem* que é Isaque o *Outrem* que é o próprio Deus. Não obedece a uma autoridade de forma a poder-se isolar de qualquer responsabilidade, mas está "perante Deus", ele *e* Deus. Este estar perante Deus é o verdadeiro fundamento da ética, não vice-versa. A "assimetria", que Levinas reivindica na relação ética com *Outrem*, tem seu fundamento próprio na possibilidade do homem de estar perante Deus, face a face com ele, exatamente em virtude da assimetria abissal entre o homem e a irredutível transcendência de Deus. Apenas assim Deus não é uma invenção do homem e o homem não é um "momento" de Deus. As vozes de Deus certamente são duas, mas não são contraditórias. Deus não se arrependeu da ordem dada, e Abraão não se tornou responsável de repente, de irresponsável que era. Abraão não foi salvo pelo final feliz, que não pode salvar ninguém. Ele representa a crítica a todo final feliz exatamente porque, desde o início, supera a hipótese de um Deus de arbítrio e de um homem dominado por tal Deus. Por isso, Kierkegaard justamente vê em Abraão o "segundo pai do gênero humano".

Levinas, quase para salvar o Abraão da Bíblia e o Deus da Bíblia, a partir daquela "primeira voz" moralmente inaceitável reprova Kierkegaard por ter prestado atenção apenas ao drama do monte Moriá:

> *Kierkegaard tem uma predileção pelo conto bíblico do sacrifício de Isaque. Ele descreve nestes termos o encontro de Deus por uma subjetividade que se eleva ao nível religioso: Deus sobre a ordem ética! A sua interpretação deste conto pode sem dúvidas ser tomada em outro sentido. Talvez o ouvido que Abraão deu à voz que o reconduzia à ordem ética tenha sido o momento mais alto deste drama. Mas Kierkegaard não fala jamais da situação em que Abraão entra em diálogo com Deus para interceder em favor de Sodoma e Gomorra, em nome dos justos que talvez ali estejam.*[367]

---
367 *Ibid.*, p. 88-89.

Kierkegaard teria assim ignorado aquele lugar do Gênesis em que Abraão é o exemplo de uma ética baseada em *Outrem*, uma ética que também é o *fundamento* de sua religiosidade. Mas eis que subitamente Levinas sente a necessidade de fornecer *razões* que apoiem a intercessão de Abraão para *outrem*:

> Naquela ocasião, em Abraão se põem os pressupostos de qualquer possível triunfo da vida sobre a morte. A morte não tem poder sobre vida finita, que recebe um sentido a partir de uma responsabilidade infinita pelo outro homem [outrem], a partir de uma diaconia que constitui a subjetividade do sujeito, toda a tensão contra o outro; é aqui, na ética, que se encontra um apelo à unicidade do sujeito e uma doação de sentido à vida apesar da morte.[368]

Exatamente nesta argumentação em favor de uma ética da superioridade da "vida" é que se esconde uma recaída no "geral", que é o que leva Kierkegaard a uma "segunda ética", aquela descoberta por Abraão em sua relação face a face com Deus: uma relação que foge de qualquer generalidade exatamente porque apenas frente ao verdadeiro Deus o homem tem a possibilidade de subtrair-se criticamente a qualquer idolatria, até mesmo aquela da vida, que frequentemente se confunde de modo pagão com a aceitação da morte. Para libertar a ética do "geral", Levinas deve pressupor e se beneficiar daquilo que o próprio Kierkegaard trouxe à

---

368 *Ibid.*, p. 92.

luz: aquela "interioridade" que, provocada religiosamente, sabe elevar-se criticamente sobre qualquer clausura, solidão, violência. A "diaconia" deve ser fundamentada, não é fundamento.

De resto, a exigência de fundamentar a "diaconia" está bem presente no próprio Levinas, como atesta um aprofundamento original que ele oferece a propósito da "fé" em Kierkegaard. Esta – ele adverte – não deve ser compreendida como algo a que o homem religioso deve recorrer na falta de algo melhor; a fé não é, em resumo, um substituto da verdade. A fé é *verdadeira* quando – como de fato é perceptível em Kierkegaard – é "perseguida". Neste caso ela mesma oferece a prova de ser nada mais que serviço à verdade, "diaconia" puríssima. Tal fé é testemunho não de si, mas da transcendência, do fundamento que incondicionalmente se dispõe a servir. E assim, após as ásperas críticas a Kierkegaard, culpado de não ter compreendido a grandeza de Abraão, e de fato responsável por ter "apresentado na história da filosofia uma subjetividade exibicionista, impudica", Levinas oferece esta surpreendente, verdadeiramente honesta e genial valorização de Kierkegaard:

> *A perseguição, e portanto a humildade, são as modalidades do verdadeiro. Trata-se de uma coisa completamente nova. A grandeza da verdade transcendente, a sua própria transcendência derivaria de sua humildade: a verdade transcendente se manifesta como se não ousasse dizer o seu nome e, por isso, como sempre a ponto de partir; por isso não chega a se colocar entre*

os fenômenos, com os quais se confundiria imediatamente, como se não viesse de outro lugar.[369]

O verdadeiro Kierkegaard portanto não é, nem para Levinas, o modelo de uma religiosidade solipsista, isolada do mundo. Carl Theodor Dreyer também expressou isto magistralmente, com a linguagem do cinema, no filme *Ordet*: um conto é o personagem Johannes, que chegou à loucura de acreditar ser Cristo, tendo lido mal Kierkegaard; um outro é Johannes que reencontra a "razão" sobre o fundamento da diaconia que lhe oferece a fé da pequena Maren; ele pode, assim, se tornar a testemunha novamente equilibrada da "palavra" que salva.[370]

11. Lukács *versus* Kierkegaard: agnosticismo histórico e relação infeliz com a dialética

Segundo György Lukács, Kierkegaard alcança e admira a potência da dialética hegeliana, mas compreende também que esta é essencialmente ateia, e por isso incessantemente a combate; daí a sua tentativa, vã, de substituí-la por uma "pseudodialética subjetiva",[371] a "dialética qualitativa", caracterizada

---
369 *Ibid.*, p. 93.
370 *Cf.* G. Modica, *Ordet di Dreyer. Percorsi kierkegaardiani*, in ADINOLFI, I. (Ed.). *Il religioso in Kierkegaard*, Brescia: Morcelliana, 2002, p. 319-348. Aos influxos de Kierkegaard na arte cinematográfica é dedicado o texto de Isabella Adinolfi, "L'arte dello sguardo". *Nota Bene. Quaderni di studi kierkegaardiani*, n. 3, Città Nuova, Roma 2003.
371 LUKÁCS, G. *Die Zerstörung der Vernunft*. Berlim: Aufbau-Verlag, 1954, tradução italiana: *La distruzione della ragione*. Turim: Einaudi,

exatamente pela falta de acolhimento do tornar-se histórico enquanto produto de trabalho humano. Esta reclusão de Kierkegaard no autêntico tornar-se estaria na raiz de todo o seu pensamento, e do influxo por ele exercitado na filosofia europeia entre as duas guerras. Por isso Kierkegaard é colocado por Lukács junto a Schelling, Schopenhauer e Nietzsche, entre os "fundadores" do irracionalismo burguês:

> *A diferença entre Schopenhauer e Kierkegaard se reduz a isto, que o segundo não afirma claramente o absurdo do processo histórico, o que conduziria da mesma forma necessariamente a consequências ateias, mas busca salvar a religião e Deus mediante um coerente agnosticismo histórico. Em aparência, Kierkegaard retorna assim às teodiceias dos séculos XVII e XVIII, que buscavam prestar contas das contradições e dos erros da história aparente mediante um apelo à sua totalidade vista pelo observatório da onisciência de Deus.*[372]

A proveniência da visão Kierkegaard do tornar-se é por Lukács identificada nas *Logische Untersuchungen* do aristotélico Trendelenburg:

> *Como já havia feito Trendelenburg antes dele, Kierkegaard se preocupa em pôr a dialética espontânea dos gregos como único modelo, válido também como norma para a nossa época, e portanto em destruir, também historicamente, todos os progressos conseguidos pela*

1959, da qual citamos, aqui p. 256.
372 *Ibid.*, p. 266.

> *dialética na filosofia clássica alemã, particularmente em Hegel.*[373]

Exatamente este infeliz relacionamento de Kierkegaard com a dialética estaria na origem daquelas figuras de seu filosofar que deixam perceber seu componente de renúncia e niilismo:

> *O desespero como fundamento da vida do espírito, a irracionalidade como conteúdo e, em conexão com esta, a fundamental impossibilidade de uma comunicação espiritual entre os homens, o absoluto incógnito, caracterizam em Kierkegaard tanto a vida estética quanto a vida religiosa.*[374]

É sabido que Kierkegaard conhece Aristóteles através de Trendelenburg. A sua concepção do tornar-se não depende, todavia, nem de um, nem de outro: é original. Como resulta de *Migalhas filosóficas*, de forma alguma "o possível" poderá parar de sê-lo. Existir frente ao Transcendente quer dizer usufruir de um horizonte inexaurível de possibilidades. "Apropriar-se" desta possibilidade é dispor do horizonte crítico adequado para se opor a qualquer instrumentalização do humano. O próprio Lukács, de fato, se vale disto na esperança de restituir um futuro à "razão".

---

373 *Ibid.*, p. 257.
374 *Ibid.*, p. 289.

12. Ricoeur e Bruno Forte: filosofia e teologia após Kierkegaard

Paul Ricoeur fez uma conferência intitulada *Filosofar após Kierkegaard*,[375] em que o filósofo dinamarquês é interpretado como uma ocasião para fazer um balanço da filosofia moderna, do Iluminismo até o fim dos anos 1900, com o objetivo de não "ceder à alternativa desastrosa de racionalismo e existencialismo", mas de poder, em vez disso, manter unidas as perguntas sobre o que significa existir e sobre o que significa pensar: "A filosofia vive da unidade destas duas perguntas e morre pela sua separação".[376] Ricoeur tira da vida e da obra de Kierkegaard três diretivas: que a filosofia deve sempre estar em relação com a *não filosofia* como sua fonte, que é possível uma nova filosofia como "crítica das possibilidades existenciais" (como Heidegger fez ao traduzir o "existentivo" em "existencial"), e que não se deve escolher entre o "sistema" e o "indivíduo", dado que, se por um lado, "Hegel sempre terá razão" sobre quem pretende pensar aquilo que está além do pensar, por outro lado, "deve-se sempre, com Kierkegaard, retornar a esta confissão: eu não sou o discurso

---

[375] P. Ricoeur, *Philosopher après Kierkegaard*, de 1963, é a continuação e a conclusão de uma conferência, do mesmo ano, intitulada *Kierkegaard et le mal*, ambas publicadas em RICOEUR, P. *Lectures 2. La contrée des philosophes*. Paris: Éditions du Seuil, 1992, tradução italiana por I. Bertoletti: *Id., La filosofia e l'"eccezione"*. Brescia: Morcelliana, 1996, da qual citamos.
[376] *Ibid.*, p. 66-67.

absoluto [...]; sempre a singularidade renasce às margens do discurso".[377]

Ricoeur está do lado de Kierkegaard, o adversário implacável do "sistema", mas sustenta que a dialética hegeliana sempre seja capaz de fazer sua qualquer alteridade ao pensamento. Kierkegaard tentou sim pôr o pensamento frente ao Outro, mas seu proceder é apenas uma dialética *dilacerada* por "paradoxos", de puras alternativas àquelas "mediações" de que, entretanto, ele teria necessidade:

> *Kierkegaard é condenado a substituir esta dialética autêntica com um jogo artificial de paradoxos, com uma dialética dilacerada, que se mantém uma retórica do pathos, velada por uma dialética laboriosa. Assim considerado, Kierkegaard é apenas um parasita do sistema, que pouco a pouco refuta, inventando para ele um simulacro irrisório.*[378]

Ricoeur sustenta, portanto, que a dialética do "paradoxo" deveria ser corrigida e integrada através de uma "segunda leitura" de Kierkegaard, a ser efetuada através de um tipo de integração de Hegel com as contribuições existenciais fornecidas por Kant, Fichte e Schelling. Sobre Kierkegaard, entretanto, reconhece que ele não é apenas o gênio romântico, o indivíduo, o pensador apaixonado:

> *Ele inaugura um novo modo de filosofar, que chamamos de crítica das possibilidades existenciais [...], um gênero de pensamento conceitual que tem as próprias*

---
377 *Ibid.*, p. 62.
378 *Ibid.*, p. 56.

> *regras de rigor, um tipo próprio de coerência e que requer uma lógica própria.*[379]

No mesmo plano dos vários paradoxos, dos vários "pedaços" da artificiosa dialética kierkegaardiana, Ricoeur coloca seja o "Paradoxo", em sua unicidade e irrepetibilidade, seja a figura do "perante Deus" que atravessa todo o pensamento de Kierkegaard.

Mas se se prescinde do papel decisivo da fé no Paradoxo cristão e da "infinita diferença qualitativa entre o homem e Deus", então a contribuição de Kierkegaard, reduzida à busca de "possibilidades existenciais" a serem alcançadas além da filosofia, mas permanecendo, entretanto, na órbita do idealismo alemão, ora, então de Kierkegaard não resta quase nada de filosófico. Ricoeur não leva em conta que Kierkegaard pôs à disposição da filosofia também uma nova conceitualidade: uma nova semantização do ser, uma nova antropologia (a "existência" como *proprium* do homem), uma "ciência nova" (a ética enquanto baseada na "dogmática" cristã).

Com um olhar atento a estes pontos principais da produção kierkegaardiana, Bruno Forte pôde prospectar um "após Kierkegaard", rico de promessas e comprometimentos para a teologia, baseado na relação do indivíduo existente enquanto posto frente àquele "Indivíduo" ["*Singolo*"] que é o próprio Deus feito homem:

---

379 *Ibid.*, p. 65.

> A passagem da fé à ética do paradoxo não se cumpre uma vez para sempre, mas exige novidades contínuas, aquela permanente originalidade que é dada de fato pela seriedade. E é sempre este colocar-se perante o Indivíduo [Singolo] existente o elemento que discrimina a imitação exigida ao cristão pela simples admiração [de Cristo].[380]

Segundo Bruno Forte, uma ética do paradoxo deveria fornecer aos teólogos de hoje três indicações corretivas em relação a como até hoje a sua disciplina está quase toda disposta: "Um pouco mais de humor, um pouco mais de audácia e um pouco mais de fé é o que parece que Kierkegaard pede aos teólogos".[381] Já que, como frequentemente Kierkegaard não teme reprovar os teólogos de seu tempo, é realmente cômico dever constatar que, para colocar-se perante o Deus que se fez homem, a especulação teológica termine, ou melhor, inicie não levando em consideração o próprio teólogo enquanto indivíduo [*singolo*] existente, o qual deveria, antes de tudo, estar interessado no significado eterno a ser dado à própria existência em um momento do tempo bem determinado e não permutável. Para ser sério consigo mesmo, o teólogo não deveria, antes de tudo, evitar denunciar o lado cômico de quem faz abstração de si mesmo para poder pensar o relacionamento com Deus da forma

---
380 FORTE, B. *Fare teologia dopo Kierkegaard*. Brescia: Morcelliana, 1997, p. 46.
381 *Ibid.*, p. 8.

mais pura, ou seja, mais "desinteressada" em relação àquilo que deveria, em vez disso, interessá-lo mais! Assim, não é uma coisa séria

> *proclamar-se cristão, mas sim tonar-se cristão no concreto da existência [...] passando através da decisão, que sempre de novo compromete a vida frente ao paradoxo da fé para chegar à apropriação existencial: este comportamento é definido por Kierkegaard com a categoria da* seriedade.[382]

A importância da "decisão" – recorda Bruno Forte – constituiu para Rudolf Bultmann o fio condutor de seu *Jesus* (1927), e exatamente ali Bultmann reconhece o seu débito a Kierkegaard. Mas uma verdadeira decisão não pode acontecer a não ser "a um preço caro", como ressalta K. Barth. Os dois foram teólogos corajosos enquanto colheram o apelo à teologia de fazer uso de uma categoria muito cara a Kierkegaard: *a coragem*:

> *O reconhecimento da singularidade do verdadeiro compromete de fato as certezas tranquilizadoras da ideologia e projeta o indivíduo* [singolo] *no mar aberto do risco pessoal, da decisão inevitável, da coragem, enfim, de crer sem ver.*[383]

Mas em que consiste o "mais fé" que Forte recomenda aos teólogos? Certamente, são necessárias seriedade e coragem para transmutar o "desencontro" entre intelecto e Paradoxo em uma "feliz harmonia"

---
382 *Ibid.*, p. 44-45.
383 *Ibid.*, p. 33-34.

entre os dois, mas apenas assim o "recuo do intelecto" em relação ao seu totalizar, aparentemente irrefreável, fará com que o Outro lhe manifeste "dedicação" doadora. Nesta abertura kierkegaardiana de horizontes, a fé se manifesta como lugar apropriado para acolher os inexauríveis e seríssimos jogos da finitude humana com o Eterno, que quis se colocar inteiro no jogo. Sobre isto Bruno Forte chama a atenção dos teólogos, visando a uma profunda renovação de sua linguagem, da qual ele mesmo oferece um testemunho: "A palavra da fé deve preparar o caminho para o silêncio da fé, em que se joga com seriedade sempre nova a própria vida frente ao Eterno".[384]

---

384 *Ibid.*, p. 54.

Referências

1. Edições anteriores das obras de Kierkegaard

DRACHMANN A. B.; HEIBERG, J. L.; LANGE, H. O. (Ed.) *Samlede Værke*. Copenhague: Gyldendal, 1901-1906. 14 volumes.

HIMMELSTRUP, J. (Ed.). *Samlede Værke*, 2ª ed. Copenhague: Gyldendal, 1920-1936. 14 volumes, mais um décimo quinto volume que contém um registro dos assuntos e dos nomes, por A. Ibsen, e um registro terminológico.

RODHE, Peter P. (Ed.). *Samlede Værke*, 3ª ed. Copenhague: Gyldendal, 1962-1964. 20 volumes, o último dos quais contém um dicionário terminológico por J. Himmelstrup e uma tábua de concordâncias entre as três edições.

2. A nova edição crítica de todos os escritos de Kierkegaard

Foi concluída, no começo de 2014, a nova edição crítica de todos os escritos de Kierkegaard (editados ou inéditos): CAPPELØRN, N. J.; GARFF, J.; KONDRUP, J.; OLESEN, T. A.; TULLBERG, S. (Ed.). *Søren Kierkegaards Skrifter* [= SKS]. Copenhague: Søren Kierkegaard Forskningscenteret - Gad, 1997-2014. O conjunto é composto por 28 volumes de textos e 27 volumes de aparatos críticos para cada volume. Todos os 55 volumes estão disponíveis também em arquivo eletrônico no endereço: www.sks.dk.

Kierkegaard deixou uma considerável coleção de escritos compreendendo obras inéditas ou que ficaram incompletas, um conjunto de anotações [*Journaler*] para dezenas de milhares de páginas compreendendo elementos de diário, leituras feitas, citações, máximas, observações sobre a literatura contemporânea, esclarecimentos filosóficos e teológicos etc.

Parte deste material inédito foi publicado uma primeira vez em *Af Søren Kierkegaards Efterladte Papirer* [*A partir das cartas póstumas de Søren Kierkegaard*] por H. P. Barford e H. Gottsched. Copenhague: Reitzel, 1869-1881. 8 volumes. A coleção completa apareceu em *Søren Kierkegaards Papirer* [*Cartas de Søren Kierkegaard*], 2ª ed., 16 volumes, 25 tomos, reeditada por P. A Heiberg, V. Kuhr e E. Torsting, e aumentada por N. Thulstrup (vol. 12-13) e índices por N. J. Cappelørn (vol. 14-16). Copenhague: Gyldendal, 1968-1978. Esta coleção em italiano é impropriamente indicada também como "Il diario" de Kierkegaard. Na verdade, a parte propriamente de diário constitui apenas uma seção, **A**. O primeiro número (romano) indica o tomo; o eventual segundo número (arábico), o tomo; a letra é para a seção; o último número arábico é aquele dado pelos curadores à peça individual.

Em *Søren Kierkegaards Skrifter* (SKS), o conjunto foi editado respeitando a ordenadíssima disposição em que Kierkegaard deixou. Em particular, a partir de 1846, o próprio Kierkegaard o havia colocado em 36 cadernos assinalados pela sigla NB (*Nota Bene*), seguida pelo número progressivo. Outros 10 cadernos precedentes foram por ele assinalados com uma letra dupla (de AA a KK). Os curadores de SKS ordenaram outros 15 cadernos, chamando-os de *"Notesbøger"* ["Bloco de Notas"]. Na nova edição, estão presentes também 596 folhas esparsas, cada uma chamada *"Papir"* (Folha), além de Cartas e Documentos (vol. 28). No endereço sks.dk/papk/papk.asp se encontram as tábuas de concordância entre *Søren Kierkegaards Papirer* e *Søren Kierkegaards Skrifter*.

3. Traduções italianas

BASSO, I. (Ed.). *Appunti dele lezioni berlinesi di Schelling sulla "Filosofia della rivelazione" 1841-1842*. Milão: Bompiani, 2008.

BORSO, D. (Ed.). *Dalle carte di uno ancora in vita*. Brescia: Morcelliana, 1999.

_____. *Discorsi edificanti 1843*. Casale Monferrato: Piemme, 1998.

_____. *La ripetizione*. Milão: Guerini, 1991 (= R).

_____. *Prefazioni*. Milão: Guerini, 1990.

CORTESE, A. (Ed.). *Enten – Eller. Un frammento di vita*. Milão: Adelphi, 1976-1989 (= EE I; EE II; EE III; EE IV; EE V). 5 tomos.

CORTESE, A. (Ed.). *La lotta tra il vecchio e il nuovo negozio del sapone*. Pádua: Liviana, 1967.

CRISTALDI, M.; MALANTSCHUK, G. (Ed.). *La neutralità armata*. Messina: Sortino, La Nuova Italia, 1972. Tradução italiana de N. de Domenico e P. Zaccarin-Lauritzen.

DAVINI, S. (Ed.). *Johannes Climacus o De omnibus dubitandum est. Un racconto*. Pisa: ETS, 1995.

DONADONI, D. T. (Ed.). *Discorsi cristiani*. Turim: Borla, 1963.

_____. *Diario*. Brescia: Morcelliana, 1980-1983^3. 12 volumes. Saíram os dois primeiros volumes de uma nova edição, revista e ampliada: QUINZIO, A. Giannatiempo; GARRERA, G. (Ed.). *Diari I* (1834-1842). Brescia: Morcelliana, 2010; QUINZIO, A. Giannatiempo; GARRERA, G. (Ed.). *Diari II* (1842-1847). Brescia: Morcelliana, 2014.

FABRO, C. (Ed.). *Dell'autorità e della rivelazione (Libro su Adler)*. Pádua: Gregoriana, 1976.

_____. *Opere*. Florença: Sansoni, 1972. A mesma tradução italiana aparece antes do texto dinamarquês da 2ª edição de *Gesammelte Werker, in* KIERKEGAARD, S. *Le grandi opere filosofiche e teologiche*, com prefácio de G. Reale. Milão: Bompiani, 2013.

_____. *Pensieri che feriscono alle spalle e altri discorsi edificante*. Milão: SE, 2013.

_____. *Preghiere*. Brescia: Morcelliana, 1953. 2ª ed.

FABRO, C. (Ed.). *Scritti sulla comunicazione*. Roma: Logos, 1979-1982. Dois volumes.

GARAVENTA, R. (Ed.). *Accanto a una tomba*. Gênova: Il Melangolo, 1999.

GARRERA, G. (Ed.). *Lettere di fidanzamento*. Brescia: Morcelliana, 2009.

GALLAS, A. (Ed.). *L'Istante*. Gênova: Marietti, 2001 (= I).

KOCH, L. (Ed.). *Stadi sul cammino della vita*. Milão: Rizzoli, 1996 (= SCV). Tradução italiana de A. M. Segala e A. G. Calabrese.

LIVA, L. (Ed.). *Il riflesso del tragico antico nel tragico moderno*. Gênova: Il melangolo, 2012. Introdução de I. Adinolfi.

_____. (Ed.). *In vino veritas*. Turim: Ananke, 2010. Com um ensaio de M. Vozza.

PIN, I. L. Rasmussen (Trad.). "La crisi e una crisi nella vita di un'attrice" *in* AMOROSO, L. *Maschere kierkegaardiane* (Ed.). Turim Rosenberg & Sellier, 1990, p. 199-232.

REGINA, U. (Ed.). *Briciole filosofiche. Ovvero un poco di filosofia*. Brescia: Morcelliana, 2012 (= BF).

_____. *Due discorsi edificanti 1843. I. La prospettiva della fede*. Brescia: Morcelliana, 2013 (= PF).

_____. *Gli atti dell'amore*. Brescia: Morcelliana, 2009 (= AA).

ROCCA, E. (Ed.). *Il giglio nel campo e l'uccello nel cielo. Discorsi 1849-1851*. Roma: Donzelli, 2011 (= GC). 2ª ed.

ROCCA, E. (Ed.). *La malattia per la morte*. Roma: Donzelli, 2011 (= MM). 2ª ed.

SULPIZI, M. L. (Ed.). *Per provare se stessi. Giudica da te*. Florença: Ponte alle Grazie, 1993.

Uma orgânica "Bibliografia dele traduzione italiane degli scritti di S. Kierkegaard", de S. Davini, E. Rocca e I.V. Sørensen, está em *Nota Bene. Quaderni di studi kierkegaardiani*, Roma, n. 1, p. 211-224, 2000. A lista das traduções está ordenada segundo a cronologia dos textos de Kierkegaard.

4. Catálogos e revistas

JØRGENSEN, A. *Søren Kierkegaard Literature 1956-2009. A Bibliography*. Copenhague: Søren Kierkegaard Research Centre, Museum Tusculanum, 2009.

Kierkegaard Studies. Yearbook, 1996ss. Reserva cada ano a uma determinada obra de Kierkegaard. A de 2008 é dedicada a *Enten – Eller*.

Nota bene. Quaderni di studi kierkegaardiani, 2002ss. Órgão da SISK (Società Italiana per gli Studi Kierkegaardiani) [Sociedade Italiana para Estudos Kierkegaardianos]. Os vários *Quaderni* (*Cadernos*) têm caráter monográfico. Até agora foram publicados 9 volumes. O de 2014 é dedicado ao bicentenário do nascimento de Kierkegaard.

V.A. *Kierkegaardiana*, Copenhague, v. 1-24, 1955-2007. A partir desta data, a revista suspendeu as edições.

5. Biografias e documentos

GARFF, J. *SAK. Søren Aabye Kierkegaard. En biografi*. Copenhague: Gad, 2000. [Edição italiana: GARFF, J. *SAK. Søren Aabye Kierkegaard. Una biografia*. Castelgandolfo: Castelvecchi, 2013. Tradução de S. Davini e A. Scaramuccia].

TUDVAD, P. *Kierkegaards Kobenhavn*. Copenhague: Politikens Forlag, 2004.

_____. *Kierkegaards Jyllandsrejse*. Copenhague: Politikens Forlag, 2006.

6. Apresentações gerais

ADORNO, Th. W. *Kierkegaard. La costruzione dell'estetico*. Milão: Longanesi, 1983. Tradução italiana por A. Burger Cori. Edição original: 1933.

ANTISERI, D. *Come leggere Kierkegaard*. Milão: Bompiani, 2005.

FABRO, C. "Introduzione", in _____. (Ed.). *S. Kierkegaard, Diario*. Brescia: Morcelliana, 1980. Volume 1.

GUARDINI, R. "Il punto di partenza dell'itinerario speculativo di Søren Kierkegaard; il senso della malinconia", in _____. *Pensatori religiosi*. Brescia: Morcelliana, 2001, p. 29-120. Tradução italiana de G. Colombi. Edição original: 1927-1928.

MELCHIORRE, V. *Studi su Kierkegaard*. Gênova: Marietti, 1998. 2ª ed.

MODICA, G. *Una verità per me. Itinerari kierkegaardiani*. Milão: Vita e Pensiero, 2007.

PIZZUTI, G. M. *Invito al pensiero di Søren Kierkegaard*. Milão: Ugo Mursia, 1995.

REGINA, U. *Kierkegaard. L'arte dell'esistere*. Brescia: Morcelliana, 2005.

ROCCA, E. *Kierkegaard*. Roma: Carocci, 2012.

ŠESTOV, S. *Kierkegaard e la filosofia esistenziale*. Milão: Bompiani, 2009. Tradução italiana por E. Macchetti. Edição original: 1936.

SPERA, S. *Introduzione a Kierkegaard*. Roma, Bari: Laterza, 1986.

WAHL, J. *Études kierkegaardiennes*. Paris: Vrin, 1949. Primeira edição: 1938.

7. Kierkegaard na história da filosofia

BASSO, I. *Kierkegaard uditore di Schelling. Tracce della filosofia schellinghiana nell'opera di Søren Kierkegaard*. Milão: Mimesis, 2007.

CAPPELØRN, N. J.; CROUTTER R.; JØRGENSEN, T.; OSTHÖVENER, C. (Ed.). *Schleiermacher und Kierkegaard. Subjektivität und Wahrheit / Subjectivity and Truth*. Berlim, Nova Iorque: De Gruyter, 2006.

CAPPELØRN, N. J.; HÜHN, L.; FAUTH, S. R; SCHWAB, P. (Ed.). *Schopenhauer-Kierkegaard. Von der Metaphysik des Willens zur Philosophie der Existenz*. Berlim, Nova Iorque: De Gruyter, 2012.

CORTESE, A. "Kierkegaard", *in* MATHIEU, V. (Ed.). *Questioni di storiografia filosofica. Da Kant a Nietzsche.* Brescia: La Scuola, 1974, p. 471-717. Volume 3.

FORTUNATO, M., *Il mondo giudicato. L'immediato e la distanza nel pensiero di Rensi e Kierkegaard.* Milão: Mimesis, 1998.

LONGO, G. *Kierkegaard, Nietzsche: eternità dell'istante, istantaneità dell'eterno.* Milão: Mimesis, 2007.

LÖWITH, K. *Da Hegel a Nietzsche. La frattura rivoluzionaria nel pensiero del secolo XIX.* Turim: Einaudi, 2000. Tradução italiana por G. Colli. Edição original: 1941.

MARIANI, E. *Kierkegaard e Nietzsche. Il Cristo e l'Anticristo.* Milão: Mimesis, 2010.

8. Comunicação, estética, ética, antropologia

ADINOLFI, I. *Poeta o testimone? Il problema della comunicazione del cristianesimo in Søren Aabye Kierkegaard.* Gênova: Marietti, 1991.

_____. *Il cerchio spezzato. Linee di antropologia in Pascal e Kierkegaard.* Roma: Città Nuova, 2000.

AMOROSO, L. "L'arte della comunicazione", *in* _____. (Ed.). *Maschere kierkegaardiane.* Turim: Rosenberg & Sellier, 1990, p. 11-104.

COSTA, F. *Ermeneutica e esistenza. Saggio su Kierkegaard.* Pisa: ETS, 2003.

DAVINI, S. La maschera estetica del seduttore, *in* AMOROSO, L. (Ed.). *Maschere kierkegaardiane*. Turim: Rosenberg & Sellier, 1990, p. 105-198.

_____. *Arte e critica nell'estetica di Kierkegaard*. Palermo: Centro internazionale di Studi di Estetica, 2003.

DERRIDA, J. *Donare la morte*. Milão: Jaca Book. Tradução italiana por L. Berta. Edição original: 1992.

FABER, B. *La contraddizione sofferente. La teoria del tragico in Søren Kierkegaard*. Pádua: Il poligrafo, 1998.

FABRO, C. *Dall'essere all'esistente. Hegel, Kierkegaard, Heidegger e Jaspers*. Gênova: Marietti, 2004. Primeira edição: 1957.

_____. "Tra Kierkegaard e Marx. Per una definizione dell'esistenza", *in* _____. *Opere complete*. Segni: EDIVI, 2010. Volume 9. Primeira edição: 1952.

FIRMIANI, A. *Sentieri del desiderio femminile e alterità in Søren Kierkegaard*. Soveria Mannelli: Rubbettino, 2010.

QUINZIO, A. Giannatiempo. *L'estetico in Kierkegaard*. Nápoles: Liguori, 1992.

GARAVENTA, R. *Angoscia e peccato in Søren Kierkegaard*. Roma: Aracne, 2007.

GLÖCKNER, D. *Kierkegaards Begriff der Wiederholung. Eine Studie zu seinem Freiheitsverständnis*. Berlim, Nova Iorque: De Gruyter, 1998.

GRØN, A. *Begrebet angst hos Søren Kierkegaard*. Copenhague: Gylgendal, 1993. [Tradução alemã: *Angst bei Søren Kierkegaard. Eine Einführung in sein Denken*. Stuttgart: Klett, Cotta, 1999].

GRØN, A. *Subjectivitet og negativitet: Kierkegaard*. Copenhague: Gylgendal, 1997.

IIRITANO, M. *Disperazione e fede in Søren Kierkegaard. Una lotta di confine*. Soveria Mannelli: Rubbettino 1999.

LEVINAS, E. "Kierkegaard", *in* _____. *I Nomi propri*. Casale Monferrato: Marietti, 1984, p. 79-83. Tradução italiana por F. P. Ciglia. Edição original: 1963.

MELCHIORRE, V. *Gli stadi sul cammino della vita in S. Kierkegaard. Schemi e materiali di lavoro*. Milão: ISU Università Cattolica, 2000.

_____. "Kierkegaard: l'arte come seconda immediatezza", *in* _____. *Il nome impossibile. Saggi di metafisica e di filosofia della religione*. Milão: Vita e Pensiero, 2011, p. 261-273.

_____. "L'io diviso. Ripresa e variazione da un testo di Kierkegaard", *in* _____. *Il nome impossibile. Saggi di metafisica e di filosofia della religione*. Milão: Vita e Pensiero, 2011, p. 275-289.

NICOLETTI, M. *La dialettica dell'incarnazione. Soggettività e storia nel pensiero di Søren Kierkegaard*. Bolonha: EDB, 1983.

PAREYSON, L., "L'etica di Kierkegaard nella prima fase del suo pensiero; L'etica di Kierkegaard nella 'Postilla'", *in* _____. *Kierkegaard e Pascal*. Milão: Ugo Mursia, 1998, p. 7-183. Primeira edição: 1965; 1971. Por S. Givone.

RICOEUR, P. *Kierkegaard. La filosofia e l'eccezione*. Brescia: Morcelliana, 1996. 2ª ed.

ROCCA, E. *Tra estetica e teologia. Studi kierkegaardiani*. Pisa: ETS, 2004.

_____. "Il bisogno di Dio", *in* ROCCA, E. (Ed.). *Søren Kierkegaard. L'essere come rapporto. Omaggio a Umberto Regina*. Brescia: Morcelliana, 2008, p. 187-196.

_____. Kierkegaard presdicatore del venerdì. *MicroMega*, Roma, n. 2, p. 97-108, 2000. Apresentação e tradução de dois sermões dados por Kierkegaard em *Vor Frue Kirke*, igreja de Nossa Senhora, sexta-feira, 18 de junho de 1847 e sexta-feira, 27 de agosto de 1847.

_____. Søren Kierkegaard: Aver bisogno di Dio è la suprema perfezione dell'essere umano. *MicroMega*, Roma, n. 1, p. 139-164, 2006. Apresentação e tradução do primeiro dos *Quattro discorsi edificanti*, de 1844.

SCARAMUCCIA, A. *L'ironista nella botte. Søren Kierkegaard e la recezione di "Enten – Eller"*. Pisa: ETS, 2006.

THEUNISSEN, M. *Der Begriff Ernst bei Søren Kierkegaard*. Frankfurt: Alber, 1991.

_____. *Das Selbst auf dem Grund der Verzweiflung. Kierkegaards negativistische Methode*. Frankfurt: Hain, 1991.

_____. *Der Begriff Verzweiflung. Korrekturen an Kierkegaard*. Frankfurt: Suhrkamp, 1993.

VERGOTE, H.-B. *Sens et repletion. Essai sur l'ironie kierkegaardienne*. Paris: Cerf, Orante, 1982. 2 volumes.

9. Filosofia da religião, teologia, coleções

ADINOLFI, I. (Ed.). *Il religioso in Kierkegaard*. Brescia: Morcelliana, 2002.

BERARDINI, S. F. *La malattia per la morte di Kierkegaard. Introduzione e comento*. Roma: Aracne, 2010.

BOUSQUET, F. *Le Christ de Kierkegaard. Devenir chré-tien par passion d'exister*. Paris: Desclée, 1999.

CORTESE, A. (Ed.). *Kierkegaard oggi*. Milão: Vita e Pensiero, 1986.

FABRO, C. (Ed.). *Studi kierkegaardiani*. Brescia: Morcelliana, 1957.

FORTE, B. *Fare teologia dopo Kierkegaard*. Brescia: Morcelliana, 1997.

GARAVENTA, R.; GIORDANO, D. *Il discepolo di seconda mano*. Nápoles: Orthones, 2011.

GARFF, J.; ROCCA, E.; SØLTOFT, P. (Ed.). *At være sig selv nærværende. Festskrift til Niel Jørge Cappelørn*. Copenhague: Kristeligt Dagblads, 2010.

GIORDANO, D. *Verità e paradosso in Søren Kierkegaard. Una lettura analítica*. Nápoles: Orthotes, 2011.

MAUGERI, L. S. *Il dono di un segno. Mistica, ascese ed edificazione in Søren Kierkegaard*. Bolonha: Pardes, 2012.

MELCHIORRE, V. *"Il cristianesimo in Kierkegaard"*. *Nota bene. Quaderni di studi kierkegaardiani*. Roma: Città Nuova, 2000, p. 27-44.

MODICA, G. *Fede, libertà, peccato. Figure ed esiti della "prova" in Kierkegaard*. Palermo: Palumbo, 1992.

NICOLETTI, M.; PENZO, G. (Ed.). Filosofia e teologia del paradosso. Brescia: Morcelliana, 1999.

NICOLETTI, M.; ZUCAL, S. (Ed.). *Søren Kierkegaard. Filosofia e esistenza*. Brescia: Morcelliana, 2007.

REGINA, U.; ROCCA, E. (Ed.). *Kierkegaard contemporâneo. Ripresa, pentimento, perdono*. Brescia: Morcelliana, 2007.

ROCCA, E. (Ed.). *Søren Kierkegaard. L'essere come rapporto. Omaggio a Umberto Regina*. Brescia: Morcelliana, 2008.

SACCHI, D. *Le ragioni di Abramo. Kierkegaard e la paradossalità del logos*. Milão: FrancoAngeli, 2011.

SCAPOLO, B. *Leggere "Timore e tremore" di Kierkegaard*. Como: Ibis, 2013.

SICLARI, A. *L'itinerario di un cristiano nella cristianità. La testimonianza di Kierkegaard*. Milão: FrancoAngeli, 2004.

SARTRE, J.-P.; BEAUFRET, J.; MARCEL, G. et al. *Kierkegaard vivant. Colloque organisé par l'Unesco du 21 au 23 auvril 1964*. Paris: Gallimard, 1966.

STEFANINI, L. "Esistenzialismo ateo e esistenzialismo teístico", *in* BORRELO, O. *L'estetica dell'esistenzialismo*. Pádua: CEDAM, 1952. Apêndice.

TAVILLA, I. *Senso típico e profezia in Søren Kierkegaard. Verso una definizione del fondamento bíblico della categoria di Gjentagelse*. Milão: Mimesis, 2012.

V. A. Comunicare l'esistenza: la singolarità e suoi linguaggi. A 200 anni dalla nascita di Søren Kierkegaard. *Rivista di Filosofia Neo-Scolastica*, Milão, v. 105, n. 3-4, p. 411-1029, 2013. Publicação especial da editora Vita e Pensiero em ocasião do bicentenário do filósofo.

V. A. *Kierkegaard. Esistenzialismo e drama della persona*. Brescia: Morcelliana, 1985.

Índice onomástico

A

Abbagnano, N. – 253

Abraão – 69, 72-78, 192, 210-212, 235, 236, 238-240, 271-283

Adão – 83, 189, 205

Adinolfi, I. – 284

Agamenon – 75, 192

Andersen, H. Ch. – 10, 221

Anti-Climacus – 140, 141, 143, 144, 163, 165, 167, 169, 194

Antígona – 32-36, 38

Aristófanes – 17

B

Babolin, A. – 101, 248

Barth, K. – 225, 253, 254, 263, 291

Baudelaire, Ch. – 259

Beaufret, J. – 241

Berta, L. – 270

Bertoletti, I. – 287

Bethge, E. – 245

Boesen, E. F. – 11

Bonhoeffer, D. – 242-245

Borso, D. – 18, 65

Brandes, G. – 223, 224

Bultmann, R. – 253, 291

C

Calabrese, A. G. – 100

Camus, A. – 253

César – 145, 166

Chiodi, P. – 231

Ciglia, F. P. – 278

Climacus – 190, 193, 194, 200, 204, 207

Colombi, G. – 249

Constantin Constantius – 64-67, 70, 80, 100, 102, 214

Cordélia – 43-48, 53, 105, 209, 210

Cortese, A. – 22

Cristo – 143, 148, 150-153, 163-166, 169-171, 176, 183, 194, 195, 198, 206, 211, 217, 218, 226, 242-244, 246, 247, 284, 290

D

Da Ponte, L. – 43

Davi – 47, 210

Derrida, J. – 270-276

Diógenes – 65

Don Giovanni – 25, 27-31, 36, 43

Dreyer, C. Th. – 284

E

Édipo – 33

Edvard – 45, 105

Elvira – 36, 209

Eros/eros – 25, 50, 51, 53, 187

Eva – 83, 189, 205

F

Fabro, C. – 72, 79, 122, 164, 205, 226, 227, 252-258, 262
Feuerbach, L. – 130, 261, 263-265, 269
Fichte, J. G. – 288
Forte, B. – 289-292
Frater Taciturnus – 99, 111, 116, 117, 119
Frydendahl, J. P. – 39, 40

G

Gallas, A. – 178, 243, 244
Garff, J. – 22
Givone, S. – 265, 266, 268
Goethe, J. W. – 36, 37
Gogarten, F. – 253
Goldschmidt, M. A. – 13
Grundvig, N. F. S. – 221
Guardini, R. – 246-252

H

Hegel, G. W. F. – 17, 21, 39, 59, 65, 66, 88, 125, 157, 233, 234, 235, 254, 264, 265, 286-288
Heiberg, J. L. – 21, 39, 296
Hércules – 28
Hölderlin, F. – 254
Hyppolite, J. – 235

I

Ifigênia – 75, 192
Isaque – 270, 271, 273, 274-277, 280, 281

J

Jaspers, K. – 229, 253, 254, 263
Jesus – 33, 63, 124, 154, 155, 163-167, 169, 170, 172, 173, 175, 176, 183, 198, 224, 226, 227, 242, 243, 244, 291
Johannes de Silentio – 69, 70, 72, 78, 194, 210, 211, 271
Johannes, o Sedutor – 43, 44, 45, 47, 48, 53, 105
Josué – 53
Julieta – 109

K

Kant, I. – 189, 239, 254, 275, 288
Kierkegaard, M. P. – 9
Kierkegaard, P. Ch. – 9
Koch, L. – 100
Kondrup, J. – 22

L

Lábdaco – 33
Laurenzi, M. Cr. – 242
Lázaro – 143
Lessing, G. E. – 122-124, 215
Levinas, E. – 274, 278-284

Luís XVI – 122
Lukács, G. – 284, 285, 286
Lund Sørensdatter, A. – 9

M

Margarida – 37, 209
Maria – 76, 211, 212
Marie de Beaumarchais – 36
Martensen, H. L. – 13, 178
Marx, K. – 235, 241
Mazzarella, E. – 232
Miegge, G. – 225
Modica, G. – 284
Møller, P. L. – 13
Mozart, W. A. – 25, 27, 30, 31
Mynster, J. P. – 10, 13, 178

N

Natã – 47, 210
Netuno – 46
Nietzsche, F. – 223, 224, 250, 251, 254, 279, 285

O

Olsen, R. – 11, 100

P

Paci, E. – 253
Pareyson, L. – 261-269
Pascal, B. – 269, 270
Pirro – 234
Pitoly – 109
Platão – 17, 19, 65, 100, 241
Poe, E. A. – 259

Q

Quaedam – 111, 117, 209
Quidam – 111, 116, 117

R

Regina, U. – 62, 87, 132
Ricoeur, P. – 287-289
Rocca, E. – 142, 154, 173, 175
Romeu – 109

S

São Paulo – 63, 136
São Pedro – 161, 166
Sartre, J.-P. – 233-241, 253
Scaramuccia, A. – 194
Schelling, F. W. J. – 11, 285, 288
Schopenhauer, A. – 285
Scribe, E. – 3

Segala, A. M. – 100
Simão – 172, 173, 176
Sócrates – 10, 17-19, 28, 89, 142, 147, 182, 183, 195
Sófocles – 32, 33

T

Tillich P. – 253
Tocqueville, A. de – 259
Tomás de Aquino – 256
Trendelenburg, F. A. – 285, 286

V

Victor Eremita – 20-22, 47, 103, 106, 194
Vigilius Haufniensis – 31, 79, 80, 81, 86, 199
Vilhelm – 106-111, 209
Volpi, J. – 230

X

Xenofonte – 17

W

Wahl, J. – 233
Weber, M. – 254
Wilhelm – 266, 267
William Afham – 100

Esta obra foi composta em CTcP
Capa: Supremo 250g – Miolo: Pólen Soft 80g
Impressão e acabamento
Gráfica e Editora Santuário